华南师范大学创建国家教师教育创新实验区
首批教师教育专家工作室主持人研究成果
新 时 代 教 师 教 育 文 库

第3辑
教育科研能力提升丛书

丛书主编 | 王 红 黄道鸣 姚轶懿

童汝根 著

新教师如何做研究

南方传媒
全国优秀出版社　全国百佳图书出版单位　广东教育出版社
·广　州·

图书在版编目（CIP）数据

新教师如何做研究／童汝根著． — 广州：广东教育出版社，2022.10（2022.12 重印）
（新时代教师教育文库）／王红，黄道鸣，姚铁懿主编）
ISBN 978-7-5548-5145-6

Ⅰ.①新… Ⅱ.①童… Ⅲ.①师资培养—研究 Ⅳ.①G451.2

中国版本图书馆 CIP 数据核字（2022）第 163839 号

新教师如何做研究
XIN JIAOSHI RUHE ZUO YANJIU

出 版 人： 朱文清
策划编辑： 靳淑敏
责任编辑： 柴 瑶
责任技编： 许伟斌
封帧设计： 陈宇丹
责任校对： 王惠贤 路亚妮
出版发行： 广东教育出版社
（广州市环市东路 472 号 12－15 楼 邮政编码：510075）
销售热线： 020－87615809
网 址： http://www.gjs.cn
E－mail： gjs－quality@nfcb.com.cn
经 销： 广东新华发行集团股份有限公司
印 刷： 佛山市浩文彩色印刷有限公司
（佛山市南海区狮山科技工业园 A 区）
规 格： 787 mm×1092 mm 1/16
印 张： 28.25
字 数： 565 千
版 次： 2022 年 10 月第 1 版
2022 年 12 月第 2 次印刷
定 价： 78.00 元

序　言

当前，教育研究是教育工作中极其重要的组成部分，科研兴校、科研兴教已成为教育界的共识。教育界“向教育科研要质量”的呼声越来越高，教育研究也正由工艺型、经验型向科研型、创新型转变，并成为时代对广大教师的迫切要求。同时，培养一支师德高尚、业务精湛、结构合理、充满活力的高素质专业化创新型教师队伍，更是当前我国教师教育改革创新的时代使命和战略目标。为了全面实现这一战略目标，需要在教师教育理念、制度、内容、方法和评价各方面进行深入探索。在推进教师教育职前职后一体化建设过程中，新教师队伍建设是除师范教育、教师培训外培养“四有”教师的第三块基石，新教师教育科研能力的提升是推进教师教育改革创新的核心枢纽，需要优先关注和深入探讨。

本书围绕新时代新教师教育研究全过程展开，共十四章。这里所提的新教师，是指师范院校或其他高等院校相关专业毕业，取得教师资格证，首次在中小学任教的老师，对于任教年限没有明确限制。相对于老教师而言，新教师教育研究经验较浅。本书力图从新教师研究的角度展开，其中，第一章至第五章主要介绍新教师教育研究的基本知识和基本理论，包括中小学新教师研究概述、如何选择研究选题、如何做教育文献研究、如何做教育研究、教育研究规范问题；第六章至第十四章为本书的重点内容，主要分析新教师从事教育研究采用的各种具体的、常用的研究方法，包括近年来一些比较流行的研究方法，如质性研究、叙事研究、行动研究等，其中还列入了一些相关案例，使读者能更为详细地理解各种研究方法。

在教育变革的新时代，每一位教育工作者都是一名研究者。教育研究贵在“做中学”。虽然掌握教育研究的理论和方法必不可少，但更重要的是形成教育研究的问题意识和养成研究的自觉性。

本书的撰写得到了华南师范大学首批教师教育专家工作室的支持，我的研究生谭洁、郑立信、谭庆、张彩怡、钟祺瑶、周惠珍、张敏玲、叶婷婷、杨洋、谢琦琦、梁静丹、陈重洋、黄宝灵、庄秀玲及21级和22级研究生参与了书稿资料收集和整理工作，基础教育访问学者邓胜旺、易敏、伍春虹、张茂良进行了案例扩充和后期校稿工作。在书稿形成过程中，我的访学项目合作导师周作宇和朱旭东、郭华、腾珺、桑国元、杜瑞军、丁瑞常、廖伟等老师及同门，我的同事王红、吴颖民、罗一帆、王建平、胡中锋、华维勇、王清平、黄道鸣、姚轶懿、雷丽珍、童宏保等，以及教育部普通高等学校师范类专业认证专家委员会的领导专家周洪宇、宋冬生等前辈，广东省社会科学研究基地“华南师范大学教师教育与教师发展测评研究中心”和华南师范大学诸多校友为本书提供了许多建设性建议，在此一并感谢。独行速，众行远！本书是集体智慧的结晶，让我们共同努力，以教育研究为志业勇毅前行。

作为2019年广东省哲学社会科学共建课题“公平指向的平台型学校人力资源管理效能研究”（项目编号：GD18XJY25）和2022年度国家社会科学基金教育学重大课题“新时代高质量教师教育体系建设及师资供需配给研究”（编号：VFA220007）的阶段性成果，本书针对中小学新教师职业能力特征，力求做到语言通俗易懂，并提供相应案例，为新教师初入职场进行教育研究提供指引，相信对教育研究感兴趣的社会各界专业人士和业余爱好者也能从中受益。同时，本书在编写过程中参考了大量文献，其分类和阐述难免存在一定问题，望广大读者对本书的修订再版提出宝贵的改进建议。

童汝根
2022年10月于广州

目　录

第一章　中小学新教师研究概述

新时代中小学新教师从事研究遵循教育研究的基本规范。教育研究是运用理论（哲学、教育学、心理学和社会学等）与方法，遵循一定的研究程序，通过对教育现象与事实的解释、预测和控制，揭示教育现象的本质及其客观规律的一种认识活动。中小学新教师要进行教育研究，必须了解教育研究的一些基本信息，清楚教育的“昨天、今天与明天”，把握好工具，即对于教育研究方法的选择。

第一节　教育研究概述

一、教育研究的相关学科来源

作为人文社会科学研究的一个分支，教育研究在其形成与发展的过程中受到了教育学以外的相关学科源头活水式的滋养与支撑。

（一）哲学[①]

哲学是关于世界观和方法论的学说，是关于自然界、社会和人类思维及其发展阶段的最一般规律的学说。教育作为一种社会现象，自诞生之日起就没有离开过哲学这个母体。哲学是教育研究的理论基础，更是教育研究最初的基本手段。教育研究核心问题的定位、教育研究范式的发展与变革都离不开哲学的支撑。古往今来，人类在哲学领域的多数创见都会在教育研究中得以体现。下面，我们从哲学发展的三个阶段进行说明。

第一阶段，古希腊时期。这个时期的哲学家们无比崇尚自然，他们从经验观察出发，视自然为神圣的、自我涌现的、活生生的有机整体，认为哲学的任务就是运用思辨的方法从自然的“形”出发寻求万物统一的、普适而合理的本质。在这种哲学背景下，教育研究所探讨的问题主要围绕教育的价值、教育存在的必要性以及教育的合理性展开，教育研究方法则沿用了哲学研究所采用的思辨方法。

第二阶段，中世纪以后。近代哲学随着自然科学的蓬勃发展而兴起，哲学家从以往的单纯崇尚自然转向关注人类理性的重要价值。他们将理性看作人的本质，希望人们能够利用自身的理性去认识自然、控制自然，利用自然为人类谋求福利。受这种哲学思潮的影响，人们在教育研究领域也由以价值为中心转向对教育实践过程的关注，并在实际研究中引入了观察、实验、假设等实证主义研究方法，教育研究

---

① 哲学相关内容参见：罗索．哲学简史［M］．张小默，译．北京：北京理工大学出版社，2020.

的量化研究范式由此而生。

第三阶段，19 世纪末至 20 世纪初。这个阶段现象主义哲学的学说不断为人们所接受、信奉，人们从努力探求事物的规律性特征转向对所经历的现象的关注以及对现象的理解，并由此将人看成完整的、适当情境中的个体。受现象主义哲学的影响，人们在进行教育研究时，不再局限于对客观知识的探求与说明，而是注重个体经验的表达方式；不再标榜价值中立，而是倡导在研究过程中要掺入个人的情感、态度和体验，强调研究者与研究对象之间的沟通、交流、对话，并由此建构起对研究问题适宜的解释性理解。哲学的这一转向有力地推动了教育研究中质性研究范式的形成。

（二）心理学①

教育研究的对象尽管在表述上是教育事实、教育价值、教育行动或教育现象、教育问题、教育规律等，但其最基本的指向还是人，教育的终极目的之一就是帮助人健康地成长、发展。为此，心理学必然成了教育研究的又一个重要来源。追溯历史，心理学同样是从哲学母体中分化出来的一门学科，它的基本目的是对人类的意识、思维、行为方式进行认知和剖析，解释人类在感知外界信息和进行信息处理时的心理、行为，以及这些心理与行为的发生机制、产生条件、规律性特征等问题。教育实施的过程在一定程度上正是外在力量作用于个体，并促成个体发展产生预期变化的过程。因而，心理学领域的任何相关

---

① 心理学相关内容参见：连榕．发展与教育心理学［M］．北京：高等教育出版社，2018．

研究成果都会对教育研究者在解决教育问题时产生积极的借鉴作用。从相对抽象的自我意识的形成，到显而易见的某种具体行为的养成，再到某种教育效果的保持，教育研究从心理学中获得的滋养不胜枚举。

人类在教育研究领域的创新总是和心理学的演进紧密相连。比如，班杜拉的社会学习理论提醒人们在培养个体行为时要特别注意榜样教育的作用，马斯洛的需要层次理论引导人们关注受教育者的身心需求，鲍尔比的依恋理论促使了对早期教育中如何建立成人和幼儿之间的良好关系的相关研究，维果茨基的最近发展区理论促使教育研究者反复寻找最为适宜的教育计划与步骤，等等。除了既成的研究成果，心理学的研究方法也对教育研究产生了重大的影响，现行的许多教育研究方法都借鉴心理学的方法。教育研究与心理学研究密切关联，心理学在其学科分化过程中也形成了专门的教育心理学、学校心理学，故这两个心理学分支对教育研究的影响更为直接。

（三）社会学①

社会学是人们基于对人类社会生活事实、人类社会发展与变迁的兴趣而建立起来的一门社会科学。教育研究所要探究的人类教育实践活动不仅是社会事实，也是人类社会发展与变迁的一种具体表征，因此，就研究对象而言，教育研究与社会学研究之间存在交叉。作为一门独立的学科，社会学的历史并不是很长，但是其发展较为迅速。目前而言，社会学是人文社会科学中理论相对丰富、研究方法比较系统、

---

① 社会学相关内容参见：麦休尼斯．社会学：第 14 版［M］．风笑天，等译．北京：中国人民大学出版社，2015.

对研究问题解释力较强的一门学科。借助社会学的支撑，教育研究者可以将教育现象、教育问题放到一个更加广阔的社会科学研究空间中，使人们能更清楚地看到教育与社会结构中其他构成部分之间相互关联、相互影响和相互制约的关系。在实施教育研究的过程中，当人们把在教育实践活动中遇到的一些问题放置在社会学视野中进行探讨时，往往会有在教育研究内部不易获得的发现。比如，在对教育过程中教育者和受教育者之间的互动行为进行分析时，如果采用社会学的视角，我们就很容易注意到二者之间社会行为的事实意义，而不会只关注教育者与受教育者的应然行为。如此，我们便会对所要探究的问题有更客观、全面、清晰的认识，对教育者的教育理念与行为不一致的解释也会更加贴近事实本身，所提出的解决教育者教育行为问题的办法也更加适合、有效。

（四）人类学①

从人类学作为“研究人的科学”，教育作为“育人的活动”来看，人类学研究与教育研究在根本上有着无法割舍的联系。人类学是从生物和文化的角度对人类进行全面研究的学科群，它以人作为直接研究对象，并以对人的生存方式与生产、生活状态进行基础性解释为使命，其研究目的就是以全面的方式理解人。这种理解不仅仅是对人的躯体构造的理解，更是对人类在其生存场域中所形成的思想特征与行为方式的理解，具体涉及人类如何行动、如何认识自己的行动、行动的结

---

① 人类学相关内容参见：黄剑波．人类学理论史［M］．北京：中国人民大学出版社，2014．

果如何影响人的思考等一系列根本问题。在人类学研究中，研究者们特别注重对研究对象的现场研究，认为若要认识人文世界的丰富性和复杂性，就需要深入观察具体的人的生活，以获取第一手事实资料。在相当多的实地调查中，人类学家往往会在一个地点生活较长的时间，把握当地居民在一个周期中社会生活的基本过程，与当地人形成密切的关系，参与他们的家庭和社会活动，从中了解他们的社会关系、交往活动、地方政治和宗教仪式。这一基本工作模式，被人类学家称为“田野工作”。近年来，人类学中的“田野工作”也被引入了教育研究领域，越来越多的教育研究者走入“教育实践活动发生的田野”，展开“田野中的教育研究”。这一创新性的研究转向，不仅给教育研究者提供了新的研究视角、合适的研究工具、细致的数据分析方法，也给他们带来了关于教育问题的新的认识与理解。

（五）管理学①

管理是指组织为了达到个人无法实现的目标，通过各项职能活动，合理分配、协调相关资源的过程。管理学是系统研究管理活动的基本规律和一般方法的科学，属于综合性的交叉学科，涵盖了公共管理学和工商管理学科群。管理的对象是相关资源，包括人力资源在内的一切可以调用的资源，如原材料、人员、资金、土地、设备、顾客、信息等。管理的职能活动包括信息、决策、计划、组织、领导、控制和创新。管理学的研究方法侧重于实证分析、规范分析、案例研究、图表分析、经济计量、系统分析等。如比较研究法，指通过对不同管理

① 管理学相关内容参见：周三多. 管理学［M］. 北京：高等教育出版社，2018.

理论或管理方法异同点的研究，总结其优劣，以借鉴或归纳具有普遍指导意义的管理规律的方法；定量研究法，指运用自然科学知识，把握管理活动与管理现象之间内在的数量关系，寻求其数量规律的方法；历史研究法，指对前人的管理实践、管理思想和管理理论予以总结概括，从中找出带有规律性的东西，实现古为今用的方法；案例研究法，指通过对现实中发生的典型管理事例进行整理并展开系统分析，从中把握不同情况下处理问题的不同手段，以掌握管理原则、提高管理技能的方法；归纳演绎法，指把现成的管理理论与方法运用到实践中，通过实践来检验这些理论与方法的正确性与可行性，并在实践中不断概括总结新的理论与方法。从管理学角度，研究管理者活动适合于社会生活的一切领域，其中也包括教育领域。管理学支撑着教育研究按照教育的客观规律来管理教育教学活动，进行规划、组织、指导、协调和控制，影响教育质量和效益的各个要素。

（六）信息技术学①

信息技术学与教育学相结合形成的教育技术学，在发展过程中从教育学、心理学、传播学、系统科学等有关的研究成果中寻求理论依据作为自身进一步发展的指导理论，是教育中的媒体、教育心理学和系统方法的融合。其内容包括教学设计、评价的理论与技术（包括微观层次的教学设计和中观层次的课程开发），教学媒体（或资源）开发、利用的理论与技术，过程与资源的组织与管理的理论与技术，教

---

① 信息技术学内容参见：李龙．教育技术学论纲［M］．上海：华东师范大学出版社，2020；黄荣怀，马丁，张进宝．信息技术与教育［M］．2版．北京：北京师范大学出版社，2008．

育开发的系统方法与分析、处理技术（或称为教育研究的技术学方法）等。随着现代信息技术（如5G技术、大数据、人工智能等）的引入，以及有关理论（如脑科学、学习科学、系统科学等）的影响，以对教学过程的设计、评价技术和教学媒体开发与利用技术为基本内容的教育信息技术支撑着教育研究的新探索。教育技术学区别于其他教育分支学科的特点不是表现在这个学科的目标任务——改善和获得有效的学习结果上，而是在于它分析、解决教育和教学问题的思想、手段、方法和方法论。正如伊利在20世纪70年代初所指出的，教育技术学领域的主要目标是促进和改善人类学习的质量。由于这个目标提出的任务是由教育的各个分支共同负担的，那么，它就不能作为某个特殊领域的理论根据而提出了。教育技术学的特点——它赖以存在的理由——在于它达到这个目标的哲学方法和实践方法。作为教育技术学的特点，其方法已被三种先后发展起来的模式所揭示，在过去50年间，它们使这一领域得到发展。这三种模式是应用各种各样的学习资源，强调个别化学习以及运用系统方法。这三种模式被综合成一个促进学习的总体的智能方法时，就形成了教育技术学的特点，从而也确定了这个领域的理论根据。因此，可以基于系统科学理论、传播理论和学习理论的思想、原理和方法研究如何解决教育和教学问题，探讨学习模型建立与实施的技术过程以及媒体如何利用教育信息技术视角研究教育理论与实践问题。

二、教育研究的本质

教育研究是推动教育理论与实践发展的重要力量，是教育领域中常见的活动。但是，由于教育现象和教育研究活动自身的复杂性以及人们对教育研究的目的、任务、内容、过程、方法等方面所持观点或立场存在诸多差异，故人们对教育研究的认识和理解也不尽相同。有的学者认为，教育研究是“旨在对教育工作者所关心的事情形成一种有机的科学知识体系的活动”；有的学者则认为教育研究是“为了解答某种特定的问题，由非常精通某种思维方式的人所进行的系统而持久的探究”；也有学者认为“应把教育研究理解为包括教育中经验的和实验的研究，而不是历史的和比较的研究”①，“教育研究是有组织、有计划、有系统地认识教育现象和建构教育理论的过程，是以教育问题为对象，运用科学的方法，遵循一定的研究程序，搜集整理和分析有关资料，以获得教育规律为目标的过程”②；等等。人们一般认为，教育研究是探讨教育问题、揭示教育规律，并影响教育实践的研究活动，我们可以通过剖析教育研究的基本属性、基本元素来进一步理解教育研究的本质。

（一）教育研究的基本属性

教育研究具有目的性、创造性、计划性和实用性四个基本属性。

1．教育研究的目的性

教育研究的目的性有两方面的含义：一方面，教育研究有明确的目的。教育研究的目的，或是创新教育理论，指导教育教学实践；或是创造实践价值，解决教育实践问题。另一方面，教育研究是一个有

---

① 瞿葆奎，叶澜，施良方．教育学文集：教育研究方法［M］．北京：人民教育出版社，1988：9－10．

② 许红梅，宋远航．教育科学研究方法原理与应用［M］．哈尔滨：黑龙江教育出版社，2007：1．

目的、有计划的探索过程，而不是一种盲目的活动。教育研究过程中的目的性，表现在如下几个方面：研究人员要十分重视研究课题的选择、具体研究目标的确定；研究人员要对研究问题有一个明确的指向，根据已知的事实、经验和理论，对问题作出某种假设；研究人员根据“假设”，制订一套具体的研究方案，按照研究方案开展研究活动。

2. 教育研究的创造性

教育研究的创造性指的是研究的新颖性、突破性、独特性及其社会价值性，体现在教育研究主体创造性地运用既有研究成果、创造性地运用研究的主观条件和客观条件、创造性地组织教育研究活动、创造性地处理研究对象等几个方面。① 教育研究的结果也往往具有创造性。

3. 教育研究的计划性

凡事预则立，不预则废。教育研究的计划性不但指教育研究活动的序列推进或者时间进度，而且强调教育研究首先是一种预设、筹划和准备的观念表达过程。教育研究的计划性实质是研究主体运用既有的理论指导教育研究活动的主动表现。② 计划性实际上也是教育研究目的性的体现。

4. 教育研究的实用性

教育研究的实用性一般是指教育研究问题具有实用价值，教育研

---

① 孙振东．教育研究方法论探索［M］．重庆：重庆大学出版社，2008：181.
② 孙振东．教育研究方法论探索［M］．重庆：重庆大学出版社，2008：175.

究结论具有应用推广价值。教育研究应该是教育教学过程中的现实问题①，解决这些问题对促进各级各类学校教育有实践价值。例如，通过教育研究，让教师知道学生学习的规律，以便教师更好地备课和实施教学；通过教育研究，分析一些难以理解的教学现象并给予相应的理论解释，使得教师认识这些教学现象，更好地开展教育教学工作；等等。

（二）教育研究的基本元素

教育研究是人们以一定的科学理论为依据，运用一定的方法技术探讨客观存在的教育问题，得出科学理论的过程。在教育研究的过程中，包含着研究主体、客观事实、科学理论、方法技术等四个基本元素。

1．教育研究的主体

教育研究的主体就是教育研究中的研究者，是开展研究活动的人。最初的教育研究者可以追溯到古希腊，那个时期不少教育研究者都是哲学家，这是由于教育理论是哲学思想体系的一部分。随着社会的发展，教育研究的主体呈现出多重复合性的特点。

从范围上看，教育研究的主体既包括专职的教育理论工作者，还包括教育管理者、教师，甚至包括家长以及所有执行教育的一般公众。从活动形式上看，教育研究主体的活动范围已经不再局限于书本、写字台、图书馆、办公室、会议室，还扩展到广阔的教育实践中，他们

① 吴伟强. 基于问题的视角：教师如何做课题研究［M］. 宁波：宁波出版社，2020：7－23.

需要组织一个自我反思的批判团体共同实施、支持并研究有教育价值的行动。从素养上看，教育研究主体不仅要精通教育某个领域的专门知识，而且要对相关领域的知识有所了解并能融会贯通；不仅要具有科学的批判精神，还要具备通力合作的精神；不仅要有帮助他人持续发展的能力，还要有持续发展自身的能力；等等。从类型看，教育研究主体不仅有特别精通某一领域的研究的专家型研究者，还有能形成自己的教育理论，并能对教育实践产生重大影响的教育家型研究者；不仅有擅长解决实践教育问题的实践型研究者，还有有思想并能够抓住时代脉搏的思想型研究者；不仅有能将理论知识转化成实践操作的操作型研究者，还有具备广泛的文化知识素养并能把思想性的东西艺术化的艺术型研究者；等等。①

2. 教育研究的客观事实

教育作为一种客观事实和存在，它内在的各种各样的关系是确定的，具有一般性和普遍性，是可以认识、把握和遵循的，这是教育科学性的一面。但是，教育就具体的时间、场合来说，其组成成分和因素又总是独特的，其内在的关系也必然是独特的。这种独特性是抽象逻辑思维等科学形式所难以把握的，只能通过人的形象思维、直觉思维和情感思维等艺术形式才能把握。②

因此，客观事实是教育研究的一个要素，没有客观事实，教育研究就失去了研究对象。教育研究的客观事实包括两个层面：一是人和任何对人的身心产生影响的活动；二是教育现象及其规律等。这些客

---

① 顾春. 中小学教育科研［M］. 北京：华夏出版社，2002：88－89.

② 蔡宝来. 现代教育学：理论和实践［M］. 上海：上海教育出版社，2011：41.

观事实往往以教育问题的形式呈现在教育研究者面前，发现教育问题成为教育研究者掌握教育客观事实的一个重要能力。教育研究问题就是人们实际活动的结果与在教育活动开始之前期望的结果之间的矛盾。简言之，教育问题就是实际教育结果与期望教育结果之间的差距与矛盾。自20世纪60年代以来，国际社会就已经把教育研究的重点放在通过各种研究方法来解决教育问题上，各国政府开始资助教育研究项目，以了解学校中存在的教育问题，期望通过系统的教育研究，为解决社会中的问题提供各种可供选择的解决方案和建议。

3. 教育研究的科学理论

科学理论是教育研究的基本元素之一。其一，教育研究需要科学理论的支撑，在科学理论的指导下，研究主体积极从事教育理论与实践研究。例如，中小学教师在科学理论指导下开展教学方法、现代化教学手段应用等方面的教改实验，不断地探索大面积有效提高教学质量、有效开发学生潜能的最佳方案，并且不断地总结经验，形成具有个性特色的教学法乃至教学风格。[①] 科学理论是教育研究的有力工具，为教育研究提供理论基础。其二，科学理论是教育研究的重要成果，体现了科学存在与价值规范的统一。在教育研究中形成科学理论一般有两种途径：一种是在教育实践经验中提升而成；另一种是通过思辨形成理论，然后在教育实践中验证其合理性。

4. 教育研究的方法技术

从研究者角度看，教育研究的方法技术对提高研究人员的科学素养和研究能力具有极其重要的意义。掌握正确的教育研究方法与技术，

---

① 蔡宝来. 现代教育学：理论和实践［M］. 上海：上海教育出版社，2011：229.

不仅可以使人们在研究中少走弯路，尽快进入研究角色，还是确保研究的科学性与高效性的必要条件。尤其是引进了诸如实验、测量、调查、统计等一系列方法后，教育研究的方法技术更加科学化，也更具可操作性，使教育工作者更加容易掌握教育科研方法和技术来开展自己的研究。

从实践层面看，教育研究的方法技术是解决教育现实问题的钥匙和工具。任何一种教育研究都不能缺少教育研究方法技术的使用。教育研究的方法技术指导人们正确开展教育研究，科学总结和推广教育实践经验，对提高办学水平和教育教学质量具有重要意义。从理论层面看，教育研究方法技术是教育工作者有效地认识教育现象、探索教育规律和创新教育理论的重要手段，对丰富教育理论、实现教育知识的增长具有根本性意义。① 因此，教育研究的方法技术是教育研究的基本元素之一。

三、教育研究的特征

作为人文社会科学研究的一个分支，教育研究遵循人文社会科学研究的一般过程与规范，与其他分支学科的研究有许多共通之处。同时，教育实践是人类社会生活中的一项特殊活动，这项活动伴随着人类个体的成长与人类社会的发展历程而展开。在漫长的发展过程中，教育研究也展现出了其自身所具有的特殊之处，即教育研究的特征，包括经验性、系统性、历史性和多学科性。

---

① 邵光华，张振新．教育研究方法［M］．北京：高等教育出版社，2012：18.

（一）经验性

教育研究的经验性特征取决于其所研究的对象与研究者本身。

教育研究是人们针对与人类教育实践活动相关联的教育理论与实践的研究，这决定了教育研究不可能像自然科学研究那样只聚焦在对自然现象发展变化规律的把握上，必然要涉及对人们在从事、经历实践活动时所获取的主观认识与经验的解释；不可能只是一种单纯的主观世界和客观世界相互作用的过程，而是发生在主观世界与客观世界之间多种形式的、错综复杂的实践活动。人类的主观认识与经验因为人们所处的时代、经济、文化背景的不同而不同，因此，针对同一问题的研究也会因为人们的经验不同而得出不同的结论。

与此同时，教育研究者所面对的研究对象也是他们自身作为社会成员直接或间接经历的问题。因而他们在对研究对象进行解释时也不可能像自然科学研究者那样，完全将自己的主观感受悬置起来，只凭单纯的实验室数据进行判断、推导，而是会将自己的经验性理解渗透进研究过程之中。由此，教育研究的结果也不可避免地具有了经验性的特征，而不可能像自然科学研究成果那样具有广泛的普适性。

（二）系统性

教育研究虽具有经验性的特征，但不是关于某个问题的零碎、片段、表面的认识，而是对教育现象和问题进行的系统、连贯、深入的探索和表达。教育研究活动不仅自身具有连续性，而且是一个具有一定结构的整体，这两个方面构成了教育研究的系统性特征。一方面，从教育研究的实施层面看，其系统性体现在研究过程的计划性、组织性和有序性上。对于研究者而言，他们必须带着一个具体的问题或假设进行有目的、有计划的研究，而不能盲目、随意地展开行动。研究过程的系统性使得研究者将原本散落在不同时间和空间的人、事、物纳入研究的视野，通过整体的分析与归纳再纳入理论组织的框架。另一方面，从教育研究的结果层面看，任何教育研究都是在批判继承已有研究成果的基础上展开的，并力图丰富和完善已有的研究结果与知识体系。一些关于细小问题的研究恰恰构成了教育研究系统的具体组成部分。

（三）历史性

教育研究的历史性是指教育活动具有悠久的发展历程，并受到历史发展普遍规律的制约。这个问题可以从以下两个层面进行理解：其一，教育活动具有历史继承性，人们对教育现象的理解与探讨也必然在先人智慧的基础上不断拓展。例如，只有通过阅读卢梭、裴斯泰洛齐、杜威等历史上著名教育学家的著作，才能了解教育思想演进的历史脉络，进而理解当前教育发展的现状与趋势。不了解历史，就不了解人类社会发展变化的“然”和“所以然”，也就谈不上通过研究活动对社会实践产生影响。其二，教育活动不是超越历史、恒定不变的活动，教育研究也随着历史发展的步伐而不断改变着自身的研究范式。在教育研究的发展过程中，我们可以看到历史上不同经典教育研究流派的分野，由此也可以明确当前全球文化多元化发展趋势与教育研究范式多样化之间的关联。因为教育研究具有历史性特征，任何一项教育研究都不可能是孤立的。

（四）多学科性

教育研究关注的虽然只是教育领域内的人类社会实践活动，但是这种实践活动却是与人类的其他实践活动密切相连甚至是交织在一起的。所以当教育研究者尝试对其研究问题进行探究时，必然会牵涉社会学、心理学、人类学等其他社会科学对同一问题的认识与解释。因而，教育研究从根本上就不可能是一种封闭的、仅限于本学科内的工作。这种情况表面上似乎导致了教育研究的学科性不强、独创性不够，但实际上对教育研究的深入推进非常有益。此外，教育研究成为一门独立学科的历史并不是很长，即便研究内容与其他社会科学探究领域关联性不强，也需要广泛吸纳相关学科的研究立场、视角与方法，以此来促进本学科的不断完善。“当一门学科正在产生的时候，要想取得进步，必须借鉴所有现成的学科，将这些学科中宝贵的经验弃之不用，显然是很不明智的。”① 注重多学科视野的融合，不仅有助于拓宽本学科的研究领域，也有助于学科之间的相互理解。这种理解不仅对教育学科研究、其他社会科学研究而言是必需的，而且对于增强人类对自身与社会的认识具有非常重要的价值。

四、教育研究的意义

（一）教育研究是教育自身变革的要求

人类的活动可以粗略地分成三个层次：本能活动、经验活动和有

① 尔凯姆．社会学研究方法沦［M］．胡伟，译．北京：华夏出版社，1988：118．

意识的反思活动。本能活动是维持我们生存的基本活动，属于种族遗传性质；经验活动是人类将自己一代代活动的经验积累起来，传给后代，属于原始模仿性质；而有意识的反思活动则是将活动的主体和客体分离开来，对活动的特点、过程和规律进行理性的分析，属于研究性质。当一种活动进入研究水平，也就意味着我们从事这项活动的自主性达到了一个新的境界，具备了从自然王国向自由王国飞跃的可能性。教育研究正成为教育活动的一个有机组成部分，成为广大教育工作者的自觉要求，这充分反映了教育发展的时代特点。

教育活动可以说是与人类文明同步发展的，学校教育活动在我国已有三千多年的历史了。在漫长的教育活动史上，涌现出许多著名的教育家，比如孔子、孟子、董仲舒、韩愈、朱熹、王夫之等，他们提出了许多精辟的教育见解，对于人们加深对教育意义和教育规律的认识有深刻的意义。但是，从整体上说，古代教育基本上是经验性教育，教育活动的内容和形式的变化都比较缓慢，鲁迅在《从百草园到三味书屋》中所描绘的景象，很形象地反映了中国一以贯之的教育状况。20 世纪以后，随着社会变化的加剧，教育变革也成为社会变革的一个重要方面，从而产生了一大批如蔡元培、陶行知、梁漱溟、晏阳初、陈鹤琴等教育改革家，他们对教育性质、特点、效率的回顾和反思，形成了一大批教育改革的理论。可以说，没有教育研究，就没有教育改革的理论；没有教育研究，就没有教育家。

现在，社会的发展更加迅速，教育的差异性更加明显，教育变革的要求更加深刻，教育研究的迫切性也更加强烈。

（二）教育研究是新时代教师的必备素质

1. 教育研究是教师专业化的要求

从主观上说，历来有一种看法——“学者即良师”，只要有知识、有学问就可以做教师，但这个观点其实没有意识到一个合格的教师不仅要有知识和学问，还要有与教师职业相应的品格和技能，要有对教育规律和儿童成长规律的深刻认识，要有不断思考和改进教育工作的意识和能力。从客观上说，人们通常不会对律师、医生、会计的专业性产生怀疑，也不会有一名从未学过法学、医学、会计学的大学生去直接谋求这些职业。而对于教师职业，很多人就有勇气来尝试，因为它的专业化程度还没有达到与律师、医生、会计等职业同样的程度。但随着教师职业专业化程度的不断提高，必然要求教师不仅要具有扎实的学科基础，还要有教师职业的独特品格和能力。其中，教师教育研究的意识和能力是非常重要的一个方面，也是推进教师职业专业化的有力保证。

2. 教育研究是教育创新的要求

传统的教育工作在相当大的程度上是知识传授、行为训练的工作。其实，教育工作者不仅要传授知识，更要启发智慧；不仅要训练行为，更要培养人格。我们现在实行的是班级授课制，但班级授课制是以这样的假设为前提的：相同年龄的儿童，其发展水平和发展潜力相同，所以对相同年龄的儿童以同样的速度、同样的要求教授同样的内容，并以同样的标准进行统一的评价。然而，这一假设是不成立的，在智力上，7 岁儿童的实际智力水平在 4 ~ 11 岁之间；在性格和认知风格上，各不相同，“人心不同，各如其面”；在家庭背景上，政治、经济、文化的差异十分巨大……所以,班级授课制存在非针对性、去个性化的特点。教育的理想是促进不同的儿童根据各自的特点得到更好的发展。如何根据不同儿童的不同特点进行教育，不仅需要有教育的智慧，更需要有对儿童细心的观察和精心的研究。这样，才能不断突破他人和自己的经验，根据不断变化的教育对象和教育内容，因材施教。

3. 教育研究是提高教育质量的要求

随着社会要求的不断变化，教育的质量观也在不断变化。如何不断提高我们的教育质量，没有现成的、千篇一律的经验可供模仿。如何根据教育对象、教育要求和教师自身的特点，形成自己的教育教学风格，需要每一个地区、每一所学校、每一位教师自己去探索、去研究。

教育工作充满了复杂性和丰富性，教育工作没有最好，只有更好。任何一位教育家的成功经验都是有条件的，都是根据特定的对象、特定的要求、特定的内容和特定的自身条件创造出来的。一个人如果不加区别地模仿别人，即使模仿得再好，也只能形似而神不似。一位教育工作者有没有对教育本质的思考，有没有对教育的个人见解，有没有对改进教育工作、提高教育质量的孜孜追求，有没有最终形成自己独特的教育教学风格，是区分教书匠与教育家的分水岭。所有这些，都是以强烈的研究意识和自觉的研究活动为基础的。

五、教育研究的发展历程

教育研究是人们围绕教育中的各种问题而展开的。从逻辑上说，它的产生甚至可以推至教育作为专门的领域从人类社会实践总体中分化出来之前。但是作为规范化、有学科归属性的探究活动，教育研究的历史并不算长，其发展历程大体上可以划分为四个时期：孕育时期、初建时期、百家争鸣时期与快速发展时期。

（一）孕育时期

教育研究的孕育时期是指教育研究尚未成为独立的专门性探索活动的时期。其特点是没有独立的研究方法体系，没有系统化的研究对象，没有可以依据的系列化理论，没有逻辑关联紧密的成果，也没有专门从事教育研究的研究者。对教育问题的探讨，往往是哲学家、神学家、政治家、文学家在阐释他们的思想时顺带提及，所涉及的研究问题相对零散且抽象程度高，所采用的研究手段也明显地带有不自觉性、经验性、随意性、个别性的倾向。这一时期在人类文明演进过程中持续的时间特别漫长，自有人类文明记载起，直至1632年捷克教育家夸美纽斯（J. A. Comenius，1592—1670）关于教育研究的专著《大教学论》（*Magna Didactica*）出版。这一时期，人类关于教育问题的探究活动相当丰富，所形成的关于教育实践活动的各种观点、看法为此后专门化教育研究的形成与发展提供了一个庞大的母体。直至现在，人们在研究教育问题时都不免经常性地回溯到孕育时期去寻找稳固的基础性支撑。

（二）初建时期

一般说来，人们把夸美纽斯的《大教学论》的出版作为教育研究初步建立的标志，把德国教育学家赫尔巴特（J. F. Herbart，1776—1841）的《普通教育学》的发表看作教育研究初建时期结束的标志。在《大教学论》中，夸美纽斯基于自然主义哲学观，采用演绎推理的方式，将教育研究从笼统的人类实践活动中剥离出来，并对教育对象的本质和发展规律、教育的有效性等教育基本问题进行了论述。尽管该书还不能将教育研究提升到学科研究的高度，但它却是教育研究历史发展过程中的一个重要里程碑，标志着历时两千多年的关于教育问题的探讨终于从分散、随意的状态走进了聚焦、统合的专门化研究阶段。与《大教学论》相比，赫尔巴特的《普通教育学》表现出更为鲜明的独立的教育学科研究意识，不仅明确了教育研究的核心问题，而且主张把教育作为人类生活的事实来进行研究，并将自然科学的研究方法运用到教育研究领域，促使教育研究形成了用哲学方法对价值问题进行研究、用科学方法对事实问题开展研究的具有划时代意义的新局面。在学科初建时期，教育研究有两个突出特征：心理学的研究成果日益成为教育研究的重要基础；教育研究的成果逐渐被直接用于指导人们的教育实践。

（三）百家争鸣时期

19 世纪初至 20 世纪上半叶，教育研究开始了其作为一个专门的学科研究的独立发展阶段。教育研究不仅有了本学科的核心研究问题，也逐渐发掘、确立了相对稳定且适宜的研究方法；不仅有众多的研究者投身教育研究之中，而且因为研究者背景、研究取向的不同而形成了不同的教育研究学派，比如新自然主义学派、人格主义教育学派、艺术教育学派、劳作教育学派、文化教育学派等。各学派围绕教育学的价值诉求、教育学的性质、教育研究方法等基本问题各有主张、争鸣不断，教育研究范围不断拓宽，教育研究成果不断丰富。除了一如既往地关注教育理论问题以外，研究者们在实践问题方面的研究更为突出。一些先前很少被单独提及的问题,比如普及义务教育问题、基础教育质量问题、教育制度完善问题、课程和教学问题、幼儿教育问题等,逐步被列为教育研究领域的前沿问题。一大批对人类教育发展有重大影响的研究者,如卢梭、斯宾塞、蒙台梭利、杜威等,均出自这个时期。随着研究问题范围的扩大与研究力度的加强,教育研究也由聚焦于教育对个体发展的影响、教育过程内部的实践问题扩展到教育与社会的发展层面,教育研究在一定程度上甚至具有了改造社会的工具性色彩。

（四）快速发展时期

20 世纪下半叶至 21 世纪初，是教育研究的快速发展时期。随着人类物质文明的迅猛发展，人类在自然科学领域尤其是在生命科学领域的不断创新，教育所面临的问题也日益增多。教育与经济发展、教育与人脑潜能开发、终身教育与文化社区等新的研究方向不断被教育研究者所觉察。这一时期，教育实践活动在世界范围内受到了前所未有的重视，教育研究也因此获得了快速的发展。其明显的特点表现在以下几个方面：一是教育研究不断分化，不同学科中的教育研究、同一学科内部的不同阶段性的教育研究日益独立；二是研究的课题多样化，各种理论与实践研究成果异常丰富；三是教育研究的方法多样化，研究方法从理论研究与实证研究各有侧重向综合方向发展；四是计算机技术、互联网技术被广泛地运用于教育研究之中；五是多元学科交叉的教育研究基础与思维方式不断促成教育研究的多元化形式；六是教育研究越来越具有组织性，教育机构与机构内专职研究人员的数量不断增加，教育研究者不仅会按照自己的兴趣确定研究的课题，更会因为政府组织机构的需要而进行研究；七是私立教育研究机构不断涌现，一些教育研究机构与产业经济之间的联系日益紧密。

党的十九大报告指出："经过长期努力，中国特色社会主义进入了新时代，这是我国发展新的历史方位。"教育研究近年来也进入了新的时代。我们经历了如部分世界一流大学存续教育学院之争后，教育学界更加重视重大教育理论和现实问题研究，并取得了新的理论成果和知识进步。以中国教育科学研究为例，主要表现在以下方面：建立习近平总书记关于教育的重要论述的落实机制；从 70 年的发展看，从教育大国迈向教育强国，梳理历史性成就，系统总结宝贵经验；破除教育改革中最难啃的"硬骨头"——"五唯"（唯分数、唯升学、唯文凭、唯论文、唯"帽子"），促进教育评价转变；以破解教师队伍建设中的短板——乡村教师问题，促进乡村教师队伍治理现代化；以构建德智体美劳全面培养的教育体系，加强劳动教育，促进教育的全面发展；以教育作为重要的扶贫渠道，阻断贫困代际传递；以教育、学校和教师为三大主体，在落实立德树人机制系统化上下功夫；推动职业教育从"层次"到"类型"的转变，是新时代职业教育改革的重点任务；厘清教材变革的知识基础，寻求新的课程与教学范式建构的逻辑理路；以人工智能的迅速兴起，驱动教育变革与延展；反思教育学知识的生产与增长。《教育部关于加强新时代教育科学研究工作的意见》提出，教育科学研究是教育事业的重要组成部分，对教育改革发展具有重要的支撑、驱动和引领作用，进而提出要构建中国特色教育科学学科体系、学术体系、话语体系、教材体系。①

① 《教育研究》编辑部. 2019 中国教育研究前沿与热点问题年度报告 [J]. 教育研究，2020，41（2）：17－32.

2019年，中国教育学研究的热点主要集中于教育学科学化的理论探究，深化教育改革的重点突破与关键举措，现代教育财政制度建设与教育效益的实证分析，德育的多元化与全方位研究，课程论的基础论题研究与教学论的新进展，信息技术重塑教育生态的核心旨趣与发展图景研究，教师专业学习研究与师范教育传统的传承发展，教育史学科发展的哲学审思与经典教育思想研究，比较教育发展的路径研究等方面。[①] 根据趋势，中国特色社会主义教育理论研究，构建中国特色的教育学科研究，中国教育现代化研究，美育研究，教材建设研究，科学的教育质量观研究，教师教育体系重构研究，落实“教育规划纲要”中存在的问题研究等是未来教育学研究的可能走向。

第二节　教育研究的现状及发展

一、教育研究的现状及问题

我国关于教育实践活动的历史可以上溯至氏族公社末期，关于教育的学说与思想更是源远流长。但是，有学科意义的教育研究历史却很短暂。自19世纪末至20世纪初近代西方教育学和教育研究方法引入我国至今，教育研究在我国只有一百多年的历史，而当时，我国正值抵御外来列强侵犯，政权不断更迭，经济、文化政策不断变化的巨大社会变迁之时，这使得我国教育研究的发展受到了各种条件的制约，

① 宣小红，史保杰．教育学研究的热点与未来展望：对2019年度人大复印报刊资料《教育学》转载论文的分析［J］．教育研究，2020，41（2）：33－46．

发展相对缓慢。自20世纪80年代中后期开始，我国的教育研究步伐才明显加快，进入21世纪以后则有了更为突出的进展，取得了一些颇具影响力的研究成果，但是也存在着一些问题。

（一）我国教育研究的现状

综合相关文献可发现，我国当前的教育研究现状具有三方面的特点。

1. 研究课题数量不断增加

为了确保教育研究工作的顺利进行，我国在国家和地方两个层面都设有负责指导和管理教育研究的相应部门：国家层面为全国教育科学规划领导小组办公室，各地方层面为该地区同类性质的机构。研究者承担的教育研究课题绝大多数都会在这两个层面的部门立项。就全国教育科学规划领导小组办公室公布的教育研究课题数量来看，我国教育研究的发展速度相当迅速，“六五”期间，课题总数只有36项；“七五”期间，课题总数为124项；“八五”期间，课题数量增加至454项；“九五”期间，课题数量增加至847项；“十五”期间，课题数量激增至2803项；“十一五”期间，课题数量为1760项；“十二五”期间，课题数量为2119项；“十三五”期间，每年稳定在450项以内。除了归属国家主管部门管理的课题外，各省市相关部门负责指导的课题数量也在增加。另外，还有越来越多的课题只在研究者所在机构立项，或是研究者个人自行设计实施、独立负责，不在任何部门立项。不难发现，我国教育研究正呈现出加速发展的态势。

2. 研究者群体的职业类别与所属地域不断扩大

我国从事教育研究的工作者原本只集中在高等教育机构或国家、各省市设立的专门教育研究机构，人数并不算多，而且绝大多数分布在经济、文化、教育相对发达的沿海地区。近年来，涉足教育研究工作的职业类型不断增多，除了原有的研究者群体以外，一些教育行政部门、教师进修学校（教师发展中心）、教育书刊出版机构、中小学和幼儿园等单位的人员也不断加入教育研究的行列，研究者所属地域也逐渐由发达地区向其他地区扩展。

3．研究领域不断拓宽且研究内容不断丰富

"六五"期间，全国教育科学规划所划分的教育研究课题类别为"教育理论""教育心理""教育史""比较教育""德育""教育管理""基础教育""高等教育""职业技术教育""成人教育""民族教育""综合"12项。到"十三五"期间，教育研究课题类别在原有的基础上新增或调整了"教育发展战略""体育卫生美育""教育信息技术""教育经济与管理""国防军事教育"5项。教育课题研究类别的不断增加表明，随着时代的发展，人们对教育的关注程度不断提高，我国教育研究所涉及的领域也在不断扩大。此外，就每个研究类别之下所设立的具体课题来看，教育研究者所关注的研究内容也在不断丰富、细化。以"基础教育"中的学前教育研究分支为例，"十五"以前，学前教育研究者关注的研究内容相对狭窄，仅限于"教育内容""教育对象""课程""幼教事业""教育与社会""农村教育"等宏观方面；自"十一五"开始，课题的研究内容则具体到了"教师""教育方法""培养目标""家园合作""0～3岁教育""政策与管理""幼儿园教科研"等若干个细目。①

① 刘晶波，丰新娜．"全国教育科学规划课题"中学前教育课题研究的状况与分析［J］．学前教育研究，2008（11）：12－17．

（二）我国教育研究存在的问题

尽管近年来我国的教育研究取得了长足的发展，但是其中仍然存在一些问题，主要表现在以下几个方面：

1. 研究者问题意识相对薄弱

选题是开启教育研究的第一步，研究选题的好坏取决于研究者“问题意识”的强弱。研究者的问题意识薄弱，是指研究者没有充分意识到教育研究应该研究什么样的问题，哪些问题具有前沿性、紧迫性。我国教育研究课题虽然数量不断增加，但其中不乏相对空泛、平庸、创新性不足的选题。更有甚者，由于问题意识薄弱，所开展的教育研究或是明显移植国外学者的研究，或是照搬其他学科的选题思路，或是简单地“跟风”重复其他研究。研究者问题意识薄弱，究其根源在于一些研究者对教育领域的各种现象和问题不敏感，且缺乏独立、深入的思考，仅从事物的表面特征推断研究结果。这种情况间接表明我国教育研究工作者的科研素养亟须大力提升。

2. 研究整体的规范性有待提升

教育研究是人文社会科学研究中的一个分支，既包括理论思辨型的研究，又包括实证型的研究。但无论是哪种类型的研究，都有其自身的规范性。就我国教育研究现状来看，两种类型研究的规范性都相对薄弱。许多理论思辨型的研究仅停留在经验总结层面，有些甚至只是对多个相关研究的简单拼接。研究者们虽然在持续关注研究方法的运用，但在实证型研究中，从研究设计到研究方法的选取，再到对数据的整理和分析，都不同程度地存在不够恰当、不够严谨的问题。教育研究规范性的缺失，与一些教育研究者认识和运用研究方法的能力有限有关，这也表明了我国在为教育研究者提供科研训练（如教育研究方法的讲授与学习等）方面，还存在很多需要改进的地方。

3. 研究结果的价值、质量、信度和效度有待提高

一些关于理论研究的结果过于空泛，一些立足于解决实际问题的实践研究并不能真正对现实中存在的问题产生积极的作用。从逻辑上说，研究结果方面存在的不足并不是孤立的，而是和研究选题、研究过程中存在的问题紧密相连的。研究者问题意识薄弱、研究过程欠规范，研究结果的真实性和有效性也必然受到影响。而与选题和实际操作过程不同的是，研究结果往往直接作为评定整个研究价值的最重要指标，研究结果中的某些不当之处容易导致人们对教育研究的消极评价，从而造成很多其他学科的研究者、教育实践的亲身经历者（比如父母）轻视教育研究工作，或者对教育研究工作没有信心。当然，我们也要注意，教育本身与社会经济、社会制度及文化联系密切，教育研究结果是否尽如人意，并非教育研究者个人力量能左右，还涉及比如教育公平问题、教育投入问题等。

4. 研究力量投入存在偏差

片面提高对一线中小学教师研究能力的要求，引发了新的教育问题。随着对教育研究工作的日益关注，越来越多的一线中小学教师加入教育研究中，甚至开始独立承担研究项目。这种情况既可以使研究工作更有针对性，也可以在很大程度上提高教师队伍的职业水平。但是必须清醒地认识到，过多地投入研究工作中会模糊一线教师的基本职责，分散他们宝贵的教学时间与精力，甚至在高校滋生出“教师为了做科研而应付教学”的本末倒置的问题。这不但不能达到教育研究的根本目的，而且间接地导致了教师职业压力过大、职业倦怠等一系列消极后果。

二、教育研究的主要发展趋势

教育研究的发展与人们对教育的关注程度、社会经济与文化的进步，以及社会科学、自然科学研究的进展密切关联。针对我国教育研究的现状，未来教育研究可能会呈现出以下发展趋势。

（一）研究课题数量会继续增加

通过对我国教育研究发展的历史回顾可以断定，我国的教育研究课题数量已经呈现出几何级数增长的态势。随着人类社会生活不断向前推进，人们对教育的关注程度必将越来越高，各级政府与相关研究机构对教育研究的投入力度也将更大。可以预期，在今后相当长的时间里，我国教育研究的课题数量必定会继续增加，研究课题所涉及的内容也会更加丰富、细致。

（二）理论研究和实践研究的结合会更紧密

理论研究和实践研究是教育研究中两个不可分割的部分，好的理论研究需要实践研究作为支撑，好的实践研究也离不开理论研究这一基础，两种研究必须结合起来才能更好地促进教育研究的发展，进而真正提升人类的教育与生活质量。因为有出自哲学母体的渊源，以往研究者关于教育理论研究的成果相对丰富、系统，关于具体教育实践问题的探讨虽然为数不少，但因为研究的指向性比较具体、研究问题的个别化倾向比较明显，研究成果难免存在零散且普适性差的缺点。对此，众多教育研究者已经有比较充分的认识。在将来的教育研究中，研究者们会更加着力于理论研究和实践研究之间的结合与互补，最大限度地提升每一项教育研究的功效。

（三）研究范式与研究方法的选用将更多元

与自然科学研究突飞猛进的步调相一致，人类在社会科学方面的研究也得到了前所未有的发展，随着原有学科不断分化，新兴学科不断涌现，这种态势也必定影响未来教育研究的发展。除了先前提到的教育研究与哲学、心理学、社会学、人类学等学科之间的联系以外，教育研究也必将受到经济学、管理学、传播学、信息科学发展的影响，并从中借鉴新的研究思路、研究范式与研究方法，从而更好地解决教育领域中的各种问题，获得更为优秀的研究成果。根据教育知识产生的基础和依据，教育研究的范式可分为基于经验的、基于逻辑的和基于体验的三种。经验研究基于人类共同感知和形式逻辑，可定量亦可定性，具有最好的客观性和可靠性；逻辑研究主要使用分析判断、公理推理、反思平衡方法；体验研究具有个人性、社会文化性和人类共同性，但其合法性经常面临挑战。①

（四）研究的成果将对教育领域产生更深远的影响

解决人类在教育实践中遇到的各种问题是教育研究的一项重要功能。要实现这项功能，必须让研究者针对具体教育问题所取得的研究成果在社会生活实践中发挥效用，而国家相关政策、法规的制定与修

① 马凤岐，谢爱磊．教育知识的基础与教育研究范式分类［J］．教育研究，2020，41（5）:135－148．

正，以及相关社会机构、设施的建立与重组则是教育研究成果发挥效用的主要渠道。也就是说，教育研究的发展至少会影响国家相关政策、法规的制定和修正，相关社会机构、设施的建立和重组。就此而言，教育研究在一定程度上可以被视为具有社会改造力量的实践活动。在未来的社会生活中，教育研究对人类社会生活发展的改造力度将更为明显。

第三节　新教师教育研究的主要领域及素质要求

一、新教师教育研究的主要领域

新教师要做研究，需要遵循教师研究的基本规律，进行以下几步：找好选题；找到合适的研究方法；实施研究，收集数据；数据分析；撰写报告与发表成果。新教师做研究的主要领域有以下几种。

（一）教育实践研究

实践研究就是由实践者（比如中小学教师）本人所做的研究，也称为“实践的行动研究”。教育实践研究包括教育改革研究、教育经验总结和教育对策研究等多种形式。

（1）教育改革研究：类似教育实验，也可称为“问题解决研究”或“变革型实验研究”“实践的行动研究”。

（2）教育经验总结：即“教育反思”。如果教师以反思的方式改进自己的日常教学，这种教学也被称为“反思性教学”。

（3）教育对策研究：某种对策研究或教育理想、方案设计。标题可为“论……的对策”或“论……的问题与对策”“论……的策略”“论……的几个原则”“论……的操作方法”等。与之相关的另一种表述方式为“让……”“论……发展方向”“论……的困境与出路”等。

（二）教育哲学研究

哲学研究也被称为思辨研究或理论研究，从论证的方式来看，可分为演绎法、归纳法和类比法；从研究的主题来看，常用的方法有本质研究、价值研究、对策研究。对于新教师来说，教育哲学研究较难驾驭，如果有具备哲学功底和深厚经验的研究者引领，教育哲学研究会进展得更顺利。

（三）教育实证研究

教育实证研究的核心精神就是用经验事实或经验证据说话，包括实验研究、调查研究和历史研究等具体的研究方法。

实证研究属于广义的叙事研究，它与狭义的叙事研究的主要差异在于：狭义的叙事研究重视日常生活史及其心理体验的叙事，而实证研究强调对客观事实的叙事。

二、作为研究者的素质要求

教育研究是一项创造性的活动，初入教育行业的新教师，必须具有一定的基本素质，才能有效地开展教育研究工作。作为教育研究者，新教师应具有研究观念、知识结构、能力结构等方面的素质。

（一）研究观念

教育研究者的研究观念直接影响着研究方向和研究进展，主要包括哲学理念、科学态度、理性分析三个方面。哲学理念是教育研究的基础，科学态度是教育研究的必要条件，理性分析是教育研究的有效途径，三个方面相辅相成，缺一不可。

1. 哲学理念

哲学是指导各个学科的明灯，它也指引着教育研究。因此，哲学理念是指导教育研究科学化、严谨化的重要研究观念。不同的哲学理念会引导人们对教育形成不同的认识，产生不同的价值取向，采用不同的方法。这既是教育研究的思想基础，也影响着教育研究的具体方向与过程。

2. 科学态度

教育研究的创造性本质要求从事教育研究的人必须具备科学态度。在教育研究过程中，必须有科学的研究问题、科学的研究计划、科学的研究方法、科学的研究实施，才能有科学的研究结果。这整个过程都需要研究者持有科学态度。研究者只有以科学态度来对待研究活动，才能保证每一个研究环节都是科学有效的并最终达成研究目标。研究者的科学态度，要求研究者关注教育实践，使教育研究做到“从实践中来，到实践中去”，也要求研究者执着地钻研，从教育现象中发现教育规律。

3. 理性分析

教育研究的对象是一切教育教学现象，这些现象信息量大，涉及人、事、物等各个方面。因此，要从大量的信息中发现本质性的联系，需要研究者能够运用恰当的研究方法，对各种研究资料进行理性分析，建立资料间的内在联系，形成新的观点与理论。

（二）知识结构

研究者的知识结构决定了研究者发现研究问题的水平，设计研究计划的科学程度，实施研究的严谨性、研究结果的可靠性，等等。作为教育研究者，其知识结构应该是多学科交叉网络知识结构，其中，教育研究的一般原理、教育研究的基本方法、教育研究的基本工具知识、教育学与心理学理论、学科专业理论、综合的人文素养与科学素养等尤为重要。

1. 教育研究的一般原理

教育研究的一般原理是教育研究者知识结构中的基础部分，包括对教育研究内涵的理解，对教育研究类型与方法的掌握，以及对教育研究方法论原则的把握。掌握教育研究的一般原理，有利于教育研究者从整体上把握和审视教育研究过程。

2. 教育研究的基本方法

教育研究需要有一定的研究方法才能付诸具体的研究活动。教育研究的水平也往往取决于研究方法的恰当与合理。因此，教育研究的基本方法是教育研究者知识结构中的关键部分。教育研究的基本方法包括量化方法和质性方法两大类。量化方法包括问卷调查法、实验研究法等，质性方法包括观察法、访谈法、实物分析法等。教育研究者能够系统掌握并熟练应用教育研究的基本方法，才能够开展深入、科学、系统的教育研究工作。

3. 教育研究的基本工具知识

教育研究的基本工具知识包括哲学认识论知识、哲学方法论知识和系统科学知识（信息论、系统论、控制论）。教育研究的基本工具知识是教育研究者知识结构中的条件部分。哲学认识论知识有助于教育研究者认识教育研究的科学内涵以及发展变化；哲学方法论知识是支撑教育方法论知识的理论基础，有助于教育研究者理解教育研究方法和教育研究方法论；系统科学知识是现代教育研究的工具知识，能够促进教育研究的现代化、科学化发展。教育研究的基本工具知识随着哲学和科学的发展也会有所发展、变化与丰富。

4. 教育学与心理学理论

教育学与心理学理论是教育研究者知识结构的重要组成部分，也是教育研究的有力支撑。一方面，教育研究的最终目的是形成教育学理论或者教育心理学理论；另一方面，教育学和心理学理论能够为教育研究提供理论基础，确定研究的方向与目标。

5. 学科专业理论

教育研究的目的，可以理解为发现教育的一般规律，促进人类的文化传递，而人类的文化传递往往体现在具体学科知识之中，因此，学科专业理论知识是教育研究者应具备的必要知识。教育研究者拥有某一门具体的学科专业理论，能够更好地开展教育研究，例如，数学专业理论有助于数学教育研究，汉语言文学的专业理论有助于语文教育研究，音乐专业理论有助于音乐教育研究，等等。拥有学科专业理论的教育研究者可以将教育研究做得更加深入，更好地体现教育研究的实践取向。

6．综合的人文素养与科学素养

综合的人文素养与科学素养是教育研究者知识结构中的拓展部分，往往表现为以某一类知识为主，文理兼容的知识素养。例如，一位语文教育研究者，可能具备系统、科学的知识素养，甚至是理工类知识的素养。良好的人文素养与科学素养，能够开阔教育研究者的视野，拓宽研究的广度。

（三）能力结构

教育研究者的能力结构影响着研究计划的执行程度和研究的有效性。有良好素质的教育研究者应该具备理论与实践相结合的综合能力，具体包括理论思维能力、创新创造能力、评价分析能力和组织科研能力。

1．理论思维能力

理论思维能力主要体现为研究者能理解与掌握理论，并且能够在一定理论基础上思考问题、发现问题、提出问题和解决问题。理论思维能力是教育研究者必备的基本能力。

2．创新创造能力

教育研究是一项具有创造性的工作，因此研究者应具备创新创造能力。例如，能创造性地使用研究方法、创造性地建构研究体系、创造性地呈现研究成果等。有创新创造能力的教育研究者更善于在教育研究的整个过程中发现具有生命力的理论与实践成果，并且用于教育实践。

3．评价分析能力

评价分析能力在教育研究过程中表现为对他人研究成果的理解、

评价与思考以及对自己研究成果的评判与反思，是教育研究者的又一基本能力。

4. 组织科研能力

组织科研能力主要指研究者熟悉研究流程，能够发现问题并且组织人力、物力解决研究问题，形成研究成果的能力。教育研究活动往往是在教育教学活动中进行的，因此教育研究者需要具备良好的组织科研能力。组织科研能力水平的高低体现了研究者研究水平的高低。

本章总结

本章主要基于中小学新教师研究的起点，分三节对教育研究进行概述。第一节从教育研究的相关学科来源、本质、特征和发展历程四方面进行阐述；第二节从教育研究的现状及问题、意义、主要发展趋势来分析新教师为何要进行研究；第三节概括性地介绍了新教师做教育研究的主要领域及素质要求，讲解如何将教育研究做得更好。

推荐阅读材料

1. 梅瑞迪斯·高尔,乔伊斯·高尔,沃尔特·博格:《教育研究方法(第六版)》,徐文彬等译,北京大学出版社,2016 年。

2. 邵光华，张振新主编：《教育研究方法》，高等教育出版社，2012 年。

3. 吴伟强：《基于问题的视角：教师如何做课题研究》，宁波出版社，2020 年。

4. 叶澜：《教育研究方法论初探》，上海教育出版社，2014 年。

5. 联合国教科文组织编：《人工智能与教育：政策制定者指南》，教育科学出版社，2021 年。

6. 联合国教科文组织编：《一起重新构想我们的未来：为教育打造新的社会契约》，教育科学出版社，2022 年。

7. 王维审：《成长的常识：给青年教师的 50 封信》，江西教育出版社，2021 年。

8.《教育研究》《教育发展研究》《教育科学》《中国教育学刊》《人民教育》等期刊近期文章。

9.《中国教育报》《中国教师报》《学习时报》《中国社会科学报》等报刊相关文章。

第二章　如何选择研究选题

教师进行教育研究，首先要有一个选题，当然，最好有一个好选题。那么，一个好选题的概念和标准是什么、好选题从哪里来等问题，新教师需要对其有一个清晰的了解。本章力求给出这些问题的答案。

第一节　选题的定义及好选题的标准

一、选题的定义

选题，顾名思义，是对学术写作的题目进行选择、取舍、打磨和裁剪的过程，是从研究方向所指示的问题中确立的具体研究项目。例如，“××市中小学生英语学习兴趣的调查研究”。选题是学术性写作具有特色的环节，也往往是学术性写作要过的第一关。

选题选的是一个有待解决、有待验证或有待回答的问题。例如，“在中学地理教学中引导学生学会学习的研究”“小学想象作文教学实验研究”“××市中学生课外阅读的调查研究”。

一个教育问题要成为教育研究选题，必须具备以下特征：问题是教育科学领域的，问题的前提是正确的，问题的答案是可预测的，问题具有普遍意义以及问题有明确的界定。

二、好选题的标准

一个好选题要具有：理论意义，有知识贡献；实践意义，能为改进教育实践提供借鉴。

（一）哲学研究的选题标准

哲学研究的选题应是一个“以小见大”的问题，即“小问题，大精神”；应有自己的概念框架或理论视角（关系视角或时空视角）。哲学研究的选题应是在历史上有争议的问题：一是历史中已经出现了相关的资料和证据；二是它在历史中是一个曾经被一再提出讨论的问题；三是它隐含了作者赞成什么或反对什么的某个立场。

（二）实验研究或调查研究的选题标准

实验研究或调查研究的选题应是提出了某种假设和关系，就像因果关系（A 对 B 的影响）或相关关系（A 与 B 的相关性）；其自变量必须是某种具体的、可操作的、可变的行为或心理因素，比如素质教育（不具体）、班主任的性格（不可操作）、大学生性格（不可变）等一般不可作为自变量；应有一个巧妙的研究设计，保证研究的信度（结果一致、稳定、可靠）和效度（有效、具有真实性和准确性）。

（三）历史研究的选题标准

历史研究的选题应具有历史的考证研究（对历史事实的怀疑和订

正)；具有历史的解释研究（对历史文本的注释或解释）；具有历史的叙事研究（对战争、改革、个人成长等历史事件的叙述）。

一个好的历史研究选题，必须采用了类似“历史的发生学研究”“历史的话语分析”或“历史的人类学研究”的方式，从零散的文本或话语的背后找到了一以贯之的线索；必须是以历史的比较研究的方式分析各种教育思想或教育制度的异同；必须更正了有关历史文本或历史事件的误解。

第二节 好选题的来源

一、有争议或前沿性的理论问题

有争议或前沿性的理论问题主要指的是来自期刊、专著和学位论文的热点争议。新教师可以阅读期刊论文、学位论文和专著，留意不同作者之间的分歧或冲突，关注前沿性的新概念或新课题。理论问题对于新教师来说可以尝试，但不是选题的主要来源，若新教师有省级以上教育科研课题经验，选择此类问题研究会更为顺利。以《全国教育科学“十三五”规划2020年度立项名单公布》为例，重大的有争议或前沿性的理论问题主要立项者为高校或教育科研院所中的专业研究人员，少量来自中小学。如：

①“完善党对教育工作全面领导的制度研究”（北京师范大学张××）。

②“新时代提高教师地位的政策体系研究”（华东师范大学荀×）。

③“学生信息素养的内涵、标准与评价体系研究”（华中师范大学吴×）。

④“粤港澳大湾区教育一体化发展的问题与制度创新研究”（华南师范大学卢××）。

⑤“适应新课程改革和新高考改革的普通高中育人方式变革研究”（中国教育学会杨××）。

也有少量来自一线基础教育领域的研究者，此类问题通常需要长期的研究积累和较为厚实的研究基础作为支撑，如：

①“契约文化：现代学校治理体系建设新途径”（浙江省浦江县实验小学徐××）。

②“名优教师集群化协同发展模式应用研究”（福建省福州市鼓楼区教师进修学校叶××）。

③“人工智能时代基础教育师生关系重构研究”（大庆教师发展学院张×）。

④“市域整体提升中小学生艺术素养的模型构建研究”（山东省东营市教育局宋××）。

二、亟待解决的实践问题

由亟待解决的实践问题而产生的选题主要有以下三类：第一类，发展过程中产生的新的教育实践问题，可以直接面向问题展开实证研究，比如以调查研究或实验研究的方式直接关注此类实践问题；第二类，利用新方法研究教育实践问题，可以以历史研究的方式间接关注，进行实践问题梳理，或者以一种新的理论视野和方法研究现有实践问题；第三类，利用新工具研究教育实践问题，可以通过“纯理论研究”或哲学研究明确理论视角分析或者有别于前人的某一个维度展开实践问题研究。此类问题是新教师开展教育研究的主要选题。同样以《全国教育科学“十三五”规划2020年度立项名单公布》为例，分别有以下来自基础教育单位的选题获得立项。

（一）以发展过程中产生的新的教育实践问题为选题的案例

随着人民群众对高质量、多样化的教育需求的不断增长，教育的民生价值日益凸显，对教育研究提出了更高的要求，由此出现了很多新的教育实践问题。随着经济社会的快速发展，我国社会利益结构更加复杂多样，不同群体的利益诉求、价值观更加多元，教育逐渐成为人民群众最关心、最直接、最现实的利益问题之一，成为最大的民生工程。面向未来，教育发展进入内涵式发展阶段，要着力提高质量、促进公平。人民群众对教育的需求和期盼从有学上转变为上好学，希望接受更加优质、更加公平的教育。在这种情况下，教育该如何深化改革、如何创新发展，成为摆在教育研究战线面前的现实问题。对于教师来说，既可以研究解决学校教育教学中的现实问题，也可以研究影响教育发展的现实问题，由此带来广阔的选题空间。

2020年，山东省潍坊市教育科学研究院薛××主持的“小学生语文阅读能力分阶评价的研究”，上海市嘉定区教育学院蒯××主持的“专业发展视域下班主任时间管理倾向研究”，铜仁市教育科学研究所唐××主持的“基于核心素养的高中数学深度学习案例研究”，九江第一中学孔××主持的“免费师范生教师的职业生涯发展研究”，上海市七宝中学朱×主持的“强基背景下基础学科拔尖创新人才高中阶段培养的实践研究”，北京市第一〇一中学陆××主持的“基础教育集团化办学中学校内部治理体系和治理能力建设研究”均属于此类型课题。

（二）利用新方法研究教育实践问题的选题案例

教育治理体系与治理能力现代化是国家治理体系与治理能力现代化的重要组成部分，是深化教育领域综合改革的总要求，期待用新的治理工具和治理方法来解决。从“五育并举”到“五育融合”，呈现新时代中国教育变革与发展的基本趋势，直指长期以来存在的疏德、偏智、弱体、抑美、缺劳，以及各育彼此分离、相互割裂、互不相关等痼疾，因此需要新的工具和新的方法来破解。教育评价改革方面，具体的实施路径有哪些，如何科学构建多元、立体的新时代教育评价体系，都是亟待用新方法解决的问题。①

2020年，上海市宝山区教育局杨××主持的“生活教育理论视域下推进‘五育融合’的区域实践研究”，成都市新都区第一幼儿园赵×主持的“后现代视野下学前教育‘田园文化课程’的实践建构”，上海市虹口区教育学院胡×主持的“基于证据的数学高阶思维培养的行动研究”，江苏省常州市武进区星河实验小学庄××主持的“指向学科核心素养的数学单元学习群的实践研究”和江苏省淮阴师范学院第一附属小学孙×主持的“基于核心素养培育的数学思想方法渗透教学实践体系研究”均属于此类型课题。

---

① 宣小红，史保杰．教育学研究的热点与未来展望：对2020年度人大复印报刊资料《教育学》转载论文的分析［J］．教育研究，2021，42（3）：41－52．

（三）利用新工具研究教育实践问题的选题案例

随着新科技革命和产业革命的兴起，教育成为国际竞争的重点领域，对应用教育新工具解决教育实践问题提出了更高要求。世界发达国家的发展经验表明，抓住科技革命的机遇，就能实现赶超跨越，在国际竞争中立于不败之地。新的科技革命和产业革命正在孕育和兴起，无论是发达国家还是新兴国家，都在抢先布局，谋划科技和教育的竞争。因此，应用新工具解决教育中的现实问题对应的选题数量呈现增加的趋势，以下是2020年立项的此类型代表性课题。

国家一般课题中有江苏省常州市武进清英外国语学校奚××主持的"'互联网+'视域下小学生非正式学习的指导策略研究"；西部专项项目中有云南师范大学附属小学高×主持的"云南沿边跨境民族地区学前教育可持续发展研究"；教育部重点项目中有山东省东营市教育局孙××主持的"新时代中小学劳动教育课程资源的深度开发研究"，南京市金陵中学实验小学魏××主持的"小学数学核心知识建构的教学研究"和江苏省常熟中学龚××主持的"'强基计划'视阈下优质高中创新人才培养模式的实践研究"。

三、在写作中生成和调整选题

教师在写作中调整、更换选题宜采取以下做法：先尝试写作，让自己安静下来，在写作中逐步调整或更换选题；再采用"先大题小做，后小题大做"的方式去调整选题。对于选题的调整，应从"仿写"或"重复验证"开始，采用调查或实验研究的方法验证他人已经取得的某些结论。

教育研究课题的主要来源有以下几种：一是纵向课题，自上而下；二是横向课题，合作研究；三是自选课题，由下而上。自选课题可以概括为以下几个方面：教学工作中的问题、德育工作中的问题、教育管理中的问题、教育改革中的问题、教育内外联系中产生的问题。

第三节 选题研究视角

选题研究的视角主要有三个：其一，理论视角，从某个学科、学派（学理）或新概念的角度去研究事物；其二，关系视角，也称分类视角或比较视角；其三，时空视角，研究者从新“观”点或新材料、新方法（或新工具）出发进行研究。

一、理论视角

理论视角分为三个方面：学科视角、学派（学理）视角和新概念。

（一）学科视角

学科视角是从不同的学科角度出发对某事物或某现象的观察，此时往往会由于学科性质不同，而关注研究对象的不同性质和特征。学科视角也就是课程改革问题的不同视角。（1）哲学（或教育哲学）的视角：从人性论、认识论、存在论的角度去考虑课程目标、教学方式和学习方式、课程评价等方面的变革。（2）社会学（或教育社会学）的视角：更加关注师生交往中的民主型管理或权威型管理，师生互动中的角色问题或公平问题，教材中的性别角色问题，同伴、家庭因素对学生学业成绩的影响等。(3) 心理学视角：重视学生人格（比如积极心理与消极心理）、气质、性发育、教师期望等因素对学生学业成绩的影响。

（二）学派（学理）视角

“学理”，顾名思义，可大致理解为学习的理念和方法，其内涵是指学习者在学习活动过程中的认知规律和心理特点。例如从“新制度经济学”的视角来分析教育制度的生成与变革。由于学科内部往往呈现出各种学派，如果笼统地以学科视角去做研究，则显得过于宽泛，解释不清。例如“课程改革实施行为的新制度主义分析”就是以制度理论视角中的新制度主义的视角进行的研究，具体问题具体分析，明晰视角，明晰研究。

（三）新概念

好的新概念能够为研究者开启新的视野和方向，能够使某个主题突破原有的概念框架并由此引申出新的意义。例如，核心素养、虚拟培训、人工智能、强基计划、全纳教师教育、学习者为中心、赋能教师、信息技术融入教育、可持续发展教育①、学习领袖、教师发展等。

二、关系视角

关系视角就是研究者给事物分类别、作比较、找关系的“思维形式”，它为经验提供思维形式并使经验事实因此而被认识。关系视角

---

① 潘涌，李熹．国际新概念引领教师教育［N］．中国教育报，2018-09-14（5）．

与理论视角的差异在于，一是关系视角（或分类视角、比较视角）没有理论视角那么宏大，却比后者更具有普遍适用性；二是理论视角与研究对象没有内在关系，它独立于研究对象之外。根据康德的关系范畴的分类框架，事物关系的分类主要显示为表里关系、因果关系和对立统一关系。

（一）表里关系

康德所讨论的实体与变化的关系，相当于哲学史上一直关注的“现象与本质”“一与多”或“同一与差异”的关系，简称为“表里关系”。

对于表里关系，可以从“内外有别”的视角、“整体与部分”的视角和“早期和晚期”的视角进行分析。

（二）因果关系

因果关系（causality 或 causation）是一个事件（即“因”）和第二个事件（即“果”）之间的作用关系，其中后一事件被认为是前一事件的结果。一般来说，一个事件是很多原因综合产生的结果，而且原因都发生在较早时间点，而该事件又可以成为其他事件的原因。

实验研究关注的是因果关系，调查研究往往只能查明相关关系，历史研究则只能大致认定历史事件之间的因果关系或相关关系。

（三）对立统一关系

对立统一关系中，“否定之否定”是其中一个特殊形态，它更充分地显示了“对立统一”的动态特征，是一种高级的关系。考虑对立统一关系时，需将其与异同关系进行区分。对立统一关系是指事物之间动态的比较，而异同关系是指事物之间静态的比较。

三、时空视角

时空视角就是从某个时期或阶段、某个地理位置来观察某个研究对象，可以分为新“观”点视角、新材料视角和新工具视角。

（一）新“观”点视角

新“观”（观察）点（viewpoint）是研究者观察事物时所采取的新的视点或立足点、切入点。

新“观”点首先体现为某种空间视角，如美欧比较到东南亚比较；新“观”点也可能表现为某种时间视角，如改革开放40年到中华人民共和国成立70年。

（二）新材料视角

如果研究者发现了某个新材料，那么，相对于旧材料而言，新材料本身就是新的研究视角。

新材料视角可能来自域外的某种教育理论或教育制度，如芬兰学科融合；同时，出色的翻译本身具有一定创造性，也属于新材料视角，如《教师教育研究手册》（范国睿组织译）。

（三）新工具视角

如果研究者采用了新的研究工具，这种新工具就会带来新的研究视野。

研究方法本身是比较成熟和稳定的。教育研究领域的“方法创新”主要是指研究者采用新的研究设计，尤其指研究者在收集资料和分析资料时采用了某种“新工具”。

研究视角将决定研究者看到什么和看不到什么，出色的研究都是有明确视角的研究。

第四节　选题的意义、程序与指南

明确研究问题是科学研究工作成功的必要条件。选择问题是科学研究过程的起点，也是新教师作为研究者成功的关键。在实际生活中，很多人能够很好地解决别人提出的问题，但自己却发现不了有价值的研究问题。在选题过程中需要遵循哪些原则？具体应当如何实施？下文将详细说明。

一、选题的意义

（一）选题是教育研究的起点

我们知道，教育研究的第一步就是选择研究问题，没有问题就无所谓研究。而所有的研究程序都是围绕研究问题展开的，问题决定了假设，也决定了采用什么样的研究方法。因此，一切研究源于问题，研究的最终目的是解决问题。人类的科学研究就是在不断地解决问题的过程中发展和前进的。

（二）选题是研究水平、方向的体现

选择课题需要研究者有广博的知识、丰富的想象力、敏锐的观察力、果断的判断力和严密的逻辑思维能力，是否能独立地发现、分析和选择研究问题是衡量研究者能力的一个重要指标。好的研究往往就体现在研究者选择了比较好的研究问题。

另外，研究者所选择的研究问题也是其研究的方向和目标。人类的活动是有目标的，教育研究也不例外。在教育研究中首先要明确研究问题，即我们到底要解决什么问题。

二、选题的程序

（一）确定研究问题的领域

选择研究问题的领域一般都要遵循选题的基本原则，也要根据个人的研究兴趣、专业和特长去确定。研究者可以从广大的研究领域中，经反复衡量后，由博返约，确定一个研究领域。

研究领域可大可小，一般而言，初学者选择的研究领域宜小不宜大，但一定要是自己熟悉的领域，而且最好是自己感兴趣的领域，甚至是自己的特长领域。譬如，我是一名数学教师，我会选择数学教学评价这个领域，因为我对评价问题很感兴趣，而这个问题本身也非常重要，有研究价值，我也有能力完成这个研究。不要认为领域小了就做不出什么研究，小的研究领域往往更能进行深入的研究。当然，研究的时间长了、成果多了之后，可以慢慢地扩大自己的研究领域。

（二）查阅有关资料

研究领域确定之后，就要开始查找相关文献。阅读有关文献不仅是发现问题的方法，而且是避免重复研究的方法，从阅读资料中可了解研究问题有哪些部分是已经解决的，哪些部分有待进一步研究解决。明确到底研究什么问题，是一个由大到小、由远及近、由抽象到具体的过程。比如前面所说的研究数学教学评价这个领域里的问题，可以是研究数学教师的“教”的评价，也可以是研究学生学习数学的评价；可以是研究教学过程中的评价，也可以是研究教学结束后的评价；可以采用量的方法进行评价，也可以采用质的方法进行评价；可以是研究某一类型的课程的评价，也可以是研究某一种数学能力的评价，还可以评价学生学习数学的兴趣、态度、情感、价值观，更可以研究大规模的数学考试如何评价；等等。所以即使是一个小的研究领域，也可以找到很多研究问题。

（三）界定与陈述研究问题

一项研究最好解决一个问题。在阅读文献的基础上，进一步明确自己的研究问题，最后界定研究问题。我们通常形象地将此过程比喻为“从体到面，从面到点”，就像运动员射击一样，靶心就是你的研究问题。

界定的结果是要把研究问题陈述出来，一般采用陈述句的形式。陈述句的主语往往可以省略，但谓语和宾语是不能省略的。要使读者看到研究问题就能明白你到底要研究什么。一个研究问题的陈述要反复斟酌，尽量多征求别人的意见，特别是专业人士的意见。

清楚界定研究问题的前提是你已经明确了研究问题，而界定仅仅是形式上的要求。如果没有明确研究问题，可能出现别人说这个问题你想研究，说另外一个问题你也想研究的情况，最后反而不知道选择什么问题进行研究。

如何衡量一个研究问题？我们提出下列衡量标准：

（1）研究意义明确。研究的问题一定要有意义，通常有理论意义与实践意义、个人意义与社会意义等。但有意义这条标准实际上比较模糊，往往能自圆其说就可以了，但千万不要夸大研究的意义。

（2）可执行度高。主要是衡量这个问题是否适合你，也就是以你目前的条件和水平能否完成这项研究。主要应考虑如下问题：时间是否充足、费用是否充足、被试能否找到、研究方法是否熟悉、研究程序能否把握、研究内容是否熟悉、伦理方面的一些要求是否能得到满足等。比如，要进行中美学生学习方式的比较研究，但你根本就不了解美国的情况且无法去美国，又不太懂英文，那这个研究问题就不适合你。又比如，你要使用结构方程模型研究影响学生学习成绩的因素，但你根本不懂这种方法，也没有相应的软件，故你根本完成不了这个研究。有时候判断一个研究问题是否可行，还要更进一步地考虑研究的过程，然后反过来判断这个研究问题，这样就更清楚一些。

（3）创新点突出。虽然创新程度可大可小，但你的研究问题有没有新意还是可以判断的，提出了一个新的问题是创新，从一个新的角度去研究别人研究过的问题也是创新。

（4）研究对象明确。这是一个最明显的判断标准，但涉及具体问题时却往往难以判断。因为一个问题是否明确往往不能从题目中直接看出来，还要考虑研究过程。比如，“素质教育研究”这个题目就不明确，具体研究素质教育的什么内容，是研究概念、实施程序、评价方式，还是研究素质教育与应试教育的关系，这实际上只是一个研究范围。又比如，“学生课外活动方式研究”这个题目就相对明确一些，但还可以更进一步地明确学生的类型、具体的课外活动方式、每种方式的利弊等。再比如，研究“中学生课外阅读存在的问题与成因”或“中学生上网的现状、问题与成因”等。还比如，“学生课业负担研究”就没有“中学生学业负担过重的因素分析”明确，而“父母养育方式与高中生的自尊”就是一个相对明确的研究问题。

三、选题指南

“指南”一般比喻辨别方向的依据、指导行动的准则。其目的在于为有志于进行教育科学研究的教育教学工作者（含教研员、校长、学科教师）提供选题参考，为开展教育研究作前期准备。它也是进行研究时所确定的主要研究方向和重点研究领域的具体化产物。

在参阅选题指南过程中需注意：选题指南中所提供的选题，外延一般都比较宽泛，确定研究选题时，应缩小研究范围，进行“限定”，力求单一；选题指南中所提供的选题内涵一般都比较丰富，拟定研究选题时，应厘清属性，力避杂糅。以下是在发布年度教育科学规划课题时提供的研究指南。

（一）基础教育研究指南

1. 课程改革研究——中国学生发展核心素养研究

（1）中国学生发展核心素养专家解读。

（2）中国学生发展核心素养测评。

（3）中国学生发展核心素养的课程与教学改革。

（4）基于学生发展核心素养的教师专业发展。

（5）基于学生发展核心素养的品德教学改革。

（6）基于学生发展核心素养的创新教学论。

2．课程改革研究——教师专业发展研究

（1）教师教育的基础性研究（知识论视角）。

（2）教师培训课程与教学研究。

（3）基于 ANT 的教师专业发展路径研究。

（4）研究为本的教师教育。

（5）教师职业道德及其培训研究。

3．课程改革研究——课程与教学研究

（1）校本特色课程体系建设研究。

（2）STEM 课程研究。

（3）思维课程与教学研究。

（4）同伴互助学习方式研究。

（5）网络化学习研究。

（二）高等教育研究指南

（1）高校教师教学发展研究。

（2）高等教育课程与教学论研究。

（3）研究生培养方式研究。

（三）学习科学研究指南

（1）阅读心理学研究。

（2）学习双机制研究。

（3）基于脑科学的学习方式研究。

（4）学习空间研究。

（5）婴幼儿学习心理研究。

本章总结

本章分四节对教育研究选题进行了概述。第一节对选题的定义及好选题的标准进行了阐释；第二节对好选题的来源进行了介绍；第三节对选题与研究视角进行了分析；第四节阐述了选题的意义、程序与指南。通过对本章的学习，希望读者能够对好选题有一个清晰的认识，并在问题中挖掘好选题，以进行更有价值的研究。

推荐阅读材料

1．程岭，王嘉毅：《教育研究方法的内在逻辑》，《教育研究》，2013 年第 12 期。

2．冯向东：《关于教育研究方法的功能分层》，《大学教育科学》，2010 年第 2 期。

3. 吕萍：《我国学前教育研究选题分析（2006～2010）》，《基础教育》，2011 年第 6 期。

4. 蒋雅俊：《从封闭到开放：教育研究方法范式的转换》，《南京师大学报（社会科学版）》，2009 年第 5 期。

5. 张丰：《从问题到建议——中小学教育研究行动指南》，教育科学出版社，2013 年。

6. 赵希斌：《好懂好用的教育研究方法：教师科研指南》，华东大学出版社，2021 年。

7. 钟建林：《中小学教育科研选题价值提升路径研究》，《教育学术月刊》，2019 年第 4 期。

8. 朱之文：《做中国基础教育迈进现代化的助推器——在〈中国教育学刊〉创刊40 周年座谈会暨2021 年重点选题策划会上的讲话》，《中国教育学刊》，2021 年第 1 期。

第三章　如何做教育文献研究

教育研究需要研究者站在前人的肩膀上不断攀登，而教育文献研究正是教育研究者爬上前人肩膀的基本途径。对于新教师来说，无论研究什么教育问题，采用何种具体的研究方法，都离不开对已有文献的研究。教育文献研究是教育研究中最基本的研究方法之一。

第一节　教育文献研究概述

一、教育文献研究的内涵

（一）文献

“文献”一词，最早见于《论语·八佾》。子曰：“夏礼，吾能言之，杞不足征也；殷礼，吾能言之，宋不足征也。文献不足故也。足，则吾能征之矣。”朱熹注：“文，典籍也；献，贤也。”可见，古人以“文”为典籍记录，以“献”为贤者及其学识。后来“文献”一词专指著述并进一步扩展。在《文献著录总则》中，“文献”指记录知识的一切载体，即把人类知识用文字、图形、符号、声频、视频等手段记录下来的所有资料，既包括图书、报刊、学位论文、档案、科研报告等书面印刷品，也包括文物、影片、录音带、录像带、幻灯片等实物形态的各种材料。① 此文件虽已被废止，但其对于文献的界定仍具有合理性和适用性。

根据“文献”的定义，文献包括以下四个要素：其一，记录知识，即文献的内容；其二，记录知识的符号，如文字、图像、声音等，是文献内容的呈现形式；其三，用于记录知识的物质载体，如竹简、纸张、光盘等，是文献的外在形式；其四，记录的方式或手段，如刀刻、笔写、印刷、拍摄、计算机录入等，通过这些方式或手段把表现知识的符号固化在物质载体之上，由此促成“文献”的诞生。②

（二）文献研究

随着人类文明的进程推进，各个知识领域都积累了大量的文献。人们要全面深入地了解某个知识领域，可以通过文献研究来实现。文献研究主要是指研究者通过系统全面地搜集、查阅、分析与研究问题相关的文献资料，明晰研究现状、问题和发展趋势的一种研究方法。

文献研究具有以下特点：其一，突破时间和空间的限制。我们的实践和亲身经验常常受到时间和空间的限制，譬如，我们不能直接洞悉、参与古人的思想和实践，也常常没有条件亲临现场了解国外的教育状况。但文献研究可以突破这些限制，使研究者对难以或无法亲自

---

① 袁振国．教育研究方法［M］．北京：高等教育出版社，2000：149.
② 王彦坤．文史文献检索教程［M］．修订本．北京：商务印书馆，2010：5.

接近的研究对象进行研究。其二，简便易行，费用较低。与调查、实验等研究方法相比，文献研究不受研究对象、研究情境的限制，只要能够找到与研究问题相关的文献，便可开展。而且，与其他研究方法相比，文献研究所需费用一般都较低。其三，研究效率较高。文献研究是在既有研究成果上进行的研究，是获取知识的捷径。它一般不需要大量研究人员，不需要特殊设备，可以用比较少的人力、财力和时间，获得比其他研究方法更多的信息。因此，它是一种高效率的研究方法。由于文献研究具有以上特点，它在各学科中都是最基本、应用最广泛的研究方法。

（三）教育文献研究

教育文献主要是指记录有关教育的知识载体，主要包括专著、研究论文、研究报告等。教育文献研究的概念有广义和狭义之分。叶澜从广义上指出，教育文献研究主要指搜集、鉴别、整理教育文献，并通过对教育文献的研究形成对事实的科学认识的方法。[①] 可见，这里的教育文献研究不仅包括对某一领域已有的教育研究成果的研究，而且包括对其他各种教育文献资料的研究。本书从狭义上界定教育文献研究，即教育文献研究主要是指研究者通过系统全面地搜集、查阅、分析与研究问题相关的教育文献资料，明晰研究现状、问题和发展趋势的一种研究方法。

教育文献研究与教育历史研究是一对需要明确区分的概念。教育历史研究主要是指研究者通过对教育问题或教育现象史料的搜集、鉴

---

① 叶澜．教育研究及其方法［M］．北京：中国科学技术出版社，1990：175.

别和分析，揭示教育发展过程和规律的一种研究方法。教育历史研究作为以教育历史为研究对象的研究方法的总称，包括一系列研究方法，其中文献法是最基本和最常用的。文献法既可以研究历史，也可以研究现状，本书中的教育文献研究主要是指对现状的研究。

二、教育文献研究的作用

教育研究既是一种理论研究又是一种实践研究，要对前人的相关研究成果进行检索与综述，以便使自己的研究能建立在别人的研究基础之上，从而有突破与创新。可以说，不管从事何种性质、类型的教育研究，其具体的研究过程以及最终研究成果的获得都必然与研究者对相关文献资料的占有和分析密切联系。我们很难想象一项完全没有相关文献资料基础的教育研究能够顺利展开，因此我们必须高度重视这一环节。教育文献研究的作用包括以下几个方面。

（一）帮助研究者界定研究问题

教育文献资料为研究者进行科研选题提供了理论依据和动态资料。通过查阅有关文献，搜集现有的与这一特定研究领域有关的信息，了解该课题所涉及的领域内前人或他人的主要的研究成果，达到的研究水平，研究的重点，研究的方法、经验和问题，明确哪些问题已基本解决，哪些问题还有待进一步修正与补充，对所要研究的问题做出系统的、评判性的分析，继而进一步明确研究选题的科学价值，从而寻求自己研究的突破口。在明确了研究工作的起点之后，就要求研究者从详细的文献资料中，通过分析和比较进一步缩小研究范围，找出相对集中的变量范围，选择适合研究的客观条件、可操作性强并极有可能取得明显效果的研究变量，最终明确界定研究问题和相关变量，完善研究设计和具体操作方案，以切实选定具有较高研究价值的前沿课题。

（二）帮助研究者寻求研究的新思路

文献资料反映了国内外研究的学术思想和最新成就，是我们了解科研前沿动向并获得新信息的有效途径。通过查阅文献资料，了解国内外其他研究者最新的理论和研究方法，从过去和现在的有关研究成果中获得启示，可以帮助研究者个人较迅速、全面地掌握相关课题的渊源和前沿动态，有助于研究者找到课题研究的新线索，并在这一领域拓展出新的研究思路。

（三）帮助研究者避免无效的研究方法

研究者通过查找与分析教育文献资料，了解前人的研究方法，并据此总结，可以最大限度地避免不必要的重复研究。同时，通过对其他研究者的研究方法和方案设计的研究，也可以尽可能地避免犯同类错误，并可以借鉴、创新出更具可行性和有效性的研究方法与方案。

（四）帮助研究者识别进一步研究的意义

多年以来，由于文献资料掌握不充分而导致的选题重复或重复性研究这一现象一直困扰着教育研究界。有统计表明，国内有相当比例的教育研究项目尚处在立项阶段，国外就已经出了研究成果。这种情况不仅浪费了大量人力、物力、财力和时间，客观上也直接导致了教育研究长期在低水平、重复进行的低迷状态下徘徊不前。通过学习、借鉴国内外研究的历史文献资料和最新研究成果，我们可以从已有的文献资料中得到启示，进一步识别自己对该项课题进行深入研究是否具有意义、具有怎样的意义，避免重复前人已经提出的正确观点，有利于研究者将精力集中于最有意义的选题上，最大限度地增强研究的可行性和适用性。通过查阅相关的教育文献，研究者还可能获得一两点关于如何修改或改进研究问题的想法。

（五）帮助研究者寻求建立新理论的支持

现代教育研究在理论研究中也要注重对文献资料的全面掌握与运用，从这一点来看，作为一个合格的教育研究者就需要掌握传统与现代的文献检索方法并将其运用到自己的研究过程中。只有这样，才能将教育理论研究成果建立在坚实的文献基础之上，才能找到学术研究的原创性起点，才能不迷失研究的方向，正确选择研究的内容。通过查阅和分析文献资料，我们可以最大限度地了解和吸收国内外最新的理论和研究方法，及时跟踪相关课题的研究发展动向，获得启发，并且可以为更科学地论证自己的论点提供极具说服力的，翔实、可靠的事实和数据资料，从而为建立新理论提供可靠的材料支持，同时也可以更好地为解释研究结果提供翔实的背景资料。

第二节　认识不同种类的文献

一、按文献载体分类

根据文献载体形式的不同，文献可分为印刷型文献、缩微型文献、声像型文献和机读型文献。

（一）印刷型文献

印刷型文献又称纸质文献，是以手写、打印、复印等手段，将信息记载于纸张上形成的文献。它是传统的文献形式，也是迄今为止一直占据主导地位的文献类型。其优点是用途较广、阅读方便、流传广泛、不受时空限制；缺点是存储密度低，较笨重，不便于整理、加工、收藏。当前，伴随着计算机和网络信息技术的发展，印刷型文献面临着诸多冲击。

（二）缩微型文献

缩微型文献是运用光学摄影技术，以印刷型文献为母本，把文献影像固化在感光材料上的一类文献。缩微型文献主要有缩微平片和缩微胶卷两种。其优点是体积小，质量轻，存储密度大，便于保存和传递；缺点是阅读不够方便，必须借助阅读机或利用缩微复印机。

（三）声像型文献

声像型文献是采用磁录技术和光录技术（如录音、录像、摄像、摄影等），将声音、图像等多媒体信息记录在光学材料、磁性材料上形成的文献。声像型文献主要包括唱片、录音带、录像带、电影胶片、幻灯片等。其优点是声像并茂，直观生动，表达力强，易于接受和理解，尤其适用于难以用文字、符号描述的复杂信息和自然现象；缺点是制作和阅读都需要专门的设备，成本高且不易检索和更新。

（四）机读型文献

机读型文献又称电子型文献，是通过编码和程序设计，把文字、图像转化为数字语言和机器语言，并以磁性材料为存储介质，以计算机等设备为记录手段，将信息存储在磁盘、磁带或光盘等载体中形成的电子文献，包括电子图书、电子期刊、联机数据库、网络数据库、光盘数据库等。机读型文献的优点是存储密度高，可以融文本、图像、声音等多媒体信息于一体，存取和传递信息迅速、快捷，信息共享性好、易复制，出版周期短、易更新，易于实现识别和提取的自动化；缺点是对阅读条件要求较高，需借助计算机等技术设备才能阅读。随着信息技术的发展和普及，机读型文献是今后主要发展的载体形式。

二、按文献加工程度分类

根据文献的加工程度，文献可分为零次文献、一次文献、二次文献和三次文献。

（一）零次文献

零次文献是指某些事件、行为、活动的当事人所撰写的第一手资料，包括未发表付印的书信、手稿、个人日记、教师日志、笔记以及各种原始记录等。零次文献未在社会上公开，仅为个人或团体内成员使用。零次文献常常能够真实、详细且连续性地记录各种事件的过程或作者的思想认识，是进行教育科学研究的珍贵资料，常常为诸多学者所关注。不过，零次文献也大多存在零散、不系统、难以获得等问题。

（二）一次文献

一次文献也称原始文献，是作者以本人的经验、研究或研制成果为依据而撰写并公开发表或交流的文献。一次文献是文献的主体，是最基本的信息源，包括专著、期刊论文、学位论文、会议文献、研究报告、档案资料等。

一次文献具有原始性、创造性和分散性的特点。一次文献的原始性是指作者的原始创作和首次发表。一次文献的创造性是指它是作者经过搜集资料、综合分析的研究所得，其中往往蕴含着新观点、新发现或新技术，具有很高的直接参考和借鉴使用价值。一次文献的分散性是指其形式多样，且成果都是个别形成的，在内容上比较分散，不够系统。

（三）二次文献

二次文献又称检索性文献，是对一次文献进行加工整理或摘录内容要点，并按一定原则、方法或体例编排的、系统的、便于查找的文献①，一般包括书目、题录、索引、提要、文摘等。二次文献具有汇编性、系统性和检索性等特点。它是对一次文献的浓缩和有序化处理，主要价值在于存储和报道一次文献线索、提供查找途径。作为人们打开一次文献信息宝库的钥匙，二次文献极大地减少了人们查阅一次文献所花费的时间，提高了科研效率。

---

① 邵光华，张振新. 教育研究方法［M］. 北京：高等教育出版社，2012：69.

（四）三次文献

三次文献又称参考性文献，是指在利用二次文献检索的基础上，对一次文献进行系统的整理并概括论述的文献，可以分为综述研究和参考工具两类。综述研究包括动态综述、学科总结、专题述评、进展报告等；参考工具包括年鉴、手册、词典、百科全书等。三次文献具有概括性和实用性的特点。三次文献的概括性是指既不同于一次文献的原始性，也不同于二次文献的客观报道性，而具有主观综合的特点。它对大量分散的有关文献进行搜集，并对其进行分析、综合和评价，最终以简练、概括性的文字呈现出来。三次文献的实用性在于他人可以通过三次文献便捷地了解某一领域的研究进展或某方面的知识，具有很高的参考、借鉴和使用价值。

对于以上四种文献的关系，可以做出如下概括：零次文献是一次文献的素材，一次文献是二次文献、三次文献的来源和基础。①

三、按文献出版类型分类

根据出版类型，可将文献分为图书、期刊、报纸、会议文献、政府政策文件、学位论文、档案文献等。

（一）图书

图书是以传播知识为目的，将文字或其他信息符号记录于纸张之上，具有一定篇幅且装订成册的印刷出版物。图书历史悠久，种类繁

① 陈氢，陈梅花. 信息检索与利用［M］. 北京：清华大学出版社，2012：13.

多，数量巨大，记载内容包罗万象，至今仍是最常见、最重要的一种文献类型。图书的类型主要有专著、论文集、教科书、工具书等。

1．专著

专著是就某领域中的某一问题进行全面深入的论述，内容专深，大多是作者多年潜心研究的结晶。有些教育专著虽然年代久远，但仍具有历久弥新的思想价值，如卢梭的《爱弥儿》、杜威的《民主主义与教育》、苏霍姆林斯基的《把整个心灵献给孩子》等。

2．论文集

论文集是把各种主题相似的论文集合在一起的图书。论文集往往汇集许多学者的学术论文，问题集中，论点鲜明，信息容量大，学术价值高。

3．教科书

教科书是一门课程的核心教学材料，也是专业性图书。教育学教科书的主要内容包括某领域的基本问题、基本概念和基本原理。教科书的基本任务是让初学者对某个学科领域有初步的了解，旨在使学习者了解该领域的基本问题、基础知识、思维方式和研究方法。优秀的教科书具有科学性、逻辑性、系统性和可读性。其不仅全面、准确地呈现学科知识，而且结构严谨，文字通俗，可读性强。

4．工具书

工具书是专供查找知识信息的图书。它系统汇集了某方面的资料，按特定方法加以编排，以供人们按需查阅。教育工具书主要包括教育手册、教育辞书、教育百科全书、教育年鉴等。

（1）教育手册。以简明方式提供教育领域内基本的既定知识和实用资料的工具书，具有类例分明、资料具体、叙述简练、小型实用、查阅方便等特点。

（2）教育辞书。主要提供教育科学名词术语，其以条目的形式呈现。辞书有一定的格式，首先是破题，后面是基本论点，如顾明远主编的《教育大辞典》。

（3）教育百科全书。总结和汇集了人类累积的知识，是百科知识的汇总。它不仅提供定义，而且提供原理、方法、历史和现状、统计和书目等方面的资料，着力反映当代学术的最新成就。百科全书具有概述性、完备性和权威性的特点。它以准确、精练的语言概述人类累积的知识，这些知识几乎囊括所有方面。它由众多专家学者撰稿，是供长期查阅和引据的“知识标准”。如1985年出版的《中国大百科全书·教育》是我国第一部教育百科全书，收录条目800多条，反映了当时教育学科的全貌。

（4）教育年鉴。逐年出版、提供相应年份内各行现行资料的工具书。《中国教育年鉴》是教育部组织编纂的按年度向国内外发布中国教育改革和发展情况的专业性年鉴。除国家级的教育年鉴外，各地方也编辑出版本地的教育年鉴，如《北京教育年鉴》《江苏教育年鉴》等。

（二）期刊

期刊是有固定刊名，按出版年月或次序分期编号，载有多位作者作品的册装连续出版物。期刊有周刊、旬刊、月刊、双月刊、季刊等。与出版时间长、难以及时反映最新科研成果的图书相比，期刊出版周期较短，能够及时反映最新的学术成果和动态。教育科学领域的期刊主要有以下三类。

1．专门期刊

教育类期刊刊载教育动态、教育科学论文、研究报告、综述、书评等。依据刊物定位、关注领域和读者群的不同，教育类期刊可以分为综合教育类、学前教育类、基础教育类、高等教育类等。综合教育类如《教育研究》《教育学报》《教育科学》《教育理论与实践》；学前教育类如《学前教育研究》《幼儿教育》；基础教育类如《课程·教材·教法》《人民教育》《教育科学研究》《上海教育科研》；高等教育类如《高等教育研究》《中国高教研究》《学位与研究生教育》。在基础教育教学领域，还有诸多针对不同学科的期刊，如《语文教学通讯》《数学教育学报》《中小学外语教学》《中学政治教学参考》《历史教学》《中学物理教学参考》《化学教育》《中学生物教学》等。

以上期刊，有的学术性和理论性较强，如《教育研究》《教育学报》；有的实践性和应用性比较强，如《语文教学通讯》《中学物理教学参考》；还有的介于理论和实践之间，如《教育科学研究》《上海教育科研》等。

2．高校学报

许多大学特别是综合性大学、师范大学、师范学院的学报都有社会科学版或教育科学版、教育科学栏目，如《华东师范大学学报（教育科学版）》《河北师范大学学报（教育科学版）》《湖南师范大学教育科学学报》《天津师范大学学报（基础教育版）》。这些高校学报上发表的文章基本由专业研究人员撰写，具有较强的学术性和理论性。

3．文摘与复印资料

文摘与复印资料是一种资料性及情报索引刊物。如《新华文摘》设《教育》栏目，摘录具有前沿性和时代性的论文，还会列出若干教育类论文的索引。中国人民大学书报资料中心编辑出版的教育类期刊在教育领域具有广泛的影响力。该系列期刊包括《教育学》《思想政治教育》《中小学教育》《中小学学校管理》《高等教育》《成人教育学刊》《职业技术教育》《幼儿教育导读（家教版)》《幼儿教育导读(幼教版)》，以及多种面向中小学学科教学的期刊等，共计20余种。这些期刊的内容是专门从全国各种报刊中选取的精华,能够反映教育科学的最新进展,具有较高的学术价值和应用价值。而各种期刊中分门别类列出的索引,对科研工作者检索相关研究文献也具有一定的帮助。

（三）报纸

报纸是以刊载新闻和评论为主的活页定期连续出版物。教育类报纸中比较有影响的有《中国教育报》《中国教师报》《教育导报》《教育文摘周报》等。此外，还有《光明日报》《文汇报》等大报的教育科学版。报纸以每天出版者居多，其出版周期最短、传递信息快、信息量大、涉及范围广、现实感强，是重要的社会舆论工具和情报来源。

（四）会议文献

会议文献是指在学术会议上提交、宣读和交流的论文或报告以及讨论记录等资料。每个学术会议都有特定的主题，因而会议文献涉及的研究主题比较集中，专业性较强，代表了一门学科或专业领域最新的研究成果。学术会议往往具有研讨和争鸣的性质，要求论文就某一学术和学科问题提出独特的见解。这有利于深入探讨有关领域的研究问题，从而促进学术和学科的发展。其中一些重要的研究成果，通常首先通过会议文献向社会发布。

（五）政府政策文件

政府政策文件是指政府部门及其设立的专门机构颁布、出版的文献，可以分为行政性文献和科技文献两大类。行政性文献主要包括法律、法令、规章制度、会议文件、决议报告、统计资料等。科技文献主要包括科技政策文件、专利文献等。有关教育领域的政府出版物很多，其中常见的是各种教育政策与法律法规文件，如《中国教育信息化 2035》《中华人民共和国义务教育法》。政府出版物具有权威性，对了解本国政治、经济、科技、教育现状及未来发展趋势具有重要的参考价值。

（六）学位论文

学位论文是高等学校、科研机构的毕业生为获得学位所撰写的论文。依照级别，可以分为学士学位论文、硕士学位论文和博士学位论文。学位论文尤其是硕士学位论文和博士学位论文的选题论证一般比较充分，文献综述较全面，探讨问题比较专深，具有一定的创新性。少数学位论文在期刊和图书中发表，多数不公开发表，一般由授予学位的高等院校或机构的图书馆负责保存，以供查阅。当前，许多硕士学位论文和博士学位论文已录入电子数据库，可以网上查阅。

（七）档案文献

档案文献是国家机构、社会组织以及个人在各种实践活动中形成的，具有保存价值并经由专门机构整理归档、集中保管的各种材料，包括人事材料、会议记录、技术文件、出版物原稿、照片、录音带、录像带以及有保存价值的各种文书等。档案文献是原始的历史记录，信息可靠，具有重要的凭证作用。[①] 各种教育机构中保存有大量的教育档案文献，具有重要的研究价值。

第三节 如何查找文献

对于新教师来说，弄清如何查找文献，需要解决以下几个问题。查找教育文献有哪些具体要求？查找的基本步骤是什么？文献检索的途径及常用的文献检索工具有哪些？

一、教育文献查找的要求

教育文献的检索、查找过程实际上就是根据具体的研究目的搜索所需要的文献的过程。它包含几个方面的要求，可以简要地概括为“准”“全”“高”“快”。所谓“准”，指应准确查找到所需的相关资料，也就是说要具有较高的查准率。“全”则意味着高的查全率，即搜索的资料既要有正面的也要有反面的，既要有纵向的也要有横向的，既要有中文的也要有外文的，既要全面又要系统。“高”即指占有情报的多样性及资料的专业化程度高。“快”是指检索速度要快，检索效率要高。一份准确度高、有价值的情报资料，如果检索速度慢，效率太低，耽误了时机，就会失去它原有的应用价值。

---

① 王彦坤．文史文献检索教程［M］．修订本．北京：商务印书馆，2010：8.

二、文献查找的基本步骤

文献查找应该遵循下列步骤。

（一）明确检索的目的和要求

当需要检索、查找文献资料时，首要的问题是研究者要明确查找的目的和要求，一定要清楚需要什么、不需要什么。研究者通过认真分析课题，确定所需文献的主题内容、问题类型、时间跨度、载体类型等。而方向、目的越明确，范围越具体，掌握的线索越多，对所需文献资料的查找就越有利，查找的针对性也就越强。明确检索的目的和要求，是文献查找最重要的一步，也直接决定着检索的效率。

（二）确定检索工具和信息源

检索工具是一种比较完备地汇集某一方面的资料，按照特定的方法加以编排，以供人们查找数据、事实和文献线索的专门性工具。它是查找文献资料的一种有效手段。可以说，任何一种文献资料的查找必然离不开有关的检索工具。因此，研究者要做的就是根据具体检索课题的主题选择合适的检索工具。研究者应当结合现有条件，考虑检索目的、专业范围、信息类型、课题内容、文献来源等因素，运用自己熟悉的检索工具和可利用的信息源来进行相关教育文献的查找。

文献检索工具的种类繁多，研究者对检索工具选择的准确性将直接影响检索文献的效果。因此，我们应当熟悉与教育有关文献检索工具的不同特点、性能。

我们在选择检索工具时不仅要注重权威性的综合检索工具，而且要注意选择针对性强的专业性检索工具。同时，既要重视常用检索工具，也要加强对于本课题密切相关的冷门检索工具的利用。

（三）确定检索途径和方法

完成前两个步骤后，紧接着研究者要考虑应该选择什么途径和方法来进行教育文献的检索。

1. 检索途径的选择

研究者应当根据检索工具的具体情况选择检索途径。检索途径是指开始查找文献资料的入口。一般包括分类检索途径、主题检索途径、引文检索途径、著者检索途径、代码检索途径等。

2. 检索方法的选择

在教育文献资料的检索过程中，需要采用什么检索方法，根据课题性质和具体研究目的以及可以使用的检索工具而定。一般来说，主要的检索方法有下列几种：

（1）常用法。常用法是直接利用目录、题录、文摘或数据库等检索工具（系统）查找文献信息的方法，是文献检索中最常用的一种方法，也称工具法。它又可分为顺查法、倒查法和抽查法。

顺查法是指按照时间的顺序，由远及近地利用检索系统进行文献信息检索的方法。倒查法（逆查法）是指逆着时间的顺序，由近及远、从新到旧地利用检索工具（系统）进行文献信息检索的方法。抽查法是指针对项目的特点，选择有关该项目的文献信息最可能出现或最频繁出现的时间段，利用检索工具进行重点检索的方法。

（2）追溯法。追溯法又称引文查找法，是指不利用一般的检索工具，而是利用已有的文献末尾所附的参考文献，逐一追查原文，再从这些原文后面所列的参考文献逐一追查，不断扩大检索的线索，从而获得一批相关文献信息的查找方法。在缺乏相关的检索工具，或是现有检索工具不齐全或不适用时，追溯法的优势显而易见，但单一地运用这种方法来检索文献，不仅耗时耗力，而且极易发生漏检和误检。

（3）循环法。循环法又称分段法或综合法，是交替使用常用法和追溯法来进行检索的综合方法，首先利用检索工具查出一批文献资料，再利用这些文献资料所附的参考文献追溯查找相关文献。可分期分段地交替使用这两种方法，即先利用检索工具查找到一批文献，再以这些文献所附的参考目录为线索进行查找，如此循环进行，直到满足要求为止。循环法兼有常用法和追溯法的优点，可以查得较为全面而准确的文献，是实际中采用较多的方法。这种方法的优点是当检索工具缺期、缺卷时，研究者也能不受影响，连续获得所需年限以内的文献资料。

（四）获得原始文献

通过阅读掌握相关的教育文献资料，并经过判断确认其符合检索需要之后，研究者准确记录题名、作者、出处，即可利用各种馆藏目录或联合目录查找以获取原始文献，或者直接通过网络数据库的全文链接就可以直接搜索到原文。获得原始文献是整个文献查找的最后一个步骤，也是非常重要、不容忽视的一个步骤。

三、文献检索的基本途径

所谓检索途径，是指研究者与检索工具建立联结的中介，也是查找信息情报的入口。我们把文献检索的基本途径分为两大类型：手工检索和计算机检索。

（一）手工检索

手工检索简称手检，即人工查找和处理所需信息的检索方式。手工检索是文献检索的基础，它不需要任何辅助设备，只需要目录、索引、文摘、题录等检索工具，即只需要检索者与检索工具之间“对话”即可。它具有方便、灵活的特性，可随时修改检索策略，查准率较高，但检索效率较低，极易出现漏检现象，且不适宜进行复杂概念课题的检索。我们可以从以下几个途径来具体进行教育文献的查找。

（1）分类检索途径，指按照文献资料所属学科（专业）类别进行检索的途径，它所依据的是检索工具中的分类索引。一些检索工具如《中文科技资料目录》就是按分类编排的。

（2）主题检索途径，指通过文献资料的内容主题进行检索的途径，是一种主要的检索途径。它依据各种主题和关键词来索引，检索者只要根据项目确定检索词（主题词或关键词），便可以实施检索。运用主题检索途径进行文献查找时，关键在于分析项目、提炼主题概念，运用词语来表达主题概念，而准确地确定相关课题的主题词或关键词则是重中之重。

（3）著者检索途径，指根据已知文献著者来查找文献的途径，它依据的是著者索引，包括个人著者索引和机关团体索引。

（4）代码检索途径，指利用代码（代码编排的）索引进行的检索。在了解文献特有的编号情况下，根据文献代码的序号进行排检，通常有专利号索引、标准号索引等。

（5）其他检索途径，指利用检索工具的各种专用索引来检索的途径。专用索引的种类很多，常见的有文摘检索途径（论文或图书的摘要或内容提要）、引文检索途径（参考文献）、基金检索途径（如国家自然科学基金项目）等。

（二）计算机检索

计算机检索简称机检，是利用计算机和一定的通信设备查找所需信息的一种检索方式。它需要计算机、系统软件、应用软件和数据库等一系列的配套辅助设备。通过计算机检索，研究者只要在计算机上输入检索要求，计算机就可以立即列出所有相关的书目、篇名及出处。它具有速度快、效率高、查全率高的特点。与手工检索相比，用计算机检索可以直接获得打印出来的检索结果，并且可以同时检索多个检索词。目前广泛使用的计算机检索系统包括联机检索系统、光盘检索系统和互联网检索系统。

通过互联网查找资料的途径主要有两种。

第一，分类目录链接。分类目录链接属于分层检索，即按照树形结构，从主页的根目录开始点击，逐级深入，直至达到所需网页为止。

第二，关键词查找。关键词查找即在搜索框中直接输入选定的关键词进行快速查找。所谓关键词，是指从文献资料的题目、正文或摘要中抽出的能表达文献主题内容的具有实质意义的词语。在文献数据库和搜索引擎中使用的关键词是由计算机通过统计词频自动产生的，这使得关键词具有随意性和自然性的特点。也正是这种特点使得研究者在使用检索结果时难以全面地考虑所有可供使用的词语，故极易造成漏查。

在关键词的确定方面，需要遵循以下三个步骤：其一，分析课题，提取概念。对课题进行仔细分析，特别是要分析课题所涉及的事物名称，包括研究的主要手段、方法、目的等，所有这些事物名称都可以作为课题概念提取的对象。其二，整理概念，扩充同义词汇。将通过分析所获取的概念进行整理归纳，分成若干个组，对每一组的概念用同义词、近义词等予以扩展。这样，我们通过使用扩充以后的同义词作为查找关键词的检索词，就可以最大限度地避免检索过程中出现漏检的情况。其三，运用分析所获取的词汇在所选择的检索工具中进行试查，确定关键词。

四、常用的文献检索工具

一般来说，常用的文献检索工具主要包含以下几种类型。

（一）目录

目录是检索工具中历史最悠久、使用最广泛的。它是标示图书或其他出版物外表特征的系统化的检索工具，以文献的“本”“种”为报道单位。每一个条目的著录项有书（刊）名、卷（期）数、作者、出版年月、出版地及书（刊）收藏情况等。目录按出版物的类型划分，有图书目录、期刊目录和文献资料目录；按检索途径划分，有书名目录、著者目录、分类目录和主题目录等。常用的目录有专门介绍各类期刊的《全国中文期刊联合目录》和介绍外文图书的《外文图书总目录》等。

（二）题录

题录是描述文献外部特征（如文献题名、著者姓名、文献出处等）的条目，以内容上的独立文献单元为著录单元快速报道文献信息的一类检索工具。题录与目录的主要区别是著录的对象不同，目录著录的对象是单位出版物，题录著录的对象则是单篇文献。

（三）文摘

文摘即文献摘要，是指将论文的主要论点简明摘录出来，分门别类进行整理的资料。带有文摘的、扩展了的题录，不仅描述文献的外部特征，也描述文献的内部特征，是按一定的著录规则与排列方式编排起来，供读者查阅使用的一种检索工具。文摘有多种类型，按照文摘的编撰人来分类，可分为著者文摘和非著者文摘。著者文摘是指原文著者编写的文摘，而非著者文摘是指由专门的熟悉本专业的文摘人员编写而成的文摘。就其摘要的详简程度来分类，文摘可分为指示性文摘和报道性文摘两种。指示性文摘以最简短的语言写明文献题目、内容范围、研究目的和出处，实际上是题目的补充说明，一般在100字左右；报道性文摘以揭示原文论述的主题实质为宗旨，要求做到基本反映原文内容、讨论的范围和目的、采取的研究手段和方法以及所得到的结果与结论，同时包括所使用的有关数据或公式，一般500字左右，重要文章可达千字。文摘是查找最新资料的检索工具。利用文摘可以迅速掌握学术信息。较常用的文摘有中国人民大学书报资料中心复印报刊资料，它是从全国1400多种报刊上选材，按学科或门类编成99个专题，每月提供，年终汇总，信息量大，方便实用。

（四）索引

索引是根据一定的需要按一定顺序把散见于图书报刊的论文篇目、

作者姓名、刊物名称以及期刊号记录下来提供文献线索的一种检索工具。查找索引可以使研究者在短时间内了解学术前沿动态。索引按文献类型可分为期刊索引、报纸索引、书籍索引、论文索引等，按文献排检方式可分为关键词索引、分类索引、主题索引。索引条目一般有三个著录项，即项目（标识）、说明语和存储地址。

（五）参考工具书

参考工具书是以特定的编排方式，从众多的书籍中搜集编辑有关内容并编写成条目，专门供读者查找的文献。它一般包括字典、词典、百科全书、年鉴等，如《中国教育年鉴》每年一卷。

（六）国内外期刊

国内外期刊由于出版周期短，信息量大，能够及时、快速地反映学术的前沿动态研究，因而在教育研究中占据着很重要的地位。作为研究者，我们要多查阅一些重要的国内外期刊，以便及时掌握研究课题的相关渊源和科研动态。

第四节　教育文献综述指引

一、教育文献综述界定

文献综述是对单个文献的阅读评析和内容分析的综合，又称文献综合评述。它在全面搜集有关文献资料的基础上，经过归纳整理、分析鉴别，对一定时期内某个学科或专题的研究成果和进展进行系统、全面的叙述和评论。对于新教师来说，做文献综述是教师做教育研究的基本功。

从文献综述的对象看，文献综述可以分为综合性和专题性两种形式。综合性综述是针对某个学科或专业的，而专题性综述则是针对某个研究问题或研究方法、手段的。从文献综述的内容性质看，文献综述有“述而不评”和“述评结合”两种方式。“述而不评”即不加评论地综合介绍某一学科、专业、课题、专项研究的实际情况或研究成果，属于三次文献。“述评结合”则是研究者通过对大量文献的阅读、思考，在概述已有研究成果和进展的同时，用自己的语言方式，将自己的评论、观点和见解表达出来。

一般而言，大多数文献综述均是依据对过去和现在研究成果的深入分析，指出目前这一研究的水平、动态、应当解决的问题和未来的发展方向，提出自己的观点、意见和建议；并依据有关理论、研究条件和实际需要等，对各种研究成果进行评述，为当前的研究提供基础或条件。对于具体科研工作而言，一份成功的文献综述，能够以其严密的分析评价和有根据的趋势预测，为新课题的确立提供强有力的支撑和论证。在某种意义上，它起着总结过去、指导提出新课题和推动理论与实践新发展的作用。

文献综述具有内容浓缩化、集中化和系统化的特点，可以帮助同行研究工作者节省阅读专业文献资料的时间，使他们迅速地了解有关专题的历史、进展及存在的问题，以做好研究定向工作。

二、教育文献综述的形式与结构

文献综述的内容决定文献的形式和结构。由于课题、材料的占有和资料结构等方面的情况多种多样，很难完全统一或限定各类文献综述的形式和结构。文献综述的格式与一般研究性论文的格式有所不同，这是因为研究性的论文注重研究的方法和结果，而文献综述则侧重介绍与主题有关的详细资料、动态、进展、展望以及对以上方面的评述。一般来说，文献综述的形式和结构可粗略分为五个部分：标题、绪言、主体、总结和参考文献。撰写文献综述时可按以下五个部分拟写提纲，再根据提纲进行撰写工作。

（一）标题

标题是对文献综述内容的高度浓缩和概括，应鲜明地表述该综述的主要问题，重点要一目了然。

（二）绪言

绪言主要是说明写作目的，介绍有关的概念、定义，以及所综述问题相关资料的来源与范围，扼要说明有关主题的现状或争论焦点，使读者对全文要叙述的问题有一个初步了解。

（三）主体

主体是综述的主要部分，其写法多样，没有固定的格式，可按年代顺序综述，也可按不同的问题进行综述，还可按不同的观点进行比较综述。不管用哪一种格式综述，都要将所搜集到的文献资料进行归纳、整理及分析比较，阐明有关主题的历史背景、现状和发展方向，以及对这些问题的评述。主体部分应特别注意代表性强、具有科学性和创造性的文献引用和评述。

（四）总结

总结与研究性论文的小结类似，是将全文主题进行扼要总结，说清楚搜集到的文献依据综述主题内容进行分析研究所得出的结论，也可以对亟待解决的问题提出自己的见解并对进一步的发展方向做出预测。

（五）参考文献

参考文献不能省略，因为它不仅表达对引用文献作者的尊重，是引用文献的依据，而且为评审者审查提供查找线索。在文献综述中应列明文中引用过的、能反映主题全貌的并且是作者直接阅读过的文献资料。参考文献的编排应条目清楚，内容准确无误，查找方便。

三、教育文献综述的撰写

（一）撰写教育文献综述的注意事项

一篇文献综述在外表形式和内容特征上，都应符合论文写作规范和质量评判标准，这样才算是一篇好的文献综述报告。一般来说，撰写文献综述应注意以下三项。

1. 创新性

创新性是学术论文的基本特征，也是衡量科研水平与学术水平的重要标准。文献综述质量的评判标准也必须依照这一原则。文献综述的创新性主要表现在选题上。综述的选题最好是没有人研究过的，或者综述的方法与前人不一样，综述的结果有新的发现，等等。

2. 科学性

科学性指的是本着客观、公正的态度，精确论述他人的研究成果，做到不疏不漏、不偏不倚，真实可靠，表述逻辑性强。要注意引用文献的代表性、可靠性。在已搜集到的文献中可能出现观点雷同，或有的文献在可靠性及科学性方面存在差异，因此在引用文献时应注意选用代表性、可靠性和科学性较强的文献。“评述结合”的文献综述应有自己的评论分析，在撰写时应分清引用文献中的作者观点和文献的内容，不能篡改文献的内容。

3. 学术性

学术性要求搜集的文献应尽量全面。其一，掌握全面、大量的文献资料是写好综述的前提，随便搜集一点资料就动手撰写是不可能写出好综述的，甚至写出的文章根本不能称为综述；其二，写文献综述时要对综述对象的外表特征做准确的描述，并按照一定的理论高度，揭示研究对象的发展规律及其内在本质；其三，做出预测时应当遵循事物的发展规律，不能主观臆断，为了达到某种结果而随意篡改或者取舍综述内容。

（二）主题部分的撰写思路

一般情况下，文献综述是在依据选好的研究问题检索、查阅、搜集整理好文献资料后进行，关于上述问题不再赘述。近年来，《教育研究》每年初都会对上一年度中国人民大学书报资料中心复印报刊资料《教育学》转载论文进行分析，综述教育学热点并对未来研究提出展望，这也是教育文献综述的参考范本。在此介绍文献综述主题部分的几种写法。

1. 纵式

“纵”以时间线索为主要维度。它主要围绕某一专题，按时间先后顺序或专题本身发展层次，对其历史演变、目前状况、趋向预测做纵向描述，从而勾画出某一专题的来龙去脉和发展轨迹。纵式写法要脉络分明，即对某一专题在各个阶段的发展动态做扼要描述，已经解决了哪些问题，取得了什么成果，还存在哪些问题，今后发展趋向如何等内容要交代清楚，文字描述要紧密衔接。撰写综述不要孤立地按时间顺序罗列事实，以免把它写成“大事记”或“编年体”。纵式写法还要突出一个“创”字。有些专题时间跨度大、科研成果多，在描述时就要抓住具有创造性、突破性的成果做详细介绍，而对一般性、重复性的资料从简从略。这样既突出了重点，又做到了详略得当。纵式写法适用于动态性综述。这种综述描述专题的发展动向清晰，层次清楚。

2. 横式

“横”以空间比较为主要维度。它是对某一专题在国际和国内的各个方面，如各派观点、各家之言、各种方法、各自成就等加以描述和比较。通过横向对比，既可以分辨各种观点、见解、方法、成果的优劣与利弊，又可以通过研究问题的成果水平比较找到差距。横式写法适用于成就性综述，这种综述专门介绍某个方面或某个项目的新成就，如新理论、新观点、新方法、新技术、新进展等。因为“新”，一般时间跨度短，容易引起国内外同行关注，继而纷纷关注这方面的研究，发表的论文数量较多，如能及时加以整理，写成综述向同行报道，就能起到借鉴、启示和指导的作用。

3. 纵横结合式

纵横结合式是在一篇综述中，同时采用纵式与横式写法。例如，写历史背景采用纵式写法，写研究状况采用横式写法。通过“纵”“横”描述，广泛地综合文献资料，全面、系统地认识某一专题及其发展方向，做出可靠的趋向预测，为新的研究工作寻找突破口或提供参考依据。

无论是纵式、横式或是纵横结合式写法，都要求做到：一要全面、系统地搜集资料，客观、公正地如实反映；二要分析透彻，综合恰当；三要层次分明，条理清楚；四要语言简练，详略得当。

本章总结

本章分四节介绍了如何做教育文献研究。第一节通过介绍教育文献研究的内涵和查找文献在教育研究中的作用，阐释了查找教育文献的重要性；第二节介绍了不同种类的文献；第三节介绍了教育文献查找的要求、文献查找的基本步骤、文献检索的基本途径与常用文献检索工具几个方面的内容，以阐明如何查找文献；第四节介绍了文献综述的界定、形式与结构、撰写的基本要求。

推荐阅读材料

1. 萨莉·拉姆奇：《如何查找文献（第二版）》，北京大学出版社，2018 年。

2. 柴江：《1999—2011 年我国信息素养教育文献计量分析——以信息技术课程为例》，《情报科学》，2012 年第 11 期。

3. 阿琳·芬克：《如何做好文献综述》，重庆大学出版社，齐心译，2018 年。

4. 黄忠廉，刘丽芬等：《十大文献综述：妙理与实例》，科学出版社，2022 年。

5. 哈里斯·库珀：《元分析研究方法（第 5 版）》，中国人民大学出版社，李超平等译，2020 年。

6. 常生龙：《读书是教师最好的修行 2：终身学习，终身成长》，上海教育出版社，2021 年。

第四章　如何做教育研究

一般来说，新教师做教育研究的过程包括确定选题、开题论证、组织实施、总结鉴定四个基本环节，是一个有目的、有计划的系统过程。要想取得高质量的研究结果，就需要对教育研究过程进行精心设计。教育研究设计就是要对整个教育研究工作的目标、内容、方法、过程和结果等进行规划，制订出具体的研究方案。掌握教育研究的设计，是新教师系统掌握教育研究方法的基本内容。

第一节　教育研究设计

爱因斯坦曾指出："提出问题比解决问题更重要，因为解决问题也许仅是一个科学上的或实验上的技能而已，而提出新的问题、新的可能性，从新的角度去看待旧的问题，却需要有创造性的想象力，而且标志着科学的真正进步。"① 对于教育研究来说，选择一个好的研究

① 爱因斯坦，利·英费尔德. 物理学的进化［M］. 周肇成，译. 上海：上海科学技术出版社，1962：66.

问题同样非常重要。研究问题不仅决定了研究的价值和水平，而且在很大程度上决定了研究的方法和过程。因此，要想真正发挥出教育研究的效益，首先要解决的问题是选题，即选择一个什么样的问题作为研究课题。

一、教育研究的选题

科学研究都是从问题开始的，发现和提出有意义的问题是科学研究的起点。教育研究的开展必须先有选题。一方面，教育研究的选题能确定研究的范围和方向；另一方面，进行教育研究选题是提高研究者研究水平的重要途径。正确的选题是教育研究工作者进行科学研究的基础，能否独立和正确地提出选题是衡量科学工作者研究水平的一个重要标志。

（一）教育研究课题的内涵

教育研究课题是指在教育科学领域内，有明确而集中的研究范围和任务，能够通过研究加以解决的具有普遍意义的问题。在教育研究实践中，教育研究课题主要有以下来源：国家政府规划的课题、社会发展指出的问题、学科建设中提出的问题、交叉学科的问题、比较教育所产生的问题等。

教育研究课题一般有四个特征：其一，价值性。教育研究课题要具有价值，其价值主要表现为对教育教学的理论价值与实践价值，一个研究课题要有突出的理论价值或实践价值，或者是既有突出的理论价值，也有突出的实践价值。其二，创新性。随着时代的变迁以及各个相关学科研究的发展，教育研究问题也有了很多的变化与更新，因此，教育研究课题也要具有创新性，可以是教育理论与实践中的新问题，或者是从新的角度对原有的问题进行探索，实现创新。其三，具体性。教育研究课题要是具体可操作的，而不是抽象的，根据研究课题，可以制订可执行的研究计划，开展具体的研究工作。教育研究活动还会受到研究条件的限制，因此，教育研究课题的具体性特征还表现在具有研究所需要的条件。其四，实践性。教育研究课题要有实践依据，因为教育研究主要是为了改善和提升当前教育水平，它具有天然的实践价值取向。

（二）教育研究选题的过程

一个教育研究选题的过程，包括确定选题方向、确定变量及变量之间的关系、提出假设、查找文献论证选题等四个步骤。

1. 确定选题方向

教育研究中的选题方向包括三层含义：一是总方向，二是学科领域，三是研究者个人的主攻方向。选题方向的选择，要与个人专业、兴趣和文献资料积累相结合，要与社会需要和时代发展相结合。

确定研究方向，可以从以下几个方面着手：

（1）从辩证角度发现研究方向。首先可以从对立角度提出研究方向，即通过寻找已有理论的对立面来提出研究方向。例如，美国著名心理学家爱德华·李·桑代克（Edward Lee Thorndike）提出了著名的“试误说”，即认为学习的过程是一种渐进的、盲目的尝试错误的过程。而这之后，格式塔学派提出了完全不同的观点——“顿悟说”，即认为学习是豁然开朗、突然的领悟。两者并驾齐驱成为解释问题解决的著名理论。其次可以从综合角度寻找研究方法。根据辩证法，任何事物都有两面性，我们既要看到事物的利，也要看到事物的弊，这样才能避免片面地看问题。例如，近年来，杜郎口教学模式引发了讨论与研究，那么教学模式的利与弊就是一个研究方向。最后可以从事物的相互联系中发现研究方向。辩证法认为，世界上一切事物都处在普遍联系之中，没有任何一个事物可以孤立地存在，整个世界就是一个普遍联系的统一整体。例如，教师的教学偏见是否引起学生的学习焦虑，之前对于教学偏见和学习焦虑是分开研究，而用联系的视角就能确定一个新的研究方向。

（2）从系统的角度发现研究方向。所谓系统，是指由相互作用和相互依赖的若干组成部分结合而成的、具有特定功能的有机整体；而系统本身又是它所从属的一个更大系统的组成部分。任何系统都可以做多种描述，由多种要素组成。如对于教学本质的不同看法引发了对教学要素的不同看法，由此教学的组成要素根据不同的理论基础有不同的构成。可见，同一个问题，只要组成的要素不同，就可以形成一个独特的系统，即不同的研究视域。

（3）从现实角度提出研究方向。现实角度是指从工作实践、现实生活中选择课题。教育研究的重要目的之一就是解决社会实践、现实生活中的问题，而每一个人每一天都会遇到一定的实际问题，根据自己的工作需要、遇到的障碍及困难可提出大量有价值的研究课题。例如，数学家乔治·波利亚（George Polya）从自己的数学学科研究中聚焦“数学问题解决”的研究，特级教师卢仲衡从自己的工作中提出了自学辅导法这种新的教学方法作为自己的研究方向，等等。

（4）从文献角度提出研究方向。查阅和评价已有研究文献，是选择研究方向最重要、最常用的方法之一。查阅、研究文献主要是明确哪些研究问题已经被研究、进展状况如何以及已有研究存在的问题与不足，从而有利于研究者找到自己研究的方向。例如，有研究者在阅读文献过程中发现物理学科教学中存在合理性错误，那么就去思考、论证化学学科教学中是否也存在合理性错误，由此发现新的研究方向。

（5）从社会需求角度提出研究方向。主要是指结合时代需求选择课题。选择这类课题一是要经常从专业角度关注社会问题，二是要保持敏锐的眼光，才能发现社会的需求点，提出社会急需解决的问题。例如，在我国基础教育课程发展历史中，教育工作者发现我们正在经历的挫折在历史上也曾经出现，于是组织大量教育工作者从事我国百年课程发展史的研究工作。这样的研究工作能为国家基础教育课程发展提供时间脉络上的经验。

（6）从借鉴角度发现研究方向。这是指借用或移植邻近学科的研究成果来选择课题。现代科学技术发展的一大趋向是各学科相互渗透、相互联系。大量事实表明，借用、引进或移植邻近学科的研究方法、研究技术、手段乃至实验范式是开展新研究的重要途径。例如，教育心理学提出了学习理论，各个学科教育学就可以平移、借用此学习理论去研究不同学科的学习理论。

（7）从变化角度提出研究方向。这里是指针对前人的研究进行多方面的变化，做进一步的拓展研究。这样的视角主要是通过研究者“变式”的思想去提出自己的研究方向。例如，前人在 20 世纪 50 年代、70 年代研究过大学生的价值观，由于时过境迁，价值观发生了显著的变化，因此可以再次对当前大学生的价值观进行研究。

（8）从讨论角度发现研究方向。这里是指充分利用同行资源，从与同行的讨论和切磋中来选择课题。凡是对自己研究的问题有同等兴趣的人都可以视为讨论对象。在交谈、讨论中，尤其是在激烈争论的思维交锋中，思维的火花相互撞击，可碰撞出无数火花，辐射出多种观点；朦胧的思想、观点可逐渐清晰起来。

2．确定变量及变量之间的关系

研究变量是指某一研究总体的结构、性质、数量、属性等方面的特征。如学生有智力、动机、学业等不同的特征，可称为变量或因子。一般而言，在教育研究中，我们需要确定变量与变量之间的关系，包括因变量与自变量关系、自变量与不变量关系、相互独立变量关系。也就是说，开始研究前，先要明确有哪些变量是因为另一些变量的变化而引起变化的，有这样依存关系的变量就是因变量与自变量；再要明确哪些量的变化不受自变量变化的影响，即自变量变化不能引起此变量的变化；最后要确定哪些变量之间是独立关系，即它们各自的变化不会影响对方。根据需要确定哪一种变量与变量之间的关系是研究的主要方向。

3．提出假设

假设是指对可能存在的因素和因素之间的关系及其运动规律的一种预设。假设通常由论题、关系陈述、推论三个要素组成。论题是研究所要回答和解释的问题，如识字量与语文学业成绩关系的问题；关系陈述是关于问题可能的答案和解释，如将识字量与语文学业成绩的关系定格为正相关；推论是这种假定性答案的理论依据，即识字量与语文学业成绩的正相关关系可以根据研究者的经验、常识产生，也可以由逻辑推理产生。

假设应具有科学性、推测性、明确性、可检测性等基本特点。科学性是指假设不是凭空造出来的，而是建立在一定理论或事实的基础之上的，经逻辑推断或经验归纳而提出的，并且假设应该是可以被检验的。推测性是指假设所陈述的关系和基本预言尚待证实，假设毕竟不是事实，而是猜测。明确性是指假设可以清晰地陈述。可检测性是指假设可以通过具体的研究方法进行验证，而且可以被不同的研究者检验。

例如，研究者要探讨幼儿完成视觉空间作业的成绩与实验刺激物大小的关系，根据日常观察的事实，提出“幼儿在实验中面对较大的刺激均能取得比面对较小刺激更好的成绩”的假设。又如，趣味游戏对4～5岁幼儿自控能力影响的实验研究，针对选题，可以提问“有哪些理论依据？假设是什么？”。这个选题的理论基础是幼儿的游戏理论，该理论强调游戏是幼儿的主导活动。幼儿阶段活动具有情绪性，趣味游戏是幼儿特别喜爱的活动；游戏本身具有一定的规则性，幼儿通过游戏会逐渐养成遵守一定规则的习惯；4～5岁是幼儿自控能力发展的关键期。据此，最终提出假设“趣味游戏能够促进4～5岁幼儿自控能力发展”。

4. 查找文献论证选题

文献资料提供研究选题的依据。通过查阅文献，根据与特定研究领域的相关信息，对所要研究的问题做出分析，弄清课题已有的相关主要成果、研究水平、研究重点和方法、存在的问题等。

通过文献的检索与收集对选题进行论证，其内容包括如下五个方面：

（1）课题研究的迫切性、针对性和理论价值或意义。就是按照科学研究的方法，将可以搜集到的各种理论材料和事实材料作为依据，对课题研究的必要性及研究工作对理论发展和实践指导的意义做出详细的说明。如阐述某一课题的研究可以丰富和充实教育科学中哪一方面的理论，对教育的实践能起到哪些方面的指导作用等。

（2）课题已有的研究现状与水平。研究现状与水平的论证主要是根据相关文献资料，在对其进行认真阅读的基础上，阐述前人在与课题相关的研究中做了哪些方面的工作，对已有工作取得的成果和留下的问题进行总结，并描述研究的发展动向。常常从相关文献综述中可以看出研究者对该研究问题的了解程度。在上述工作的基础上，提出研究将在哪些方面实现突破和创新。

（3）研究问题的策略及成果形式。研究策略就是研究的路线，是具体开展研究的一个设想。需要对研究内容形成框架，列出课题要研究的基本内容纲要，将研究内容划分为几个有逻辑联系的关键性问题，或划分成细目，逐项论证。在详细说明研究的主要内容和基本思路后，还应具体阐述研究步骤，运用的研究方法及手段，每一阶段的具体任务、成果及时限。

（4）研究问题的性质和类型。即阐明课题研究的问题是什么性质的问题，其内涵是怎样的。

（5）课题现有的研究条件与依据。研究条件与依据包括对研究设计的基本要求的分析，对研究者所具备的研究基础的论证，以及对展开研究活动的主观、客观条件（包括理论基础、研究成员、研究经验、研究能力、研究时间、研究经费和其他物质条件）的论证。

（三）教育研究选题的心理机制

教育研究的选题有特定的心理机制。选题的来源是灵感，但灵感的产生是有相应条件和具体思路的。

1. 选题源于灵感

教育研究的选题需要灵感。所谓灵感（inspiration），是指人思维过程中的一种特殊状态，即在不依赖已有结论的逻辑推演或已有知识的正常整合的情况下，突然出现一种思维上质的飞跃，瞬间完成一个创新成果。

灵感的产生需要具备以下条件：其一，深厚的理论积淀与丰富的实践经验；其二，敏锐的直觉和洞察力；其三，长期深刻的思考。总而言之，灵感的产生需要积累，将自己平时在阅读材料、积累材料过程中的偶有所思、偶有所感积累起来、记录下来，为灵感的产生创造基础。此外，在阅读的积累过程中训练直觉和洞察力。人们在阅读过程中常常会产生一些感想，例如，不同意某篇文章的观点，认为某个例题有道理，或者思考一下某个题目我会如何做，可不可以变换一下思维方式……这些都是直觉和洞察力产生的前奏，这样的思考应该持续、深入地进行。这些偶有所思的“灵感”往往稍纵即逝，因此，研究者可以准备一本“思想火花录”，随时将自己的“灵感”记录下来，把这种阅读资料的积累和直觉、洞察力的训练变成一种日常的科研习惯，这样就可使灵感“招之即来”了。

2. 选题的思路

课题一般可以从热点问题中选，也可以从盲点问题中选，更可以从疑点问题中选。

（1）选择热点问题。教育研究是一个与时俱进的过程，一般会选择大量教育热点问题作为研究选题。例如，基础教育新课程改革、学科课堂教学研究、具体的教学模式研究、学习方式研究、教师专业化研究等，这些都是当前教育实践中的热点问题，自然也成为教育研究选题的热点问题。这些问题作为研究选题可以很好地促进教育实践的发展。

（2）选择盲点问题。教育领域中存在的某些问题，有的可能是经常出现的，但是被研究者所忽视；有的则可能是新出现的，但研究者没有注意到，特别是属于学科交叉的问题，研究者因受各自专业修养等因素的制约，极易使这些问题的研究处于“盲点”状态。这里把此类问题称为盲题。如果我们能从这些盲题中选定一个课题进行研究，往往较易出成果。例如，幼儿园生态教育研究、教学病理学研究等。

（3）选择疑点问题。教育改革与发展中有很多令人关注的、急需解决并富有争议的疑点问题。在这些问题中，如果选定一个合适的课题加以研究，以检验各家观点并形成自己的看法，那么这个课题将是很有意义的。例如，对于学前儿童是否应该学习外语的问题，有人主张教幼儿学外语，认为学前期是幼儿语言形成和发展的关键时期，错失这一时期是十分可惜的；也有人反对这种做法，认为儿童时期应该享受快乐的童年，不能让单调、枯燥的学习占据幼儿的童年。在这种相持的争论中，我们就可以选择一些相关的课题进行实证性研究，如幼儿英语学习兴趣的调查研究、大班幼儿英语学习实验研究等。

二、教育研究的开题论证

确定研究课题，或得到相关课题管理部门审批立项后，需要进一步展开有针对性的文献阅读以及初步的调查与分析，了解与课题相关的研究成果及实践状况，在充分占有相关资料的基础上提出具体的研究方案；进一步详细解释研究方法，整理研究思路及技术路线；进一步合理分工以及确定研究步骤，寻求制度、物力、人力等的相关支持。

这些工作所形成的书面材料就是开题报告，是开展研究的蓝图。完成开题报告后，往往需要聘请相关专家学者进行论证，对课题研究如何开展进行开诚布公的讨论，为课题研究的有效实施提供建设性意见。这个活动过程就是开题论证。

（一）开题论证的价值

开题论证是研究者在实施研究之前对研究项目进行的较为充分、整体的设计过程，是课题研究过程中的一个重要环节。好的开题论证是成功的一半，开题论证做好了，后续阶段研究将顺利很多。好的开题论证同时影响研究结果的可靠性和科学性。

开题论证是相关专家对课题申报者的研究方案进行审核、论证的过程。在开题论证过程中，课题申报者不仅可以得到专家对课题研究的反馈意见，还可以当面提出研究的疑惑和问题，寻求专家的解答和智力援助。因此，开题论证可以理解为课题之开端，也可以认为是向相关专业人士公开自己的研究计划，寻求合理、有效的研究策略的开端。

通过开题论证，获得专家对研究设计的认同与批评，有利于新教师作为研究者对课题研究的设计与实施进行深入思考，对研究方法进行进一步的修改和完善，尽可能减少研究过程中的失误，避免研究走上歧路或绕弯路，保障研究顺利开展。

（二）开题报告的撰写

1. 开题报告的结构

一般而言，一项规范的教育研究开题报告由以下内容组成。

（1）课题名称。主要说明研究的课题是什么。

（2）问题的提出。主要论述为什么要研究这个课题，一般要从理论和实践两个大的方面来进行论述。

（3）文献综述。主要是就相关问题的已有研究进行细致阐述，就别人已经做了什么、还有什么没有做进行系统的综合描述，借以说明本课题研究的必要性以及本课题的研究打算。

（4）理论基础。主要论述本课题用什么理论指导课题的研究，说明在研究的设计、问卷的编制、结果的分析、结论的得出等方面的理论依据。

（5）研究目标。主要说明本课题的预期目标是什么。

（6）研究内容。主要说明本课题研究的具体内容及操作。

（7）研究方法。主要说明本课题研究采用的方法和技术。

（8）研究步骤。主要说明课题研究的计划和阶段安排。

（9）预期研究成果。主要说明课题研究的阶段性成果和预期的最终成果。

（10）课题研究的组织机构和人员分工。主要说明课题研究人员、经费、设备、图书资料等条件以及课题的组织管理等。

【案例 4.1】

“T 市中小学校课程决策的现状调查与改进研究”开题报告（节选）

一、问题的提出及意义

新课程改革最重要的一项内容是课程管理体制的变革，实行课程的三级管理，给学校一定的课程权利。从课程政策的颁定到学校具体实施，再到最终落实到学生身上，很重要的一个环节就是学校的决策。因为从课程政策到具体实施，如果没有学校层面的接受和认同，没有学校的创造性实施，没有对三级课程的有效规划和整合，学校只是一味地执行政策，课程政策的理想很可能落空。那么中小学校在这方面的运行情况如何，即学校层面的课程决策是否真的存在，具体的决策过程怎样，是否达到了预期的目标，存在的突出问题是什么，制约因素又有哪些等，这些是深化基础教育课程改革，进一步推进学校层面落实新课程理念必须研究的问题，也是我们系统总结和反思十余年来我国基础教育课程改革的经验和得失必须要关注的问题。

这项研究对于推进基础教育课程改革的深入实施，增强实施的有效性、针对性，促进T市学校课程决策模式或制度的形成，促进学校课程改革理论的发展，具有十分重要的意义。

二、核心概念的界定

1. 课程改革：当前正在我国开展的基础教育课程变革。

2. 课程实施：把课程计划或方案付诸课程实践的具体过程，是课程的具体运作过程。

3. 学校课程决策：课程实施过程中学校层面对课程的有关方面做出选择和决定进而推动其实施的过程。国家课程改革计划或方案出台后，需要通过学校来具体组织实施，需要每一个学校根据本校的实际，就国家课程、地方课程和校本课程及其相互之间的关系做出选择和决定，从而整体规划出体现本校特色的具体实施方案。这一选择和决定的过程即学校课程决策。它是学校课程整体规划、学校整体特色建设的重要内容，是学校创生国家与地方课程改革方案、追求最佳实施效果的过程。

三、国内外研究现状述评

关于课程决策的研究在20世纪50年代就引起了美国课程学者的关注，我国学者在20世纪80年代初给予其引介，但课程实践中并无实质探索。随着21世纪我国课程改革的深入推进，课程决策尤其是学校课程决策在课程实施中的地位和作用凸显出来，引起了有关研究者一定的研究和实践探索，但就整体而言，更多的是关于狭义校本课程开发概念下的教师参与课程决策的研究，从学校层面研究学校课程决策的文献还不多见。具体综述如下：

1. 课程决策研究很薄弱，学校课程决策研究更为缺乏。(略)

2. 介绍国外理论多，本土化反思与实证研究少。(略)

3. 研究深度不够，缺乏系统性。(略)

四、研究内容

1. 学校课程决策的概念及其在课程变革中的意义与价值。

2. 运用实证研究的方法全面考察和了解T市课程改革实施中学校层面课程决策的现状和存在的问题。主要运用调查、访谈、文献等方法了解T市中小学校长对学校课程决策意义和价值的认识，当前T市课程改革中学校课程决策的有效经验和模式，当前T市课程改革实施中学校课程决策的现状与问题。

3. 国外中小学校课程决策的经验和模式。

4. 有效的学校课程决策的影响因素及其机制探讨。

5. 有效的学校课程决策过程和策略探讨。

五、研究思路和方法

采取实证的研究范式，以量化与质化相结合的方法开展研究，遵循“质化调查—量化分析—理论概括”的研究路线。在质化调查阶段，将通过访谈、案卷查阅和分析等手段，获取关于上述研究问题的一些基本信息和模式，并有针对性地对具有典型性的中小学校进行个案调查和分析。在质化调查的基础上，结合现有的研究，编制适用于本研究的调查问卷，并将获得的调查数据运用SPSS软件对不同变量进行分析，寻找有效的学校课程决策影响因素及其机制和模式。在质化调查与量化分析结果的基础上，从理论分析的视角，归纳这些数据所呈现出来的各种问题的深层原因，进而概括出科学有效的研究结论，为深化课程改革提出可供参考和借鉴的建议和办法。

六、进度安排（略）

七、预期成果

1. 研究报告：《T市中小学校课程决策的现状调查与改进研究》。

2. 论文：《学校课程决策在基础教育课程改革中的价值》《国外中小学校课程决策的经验》。

从结构来看，开题报告和课题申报书有很多相同之处，但实际上，两者之间有很大差别，因为其目的是不一样的。课题申报书的目的是争取申报课题立项，其内容重点是课题选题的准确度、研究的价值、研究的可行性。而开题报告论证的目的不是立项，而是完成课题研究，其内容重点是如何开展课题研究。因此，开题报告比课题申报书的内容更加具体，更加具有可操作性；要清楚每一步做什么，怎么做；要有内容，有要求，有活动安排。这样，有利于课题组有目的、有步骤地安排和开展研究，也有助于研究者按期获得阶段性成果和按时完成研究任务。

2. 撰写开题报告的注意事项

课题论证部分是开题报告的主要部分，包括课题的界定、研究意义、文献综述、理论基础、研究目标、研究内容、研究方法、研究步骤等。在撰写这部分时，应在内容和表述上加以注意，从而提升开题报告的整体水平。

（1）课题的界定。即对课题中的“关键词”进行明确的解说，给该课题限定准确的研究范围，提示课题研究的方向和角度。课题界定的内容包括基本概念的界定、研究范围的界定、研究对象的界定、研究方式的界定。在进行课题界定时应注意：概念的界定要清晰、准确，在清楚的前提下简明扼要，突出本质要素；研究范围要具体、适当，不要贪大求全。可以参考有关的辞典、教育理论书籍、教学大纲、教材及国家的教育方针政策等，但不能照搬已有的概念解释，要通过概念界定提出对课题的独到见解，体现研究者的思想和观点。

（2）研究意义。开题论证的重要目的是向他人证明研究者感兴趣的课题是有价值的，因此对研究意义的陈述也十分重要。说明研究的意义就是说清楚为什么要研究、研究它有什么价值。一般可以先从现实需要方面去论述，指出现实中存在这个问题，本课题的研究有什么实际作用，然后写课题的理论和学术价值。实践价值和理论价值都要写得具体、有针对性，切忌滥用“坚持党的教育方针”“实施素质教育”“提高教育质量”等口号。

（3）文献综述。即查阅与研究问题相关的文献，综合此类问题在国内外的研究概况，并加以评述，提出自己的独特见解。文献综述在开题报告中是不可忽视的。研究工作最根本的特点就是要有创造性，熟悉、了解别人在这方面的研究情况，才不会在研究成果已经很多、很成熟的情况下，重复别人走过的路，而是把已有的研究成果作为自己的研究起点，并从中发现以往研究的不足，寻找有待进一步研究的问题，从而确认自己的创意，确定自己研究的特色或突破点。

（4）理论基础。即进行课题研究的理论指导。课题研究需要在一定的理论指导下进行，理论基础一般是课题研究的指导思想。寻求已有理论的依据，可以让研究在正确理论的指导下顺利进行。这部分的陈述要求理论依据要具体，围绕课题研究的需要，有针对性地列出课题研究依据的若干具体的理论观点或政策；依据的理论要兼具科学性、先进性、时代性。研究的理论基础要基于自己的研究内容和研究视角，通常所说的理论基础有哲学、心理学、教育学、社会学等一些教育教学的权威观点和理论，它们都对课题研究具有支撑作用，可以引经据典，也可以自圆其说，但不要乱贴标签，不能为理论而理论。

（5）研究目标。一般来说，研究虽出于某种目的，但起初研究目标往往并不明晰，只是大致有个方向。不过经过文献分析和理论基础阐述之后，研究者会对研究目标有更加清晰的认识，并能对研究目标进行准确的论述。

课题研究的目标是本课题研究的方向，是本课题研究最终要达到的目的。在设定研究目标时应注意以下三点。

①研究目标的确定不要过于空泛，要紧扣课题题目。例如，“促进学生的发展”“培养社会所需要的人”等课题的研究目标就很空泛。

②研究目标不能定得太高、太大。目标要实际，要结合课题组实际的工作条件与工作水平提出，最终要能实现目标，要能有成果验证，目标与成果之间要有联系。

③研究目标的表述中目标行为动词应该是确定的，尽可能可测量、可评价、可理解，如“通过研究，总结出……策略”“建立……模式”“形成……评价体系”等。

（6）研究内容。课题研究的主要内容陈述的是课题研究的范畴、课题研究的着力点，要讲清楚打算做什么。这部分内容是整个开题报告的核心所在。一般说来，写清楚本课题的研究内容，就是写清楚本课题的研究由哪些子课题（可以具体到二级子课题）构成。在设计研究内容时应注意以下三个方面：一是研究内容与课题要吻合，应当紧扣研究目标；二是研究内容表述要条款化，一般应在三条以上（含三条），叙述要简明扼要，清晰准确；三是在每个子课题下要简要阐述该子课题的操作思路。

（7）研究方法。研究方法是研究得以开展并获得预期研究成果的重要保证。不同的课题由于研究目标、理论基础、研究内容、客观条件等方面的不同，选择的研究方法也不同。由于教育研究的复杂性和多样性，研究方法也呈现多样性和复杂性。

要选择合适的研究方法，研究者必须从以下三个方面加以考虑：一是要考虑研究目的和内容。符合研究问题的性质，并且能达到研究目的的方法，才是适当的方法。二是要考虑研究方法的可行性。研究者有足够时间与经费等资源，并且能获得必要的支持与合作的方法，才是适当的方法。三是要考虑研究者本身的研究能力。研究者力所能及、能胜任的方法，才是适当的方法。也就是说，研究方法是否适当，并不在于方法本身的好坏，而在于方法与研究目的、研究资源以及研究能力是否符合。同时，需要考虑每种方法都有各自的特点和适用条件，在注意每种方法独立性的同时，要注意它们之间的联系。

开题报告的这一部分重点是要说明该项课题所采用的研究方法。要清楚、详细地表述用什么方法、如何进行操作。

（8）研究步骤。主要说明课题研究的主要步骤和时间安排，包括整个研究拟分为哪几个阶段，各阶段的起止时间，各阶段要完成的研究目标、任务。一般将课题研究分成准备阶段、实施阶段、总结阶段三个阶段。

制定研究步骤应注意：研究的步骤要充分考虑研究内容的相互关系和难易程度，一般情况下，都是从基础问题开始，分阶段进行，每个阶段要达到什么要求、用多少时间、从什么时间开始、至什么时间结束都要有规定。它使得研究者一开始就做到心中有数，在实施研究中一环接一环、有条不紊地开展各项工作，从而保证研究能按预定要求如期完成。

（9）预期研究成果。即研究工作预期要取得的阶段研究成果和终期研究成果。开题报告要就此做出说明。教育研究成果形式有很多种，包括调查报告、实验报告、研究报告、论文（集）、专著、工具书、电脑软件、测试量表、课件、课例等。开题报告要结合课题本身的特点和内容就预期的成果形式做出交代。

研究者应根据研究的类型、层级、目标、内容以及研究组成员的研究能力等，实事求是地确定预期研究成果。预期研究成果是课题组向课题立项机构所做的承诺，是课题研究必须完成的任务，也是课题成果鉴定和结题审核的重要依据。因此，预期研究成果的确定，既不能好高骛远，也不能妄自菲薄，务必做到量力而行。一般需要将阶段研究成果和终期研究成果分开填写。阶段研究成果是在研究过程中得出的，终期研究成果是课题基本完成以后得出的。研究报告、专著、论文（集）一般都属于终期研究成果。填写好预期研究成果后，应该确定成果的承担人，明确责任分工与合作，进行进程跟踪与激励，确保圆满完成研究任务，取得预期研究成果。

（三）开题论证的一般程序

写好了开题报告，就要请相关学者、专家对开题报告进行论证，以保证研究的科学性、可行性和有效性。开题论证会的参加人员包括课题负责人邀请的该研究领域的2～3名专家、课题立项单位相关联系人和上级教育主管部门的负责人，以及课题组的全体成员。开题论证会的一般程序如下。

1．宣读课题立项通知书

一般由上级教育科研主管部门的负责人或相关领导宣读课题立项通知书。

2．陈述课题实施方案

一般由课题负责人陈述课题实施方案，时间控制在30分钟左右为宜。陈述无须完全按照开题报告的内容依次阅读，应注意突出重点。比如，简要交代研究问题的来源和背景，重点陈述课题研究设计论证部分，包括研究内容、方法、步骤及其可行性等。如果有子课题，子课题的负责人也要陈述子课题的实施方案。

3．与会专家、领导及课题组成员研讨课题实施方案

课题负责人应与参会专家、领导等充分交流，虚心听取其意见和建议，做好记录，以便吸收他们的意见和建议，改进研究方案，促进研究的顺利开展。

三、教育研究的组织实施

确定研究课题并开题论证后，就基本做好了课题研究的准备工作，接下来就要组织实施了。教育研究的组织实施是课题组成员依据拟订的研究计划，通力合作将研究方案付诸实施，并取得成果的过程。组织实施是教育研究的核心环节。一般来说，教育研究的组织实施过程包括五个具体环节：选择研究对象、搜集资料、处理与分析资料、形成结论、研究结果的表述。

（一）选择研究对象

在教育研究中，课题目标与内容不同，研究对象的范围也不同。如果研究对象仅是个别对象或极少数人（如在个案研究中），那么研究对象的总体基本就是研究的直接对象，也就不存在研究对象的选择问题。然而，大多数课题涉及的对象总体比较大，不可能也没有必要研究所有对象，这时选择研究对象，即从研究对象总体中选择一部分作为直接研究对象，就成为一个非常重要的环节。甚至可以说，严格意义上的课题研究，就是从抽样开始的。

1. 抽样的概念

抽样又称取样，就是从研究的全部对象（总体）中抽取一部分作为样本。抽样的基本要求是保证所抽取的样本对总体具有充分的代表性，目的是从被抽取样本的分析、研究结果来估计和推断总体的特性。合理抽样减少了研究对象，既可节约人力、物力、时间，又可使研究力量相对集中，使研究工作更加深入、细致，有利于提高研究的准确性和可靠性，是科学实验、质量检验、社会调查普遍采用的一种经济有效的工作和研究方法。

2. 抽样的基本方法

抽样方法基本分为两大类：概率抽样与非概率抽样。

（1）概率抽样。又称随机抽样，指依据随机原则按照一定的概率从总体中抽取一部分单元作为样本的抽样方法。概率抽样的优点：通过随机化程序抽取样本，不受主观因素的影响，使每一个单元都有一定的概率被抽中，保证了样本的客观性；可以按照课题所要求的精确程度，考虑样本容量和具体的抽样方法。概率抽样的主要方法有简单随机抽样、系统随机抽样、分层随机抽样、整群随机抽样等。

①简单随机抽样。也称单纯随机抽样、纯随机抽样，指从总体 N 个单位中任意抽取 n 个单位作为样本，使每个可能的样本被抽中的概率相等的一种抽样方式。简单随机抽样可通过抽签法、随机数表法等具体方法来实现。

抽签法：先给总体的每一个个体编号，每个号码对应一个签，将全部的签混合后，随机从中抽取，被抽到签号的相应个体就成为样本，直到取够所需样本数目为止。

随机数表法：利用随机数表作为工具进行抽样。随机数表又称乱数表，是由许多随机组合排列的数字组成的表。查随机数表，确定从总体中所抽取个体的号码，则号码所对应的个体就成为样本。随机数表法可随意从任何一区、任何一个数目开始，依次向各个方向进行。

简单随机抽样是使用广泛、简便易行的抽样方法，也是其他随机抽样方法的基础。但是，这种方法仅适用于总体单位数较少、范围不大的情形，当总体 N 较大、范围较广时，就显得十分费事，效率低。

②系统随机抽样。也称机械随机抽样、等距离随机抽样。它是先将总体中各单位按一定的标志排队，然后每隔一定的间距（间距大小视总体与样本数量的比值大小而定）抽取一个单位构成样本。

系统随机抽样的操作方法：设总体容量为 N，样本容量为 n，则 $m=N/n$（其中，m 为抽取间隔），再用单纯随机抽样方法来确定第一个样本单位 K（$K\leq m$），最后将 K，$K+m$，…，$K+(n-1)m$ 等对象抽取出来，构成样本。例如，采用系统随机抽样法在某校 1000 名学生中选取 100 名作为样本，操作方法如下：将 1000 名学生进行数字编码；计算 m 值，$m=1000/100=10$；设 $K=6$，则被选取的学生号码为6，16，26，…，996。

系统随机抽样省时省力，且样本分配均衡，样本的代表性也比简单随机抽样好，实际运用较广。但系统随机抽样的最大缺点就是容易出现周期性误差，即所选的单位在排列上和顺序上存在偏差。上例中，如果男生是单号，女生是双号，就有可能造成所抽取的样本只有女生。

③分层随机抽样。又称类型随机抽样，是先将总体各单位按一定标准分成各种类型（或层），然后根据各类型单位数与总体单位数的比例，确定从各类型中抽取样本单位的数量，再按照随机原则从各类型中抽取样本。

分层随机抽样的优点：适用于总体单位数量较多、内部差异较大的调查对象；与简单随机抽样和系统随机抽样相比较，在样本数量相同时，它的抽样误差较小；在抽样误差的要求相同时，它所需的样本数量较少。分层随机抽样的缺点：必须对总体各单位的情况较为了解，否则无法做出科学的分类，而这一点在实际调查之前往往难以做到。

【案例4.2】

对某校600名学生的学习习惯研究的分层随机抽样

拟抽取1/4的学生（150人）作为样本。首先按成绩评定标准将学生分成甲、乙、丙、丁四个层次，其中甲层120人，乙层240人，丙层200人，丁层40人。然后用简单随机抽样在4层中按比例分别抽取样本，从甲层中选取 $120\times1/4=30$ 人，从乙层中选取 $240\times1/4=60$ 人，从丙层中选取 $200\times1/4=50$ 人，从丁层中选取 $40\times1/4=10$ 人。这150人就是分层随机抽样所获得的样本。

④整群随机抽样。即将总体按一定标准划分成群或集体，以群或

集体为单位按随机的原则从总体中抽取若干群或集体，作为总体的样本，并对抽中的各群中每一个单位都进行实际调查。例如，在南京市所有小学中随机抽取10所小学进行教师职业幸福感情况调查。

整群抽样样本比较集中，调查起来比较方便，且可以降低调查费用。此法优点是组织简单，且不会打乱原有的学校、班级；缺点是所获样本分布不均匀，群体间可能会存在差异，样本代表性较差。

（2）非概率抽样。又称非随机抽样，即研究者根据自己的便利性或主观判断抽取样本的方法。非概率抽样难以评价样本所具有的代表性程度，不能推算出总体，所以主要用于定性研究或小范围的非正式研究中。其具体的抽样方法有以下三种。

①目的抽样。即按照研究者一定的目的去抽选样本。例如，研究者的目的是要研究特异或智力障碍儿童的学习特点，那他就须按照特异或智力障碍儿童的特点来抽样。

②任意抽样。又称偶然抽样，指按研究者的需要和便利，利用现有的机会对偶然遇到的对象进行抽样。例如把街上的行人作为调查对象，任选若干行人进行访问调查；把商店柜台前的购买者当作调查对象，选择他们中的任何人做市场调查等。任意抽样是非概率抽样中最简便以及最节省费用和时间的一种方法。但是，如果总体中单位差异较大，抽样误差也就较大。因此，一般说来，任意抽样多在对调查情况不甚明了时采用。

③定额抽样。也称配额抽样，是研究者将研究对象总体按一定标志分类或分层，确定各类(层)单位的样本数额,在配额内任意抽选样本的抽样方法。定额抽样和分层随机抽样既有相似之处,也有很大区别。定额抽样和分层随机抽样的相似之处在于两者都是事先对总体中

所有单位按其属性、特征分类，区别在于分层抽样是按随机原则在层内抽选样本，而定额抽样则是由调查人员在配额内主观判断选定样本。

（二）搜集资料

搜集资料，即获取课题研究最终结论所需要的文献资料、事实材料或数据。做研究很重要的一点是言之有据，持之有故。如果没有资料作为研究的支撑，研究就成了无本之木。所以，资料是研究得以进行的重要基础，搜集资料是课题研究的重要环节。

资料有很多种，有从文献中搜集的资料，有从实践中搜集的资料。对于实践中的资料，研究者要深入教育实践，通过观察、调查、访问、测量、实验等方式获得所需的资料。从实践中搜集的资料，主要是事实材料和数据，包括定性记录和定量数据两种。

1. 定性记录

定性记录是指通过调查、访谈、观察等方法，用定性的手段记录与研究对象有关的资料。定性记录有两种：一是客观性的，即对象活动的真实记录；二是主观性的，即带有研究者主观感觉的描述等。

【案例4.3】

表4－1　××课堂观察记录表

时间	被观察对象的课堂事件	观察者的个人理解和问题

注：“被观察对象的课堂事件”一栏是关于对象活动的真实记录，“观察者的个人理解和问题”一栏是研究者主观感受的记录。

2. 定量数据

定量数据是指研究者通过一定的手段对研究对象进行测量所获得的数据。在教育研究中，定量数据的获得首先要有有效而可靠的量化手段。例如为调查学生的创造能力进行的测验，若没有可用于对其进行量化描述的较为合理的模型，就无法获得可信的定量数据。

需要注意的是，开始搜集资料工作之前，要做一些准备工作，如物质材料的准备（包括观察表格、记录表格、调查问卷、测验题目、用具设备等），研究者之间的意见应取得一致，实施前必须与协作单位联系并征得同意等。在搜集资料的过程中，应严格遵守操作规程，做到客观、准确、规范，从而确保研究的科学性和有效性。同时，还应遵守科学研究道德，充分维护参加研究人员（包括课题组成员、协作者、研究对象）的权利、名誉和利益，保证他们不受到任何伤害，对于个人的资料要保密。

（三）处理与分析资料

单纯搜集资料不能算是科学研究，杂乱无章的资料无法被判定和验证假设。因此，还需要对资料进行筛选、整理和分析，做到去伪存真、分门别类、条分缕析。

1. 筛选资料

资料的筛选就是在阅读、分析的基础上对材料进行鉴别，只保留对本课题研究有参考价值的资料。通常，对于文献资料，要求其具有可靠性、正确性、权威性；对于事实数据，要求其具有真实性、典型性、概括性。

筛选的主要环节是鉴别，即对原始资料进行核实和评价。一要辨别真伪。从事物的总体及联系上挖掘事物本质的真实性，并结合各方面的材料进行比较，不被局部或暂时现象迷惑。比如，一份教案，应看它与课堂的实际情况是否相符，如果教案脱离实际，不能实施，格式和内容再好也没有用。二要区别质量。与研究目标和内容关系不密切的材料，形式凌乱芜杂、难以处理与分析的材料等，都属于质量不高的材料，应予以剔除。筛选时，应尽量避免个人的主观倾向，既要选那些符合自己假设的证据，也不能忽略相悖的证据。对孤证材料要慎重。最后应把全部资料查看一遍，如有缺漏或不完整，则需要充实。

2. 整理资料

通过筛选之后的资料可能还是散乱的、不明确的。因此，还必须对这些资料继续进行整理。资料的整理可以分为文字资料的整理和数据资料的整理两类。

（1）文字资料的整理。分为分类和汇编两种，具体内容如下。

①分类。指根据研究资料的性质、内容或特征，将相异的资料区别开来，将相同或相近的资料合为一类的过程。分类是否合理，取决于分类标准是否科学。分类的标准是多样化的，主要有现象分类和本质分类。现象分类是根据事物外部特征或外在联系所做的分类。例如，把研究文献资料按年代分类，把调查资料按地区分类。现象分类简便易行，便于资料的存取和查找利用，但比较肤浅，难以揭示事物的内在联系及其本质。本质分类也叫科学分类，要求按事物的内在本质或内部联系进行分类。例如，根据研究对象的经济地位、政治态度和思想觉悟等社会属性进行分类。整理资料必须从现象分类过渡到本质分类。

②汇编。即按照研究的目的和要求，对分类后的资料进行汇总和

编辑，使之成为能反映研究对象客观情况的系统、完整、集中、简明的材料。其一，应根据研究目的和研究对象的客观情况，确定合理的逻辑结构；其二，对分类资料进行初次加工，如给各种资料加上标题，重要的部分标上各种符号，对各种资料按照一定的逻辑结构编上序号；其三，将所有采用的资料汇编在一起，做到井井有条、层次分明，能系统、完整地反映研究对象的全貌。

（2）数据资料的整理。可运用数据分类、编制统计表和编制统计图的方式进行数据资料的整理。

①数据分类。又称统计分类，即把搜集来的数据进行分组归类。数据分类必须依据一定的标准，即所具有的属性或特征。教育资料统计分组的标准一般有品质分类和数量分类两种。品质分类是指按某种教育现象的质量属性、类别、等级分类。例如按学校类别、学生性别分类，或按学生成绩好坏、体质强弱及道德品质好坏分类。这种分类能直接反映教育现象性质的不同。数量分类则以数量的大小为分类的标准，有顺序排列法、等级排列法和次数分布法。

②编制统计表。统计表是表达数字资料的一种重要形式。它把所研究的教育现象和过程的数字资料，以简明的表格形式表现出来。它的主要作用是可以免除文字的冗长叙述；便于比较各项目之间的相互关系；便于总计、平均和其他统计值的计算；便于检查计算错误和项目遗漏。

③编制统计图。统计图是以几何图形或其他图形的形式表达统计数量关系的重要工具。它的作用是把统计资料直观形象、生动具体地表现出来，使人一目了然；它还能准确地体现统计资料，有助于对统计资料进行比较、对照、分析和研究。

3. 分析资料

分析资料是得到研究结果的重要步骤。分析资料是在整理资料的基础上对资料的进一步加工。一般来说，资料的分析方式可分为两种：一种是定性分析（质性分析），一种是定量分析（量化分析）。

（1）定性分析。主要使用分析与综合、比较与概括、抽象与具体、演绎与归纳等逻辑方法，对研究对象是否具有某种性质或确定引起某一现象的变化原因、变化过程进行分析。定性分析的根本方法是哲学方法，它以思辨的方法比较事物的异同，概括事物的类型，把握事物的规律。

定性分析的基本步骤：①按照研究课题的性质，确定定性分析的目标以及分析资料的范围；②对资料进行初步的检验分析；③选择适当的定性分析方法和确定分析的维度；④对资料进行归类分析。通过归类，排列类别层次，区分不同情况下材料的差异，分析不同分类是否具有不同意义以及事情发生是否有先后次序，进而鉴定各因素之间是否有相关或因果关系，寻求研究对象的特质规范。

（2）定量分析。定量分析是赋予研究对象一种纯形式化的符号以反映事物的特征。分析的对象是具有数量关系的资料，包括数字、文字、图形或声音等，而方法则主要是数学分析的方法。对大量的、可能是杂乱无章的数据进行算术或逻辑运算，抽取并推导出对某些特定问题具有价值、有意义的数据，经过解释赋予其一定意义，从而得出教育研究的重要结论。

定量分析的基本统计方法有以下三种。①描述统计：主要是描述数据集中趋势的量数、反映数据间彼此差异的程度的量数、原始数据在所处分布中地位的量数等以及相关程度分析用相关系数。②推论统计：主要有总体参数估计和假设检验。③多元统计：主要有回归分析、因素分析和主要成分分析以及聚类分析。

各种统计方法和公式的使用条件，研究问题的性质、数据类型以及研究设计都是统计方法的选用依据。上述各种统计方法都已有了计算机软件，如 SPSS 软件，只要输入原始数据就可以得到相关结果。

在实际的资料分析过程中，定性分析和定量分析这两种方法通常是交互使用的。

（四）形成结论

材料与数据处理和分析的结论并不等同于研究的结论，还需要针对研究假设，对统计处理的结果加以提升。在形成研究结论时，应综合考虑与研究有关的多种证据，以及各方面因素的影响。应对研究的背景环境、具体条件、特殊情景等做出明确的描述和解释，并实事求是地限定该结论适用于进一步推断的范围。

（五）研究结果的表述

研究结果的表述，是研究者将研究过程与成果公之于众的方式。它有利于研究成果的评价、交流和推广。教育研究成果的表现形式主要包括教育研究论文、教育研究报告等。

四、教育研究的总结鉴定

完成课题研究后，需要及时总结鉴定，即结题。结题是对研究过程的回顾与总结，也是对课题立项和资助机构的一个交代，同时也为研究者提供了听取同行意见和反思自己研究过程与研究行为的机会，有利于研究者发现研究中存在的问题，为更深入的研究开辟道路。

结题一般需撰写结题报告，并进行成果鉴定，最后将整理出的结题材料一并提交。

（一）结题报告的撰写

结题报告是一种专用于研究课题结题验收的研究报告。它是研究者在课题研究结束后，对研究课题的研究过程和研究成果进行客观、全面、实事求是的描述。结题报告不仅要详细地叙述研究工作的经过，更要引出研究和思考的观点。

1. 结题报告的结构

课题结题报告不同于课题报告。课题报告侧重于表述研究成果，而结题报告则侧重于回顾过程和评价成果。从应用写作的角度考察，课题结题报告可以分为标题、前言、正文、结尾和附件五个部分。

第一，标题。课题名称和文种（即结题报告）。

第二，前言。简述课题概况，包括课题来源、级别、历时等。

第三，正文。主要包括三个部分：①课题的一般情况。阐述课题的背景；指明课题目标、研究思路与意义；文献综述；介绍课题研究的具体内容；说明研究历时及阶段，并分析各阶段的主要工作和特点；交代使用的主要研究方法，采用的特殊工具、设备与方法。②课题的研究成果。简要阐明本课题的基本观点及其逻辑联系；着重揭示本课题的特色和创新之处；强调本课题与实践的关联性，乃至在实践工作中应用的阶段性成果。③课题的评价意见，包括自我评价、专家评价和实践工作者评价等。自我评价——根据国内外、所在地区和同类单位的理论研究和实际工作现状，对本课题的地位给予正确的定位，并揭示本研究成果的作用及前景。专家评价——综述专家对本课题的意见，并点明典型评语。实践工作者评价——如果本课题在实践中已有应用，则可给出实践者的反馈意见。

第四，结尾。可指出本课题可进一步探索的方向；针对本课题的应用推广等问题表明课题组须做出的努力。结尾的内容应视实际情况而定。

第五，附件。列出课题组成员名单；附上课题研究过程中已发表的论文篇目，研究成果已被采纳或开始应用的佐证材料；致谢等其他材料。

2．撰写结题报告的注意事项

第一，重点应放在介绍研究方法和研究结果方面。结题报告的价值以方法的科学性和可靠性为条件，而这两者又有内在的联系，因为只有研究方法是科学的，才能保证研究结果是可靠的。人们阅读或审查结题报告，主要关心的是如何开展研究，在研究中发现了什么问题，这些问题解决了没有，是如何解决的；研究结果在现阶段达到什么程度，还有什么问题需要继续解决等。因此，写结题报告，主要精力应花在方法和结果部分，把研究方法交代清楚，使人感到该项研究在方法上无懈可击，从而不得不承认结果的可靠性。

第二，理论观点的阐述要与材料相结合。在结题报告中怎样使自己的观点得到有力的论证，是研究者应该关心的重要问题。论点的证实除了必须依靠逻辑的力量外，还需要依靠科学事实的支撑，做到论点与事实相结合。结题报告一定要有具体材料，尊重事实，从事实中列出观点。一方面，在论述过程中要处理好论点与事实的关系，要求研究者选好事实。除了要注意事实的典型性、科学性以外，还要善于用正反两方面的事实来说明问题，揭示普遍规律。另一方面，要恰当地配置事实，采用事实论证主要是为了帮助人们理解不熟悉的论点。

第三，分析讨论要实事求是。既不夸大，也不缩小。在下结论时要注意前提和条件，不要绝对化，也不要以偏概全，把局部经验说成普遍规律。

第四，语言文字表达要规范。结题报告运用的语言应是陈述性的、报告性的，文字应当简洁流畅。在语言文字的表达中，一要注意不要使用经验总结式的语言；二要准确表达，切忌答非所问；三要语言简练，文字切忌累赘、重复。

（二）课题成果的鉴定

无论是哪一级立项课题，结题都需要进行成果鉴定。现以教育部人文社会科学基金课题为例，谈谈课题成果的鉴定。

1. 申请鉴定需提交的材料

课题组完成课题研究并撰写结题研究报告之后，可以申请课题鉴定和结题。申请鉴定和结题需提交材料，以证明圆满完成了课题研究任务。需提交的材料包括结题报告、课题成果以及课题立项材料等。因为鉴定专家通常为5～7人，所以要准备多套材料。例如，教育部一般人文社会科学课题责任人提出鉴定和结项申请需要报送下列材料：①项目“终结报告书”一式7份（含原件1份）及电子版（文档格式）；②项目成果7套（含原件3套，未出版的书稿报送装订好的打印稿）；③项目“申请评审书”或“投标评审书”“计划合同书”一式7份（复印件）。如研究计划有变更，应在“终结报告书”中说明，经教育部社会科学司核准的“变更申请表”附于其后装订。

2. 鉴定方式与程序

成果鉴定方式分为通讯鉴定和会议鉴定。鉴定方式不同，其程序也不一样。

（1）通讯鉴定。由鉴定组织部门聘请同行专家，采取通讯评审方式进行。基本程序：①鉴定组织部门将被鉴定成果和有关材料寄送给鉴定专家；②鉴定专家在详细审阅基础上，提出鉴定意见并进行通讯投票，填写并提交“鉴定意见表（个人用）”，在规定日期截止前交还所有鉴定材料；③鉴定组织部门回收并汇总专家鉴定意见和投票结果，形成“鉴定意见书（汇总用）”并向申请鉴定者反馈。

（2）会议鉴定。由鉴定组织部门聘请同行专家召开鉴定会，通过当面陈述、提问和答辩的方式进行。基本程序：①鉴定材料在鉴定会议前15天寄（送）达鉴定专家，专家预先对鉴定材料进行审阅，填写“鉴定意见表（个人用）”，提出初步鉴定意见；②项目责任人以多媒体演示的方式汇报项目研究计划的执行情况，研究成果内容、创新性、学术价值和应用价值等；③鉴定专家提问，项目责任人和课题组主要成员进行答辩；④专家组在充分评议（申请鉴定者回避）的基础上，以一次性无记名投票的方式，决定是否通过鉴定以及鉴定等级；⑤鉴定专家组综合汇报、答辩、评议和投票情况形成“鉴定意见书（汇总用）”，所有鉴定专家签名认可；⑥鉴定组织部门向申请鉴定者反馈专家组鉴定意见。

3. 鉴定内容

鉴定的内容主要包括以下几个方面：①项目“申请评审书”或“投标评审书”“计划合同书”约定的研究任务完成情况；②研究内容的前沿性和创新性；③研究成果的学术价值、应用价值或社会影响；

④研究方法是否正确，学风是否严谨。

4. 鉴定等级

一般的课题鉴定都要给出鉴定等级，鉴定等级大致分为优秀、合格、不合格三个等级。

优秀：出色地完成了项目“申请评审书”或“投标评审书”“计划合同书”约定的研究任务；研究成果有重大创新，具有很高的学术价值、应用价值或产生重大的社会影响。专家鉴定组4/5的定性评价为“优秀”，且平均分在90分以上。

合格：较好地完成了项目“申请评审书”或“投标评审书”“计划合同书”约定的研究任务；研究成果有明显创新，具有较高的学术价值、应用价值或产生良好的社会影响。专家鉴定组4/5的定性评价在“合格”以上，且平均分在65分以上。

不合格：没有完成项目“申请评审书”或“投标评审书”“计划合同书”约定的研究任务；研究成果缺乏创新性，学术价值、应用价值较低或社会影响不明显。专家鉴定组2/5的定性评价为“不合格”，或平均分在65分以下，具备两者之一者，鉴定成果均视为“不合格”。

（三）报送结题材料

在完成课题成果的鉴定以后，还需要向课题立项机构报送结题材料，由其进行审核，审核通过之后方可存档备案。

完整的结题材料一般包括课题立项文件性材料、课题研究过程性材料、课题研究成果性材料、成果鉴定意见等。有的课题立项机构规定结题不需要过程性材料。

课题立项文件性材料包括“课题申请书”“立项通知书”等；课

题研究过程性材料包括课题实施方案、开题报告、课题研究计划、课题研究学习活动记录等；课题研究成果性材料包括阶段性成果和最终成果，形式有发表的研究论文、撰写的研究报告、积累的教育案例等。如果研究成果获得奖励或应用于实际产生一定的社会影响，证明材料也应附上。

以教育部人文社会科学基金一般项目为例，通过鉴定的一般项目报送下列结题材料：

①项目“终结报告书”原件 1 份及电子版（文档格式）；

②“鉴定意见书（汇总用）”原件 1 份及电子版（文档格式），“鉴定意见表（个人用）”附于其后装订；

③项目成果原件 3 套（未出版的书稿报送装订好的打印稿，正式出版后补报样书 3 套）。

整理完结题材料后务必做一个总的目录，有条件的最好装订成册（或装盒），这样既可以方便立项机构审核，又能避免材料丢失。

第二节　教育研究报告

一、教育研究报告的分类

教育研究报告是描述教育研究工作的结果或进展的文件，是报告情况、建议、新发现和新成果的文件。它是教育研究工作者广泛使用的一种文体。针对教育研究的内容与方法的不同，教育研究报告也分为不同的种类。

（一）实证性研究报告

实证性研究报告即用实证性方法进行研究、描述研究结果或进展的报告。例如：对某个具有特殊或典型意义的教育个案进行跟踪研究后撰写的个案研究报告；对某个教育现象或教育案例展开观察研究后撰写的观察报告；对某种教育现象、某个教育问题进行调查研究，经过整理分析后写成的调查报告；对某种教育现象进行科学实验后，对教育实验全过程及其结果进行客观、概括反映的实验报告；对教育教学实践进行总结以后，经过去粗取精、去伪存真的积极探索而积累起来的系统化、理论化的经验总结报告等。这类报告都是以直接研究所得到的材料为基础，对研究的方法和过程加以分析，找出其中的规律，并提出经验、办法、建议及存在问题，得出应有的结论。

（二）文献性研究报告

文献性研究报告即用文献法进行研究的报告。例如：教育研究中的文献考证的报告、读书报告和文献综述等。这类研究报告以对文献的分析、比较、综合为主要内容，并展示文献的考证过程，说明文献来源的可靠性和学术价值等。

（三）理论性研究报告

理论性研究报告即研究者在已有的客观现实材料及思想理论材料基础上，依靠自身的直觉和逻辑能力，借助概念、判断、推理等逻辑方法，在概念和概念之间寻觅意义，发展和完善教育理论而形成的报告。

二、研究报告的体例

虽然各种类型的科研报告写作形式不尽相同，但它们都可以归结为前言、正文、结论三段式的基本格局。科研报告的结构可以根据内容和体裁的不同灵活掌握，只要能够达到结构完整、层次分明、逻辑缜密和条理清楚的要求，在写作形式上是可以有所区别的。

（一）教育调查报告

教育调查报告是对某种教育现象进行调查后，经过整理分析写成的文字材料。调查报告的表述一般由以下几个部分组成。

①题目。一般通过简练、确切、鲜明的文字概括全篇内容，说明被调查范围。

②调查组负责人及组内成员姓名。应写明研究者的工作单位和真实姓名。如果研究者有多人，可商定署名的先后次序，逐一写清。对全面工作不太了解，不能对研究全面负责的人，不一定署名，但可在附注中说明其贡献。

③引言概述。简明扼要地说明调查的目的、意义、时间、地点、对象、范围等，交代调查的方法，报告主要调查的内容，使读者对调查报告获得总体认识，或提出社会、师生所关注和迫切需要调查了解的问题，以引起关注。

④事实描述。这是调查报告的主体部分。这部分要把调查获得的大量材料经过分析整理，归纳出若干条目，条分缕析地叙述，做到数据确凿、事例典型、材料可靠、观点明确。为了更加直观，使人一目了然，一些数据尽可能用图表形式呈现出来。

⑤事实分析。依据正文作科学分析，分析要全面、透彻，要透过现象看本质，要找出规律性的东西。可以对结果做理论上的进一步阐述，深入地讨论一些问题，亮出自己的观点，提出建设性的意见和建议。

⑥结论。通过逻辑推理，归纳出结论，即简单交代调查研究了什么问题，获得了什么结果，说明了什么问题。结论是通过定量分析到定性评价的过程，要力求准确。

⑦处理意见或建议。意见或建议是对决策部门提出的，建议要具有科学性和可行性。

（二）教育实验报告

教育实验报告是在教育实验之后，对实验全过程及其结果进行客观、概括反映的书面材料。尽管实验可以分为不同种类，但实验报告的基本结构是相似的。实验报告的表述一般由以下几个部分组成。

①题目。应以简练、概括、明确的语句反映出教育实验的对象、领域、方法和问题。为避免题目冗长，可以加副标题，使主标题简练。

②项目负责人及课题组成员姓名。应写明研究者的工作单位和真实姓名。如果研究者有多人，可商定署名的先后次序，逐一写清。对全面工作不太了解，不能对研究全面负责的人，不一定署名，但可在附注中说明其贡献。

③引言。简明扼要地说明实验课题的来源、背景，课题的目的、意义，实验进展情况，实验对象和规模等，表明研究该课题的实际意义。

④实验的原理及预期结果。结合实验目的和特点，简要说明实验

原理，并基于假设后的实验现象进行估计，就是实验预期结果。

⑤实验方法和步骤。这是实验报告的主要内容之一，这一部分要使人了解研究是通过什么方法选择被试，实验设计的类型及采用这种类型的依据，实验的具体步骤，对无关因子的控制情况，从而判断实验研究的科学性和结果的真实性与可靠性，并可依此进行重复验证。

⑥实验结果。实验结果中最重要的是提出数据和典型事例。数据要严格核实，要保证图表的格式正确。典型事例要能使人更好地理解实验结果，使实验更有说服力。要用统计检验来描述实验因子与实验结果之间的关系。对非单因单果的关系，要经过适当的设计与统计分析，判断影响实验结果的原因，并做出实验假说的验证。

⑦结论。它是对整个实验的总结。下结论必须慎重，语言要准确、简明，推理要严密而有逻辑性。

⑧分析与讨论。要运用教育教学理论分析和讨论与实验结果有关的问题。其主要内容：其一，由实验结果来回答篇首提出的问题；其二，对实验结果进行理论上的分析与论证；其三，把实验结果与同类研究结果相比较，找出得失优劣；其四，提出可供深入研究的问题及本实验存在的问题。

⑨附录和参考文献。附录是指内容太多、篇幅太长，不便于写入研究报告又必须向读者交代的一些重要材料，如测试试题、原始数据、研究记录、统计检验等。参考文献是指在实验报告中参考和引用别人的材料和论述，应注明出处、作者、文献标题、书名或刊名、卷期、页码、出版机构及出版时间。如引用未经翻译的外文资料，应用原文注释，以资查证。

（三）教育经验总结报告

教育经验总结报告是对在教育教学实践中，经过去粗取精、去伪存真的积极探索而积累起来的经验的系统化、理论化的书面材料。经验总结报告的基本结构大体有以下几个部分。

①题目。可以是既定的科研项目，即专题经验总结，也可以是对某一阶段（如一学期、一学年等）全部工作的回顾，从中找出成效较大、印象较深且富有新意的经验来确定总结的题目。

②项目负责人及课题组成员姓名。应写明研究者的工作单位和真实姓名。如果研究者有多人，可商定署名的先后次序，逐一写清。对全面工作不太了解，不能对研究全面负责的人，不一定署名，但可在附注中说明其贡献。

③引言。引言没有固定的表达方式，大多数以凝练简洁的语言交代本篇经验总结的背景、写作目的、取得的主要成绩等，使读者一开始就可判断出有无参考价值。

④正文。围绕经验总结的主题（总观点）组织材料，可在文中设小标题，但要注意所叙述的若干个问题的内在联系。经验总结既要有典型的事例，又要通过分析研究，加以理论概括，做到内容生动、有理有据、说理性强，使人在思想上受到启迪，工作上可资借鉴。

⑤结尾。这是经验总结的精髓和结晶。它是通过正文的典型材料及对其进行分析而概括出的结论，是从大量具体事实中找出的规律，它应反映作者的独到见解。

本 章 总 结

本章分两节介绍了新教师如何做教育研究。第一节为教育研究设计，分别阐述了教育研究设计的几个环节；第二节为教育研究报告，介绍了教育研究报告的分类和体例。

推荐阅读材料

1. 伯克·约翰逊，拉里·克里斯滕森：《教育研究：定量、定性和混合方法》，重庆大学出版社，马健生译，2015 年。

2. 常宝宁：《教育研究的困境及其变革：方法论的视角》，《现代教育管理》，2010 年第 10 期。

3. 陈向明主编，全国重点大学联合编写：《教育研究方法》，教育科学出版社，2013 年。

4. 费岭峰：《怎么做课题研究：给教师的 40 个教育科研建议》，华东师范大学出版社，2021 年。

5. 刘良华：《教育研究方法（第三版）》，华东师范大学出版社，2021 年。

6. 颜莹：《教育写作：教师教育生活的专业表达》，江苏凤凰教育出版社，2020 年。

7. 姚计海，王喜雪：《近十年来我国教育研究方法的分析与反思》，《教育研究》，2013 年第 3 期。

8. 袁振国：《教育研究方法》，高等教育出版社，2000 年。

9. 曾继耘，周卫勇：《当代教育研究方法论的变革动力与基本取向》，《山东师范大学学报（人文社会科学版）》，2016 年第 1 期。

第五章　教育研究规范问题

新教师进行教育研究之际，需要注意教育研究规范相关问题，对教育研究进行必要的规范，能使得教育研究更加合理、有序。本章主要介绍教育研究规范相关内容，从大学精神，学术、学术规范及学术道德，学术论文和学术报告规范三个方面来阐述。

第一节　大学精神

一、大学精神的定义

新教师通常刚走出大学这个象牙塔，在传承大学精神方面需要有担当，这也是遵循教育研究规范的基础。“大学精神”是大学自身存在和在发展中形成的具有独特气质的精神形式的文明成果，它是科学精神的时代标志和具体凝聚，是整个人类社会文明的高级形式。面临知识经济的机遇和挑战，建设大学精神不仅是高等教育自身发展的需要，也是社会进步的需要。

大学精神的核心是以育人为第一要旨，以全面人才教育为大学使命。育人的重点，一是培养学生对国家、民族的责任感。培养有抱负、有政治远见、有广博知识、有责任心的人。要教育学生以天下为己任，继承前人“国家兴亡，匹夫有责”的报国之情，学习前人“先天下之忧而忧，后天下之乐而乐”的鞠躬为民的品德。关心天下大事，使自己服从于社会，服从于国家，服务于人民。二是理想、信念教育。理想和信念是精神世界深层次问题，它取决于世界观、人生观和价值观。要引导学生树立正确的人生目的、人生理想、人生追求和科学的自然观、历史观、社会观和辩证唯物主义认识论。三是培养爱心。要教育学生爱父母、爱生活、爱事业、爱祖国。四是培养高尚的人格。坚持真理，胸怀坦荡，高风亮节，严于律己，宽以待人，淡泊名利，无私奉献。五是培养自强不息、厚德载物的精神。不仅要教育学生如何认知、如何做事，更重要的是如何做人。引导学生敢于奋斗，善于成才。总之，育人的目的就是实现“学习科学文化与加强思想修养的统一；学习书本知识与投身社会实践的统一；实现自我价值与服务祖国人民的统一；树立远大理想与艰苦奋斗的统一”①。使我们的大学生“成为理想远大、热爱祖国的人，成为追求真理、勇于创新的人，成为德才兼备、全面发展的人，成为视野开阔、胸怀宽广的人，成为知行统一、脚踏实地的人”②。2021 年 4 月，习近平总书记在清华大学考察时强调，当代中国青年生逢盛世，肩负重任，要做到爱国爱民、锤炼品德、勇于创新、实学实干。

---

① 江泽民．论科学技术［M］．北京：中央文献出版社，2001：111.

② 中华人民共和国教育部，中共中央文献研究室．毛泽东　邓小平　江泽民论教育[M]．北京：中央文献出版社，2002：295.

二、大学精神的内容

2015年，北京大学时任校长林建华参加天津大学主办的“中外大学校长圆桌会议：大学精神的内涵与实质”论坛时指出，大学最核心的东西是让学生真正在自由的环境中成长，能够成为他自己，成为对社会有意义的人。① 其内容主要包括创造精神、批判精神和社会关怀精神。

（一）创造精神

创造精神是“大学精神”的价值所在，是大学在社会有机体中保证自身地位的根本生命力。文化的继承不能依赖遗传，只能通过传递方式继承并发展下去。教育从一开始就成为传递和保留人类文化的重要手段。爱因斯坦正是在这个意义上理解学校的：“学校向来是把传统的财富从一代传到下一代的最重要的手段。”与过去相比，这种情况更加适用于今天。

比起以前，如今人类社会的延续和健康，在更高程度上依靠学校，大学教育通过确立教育内容，对人类文化进行选择，对人类文化进行整理。通过更新教育观念，更新人们的价值观念，更新人们的价值取向，改变人们的思维方式，实现文化的再生。

从洪堡大学提出“教学与科研相统一”的原则看，科学研究成为大学的一个基本职能，大学科研成果的质量与数量标志着大学对社会的贡献的大小。如果把大学为社会培养的创造性人才称为高素质劳动

---

① 中国高教研究编辑部.大学的精神与使命（观点摘编）[J].中国高教研究，2016(1)：57－60.

者，那么，大学的科研成果则是对社会生产力的又一直接贡献，二者共同构成了大学的生产力与生命力的标志。“斯坦福精神”之所以被世人称道，关键在于斯坦福大学拥有众多诺贝尔奖及全美科学奖的获得者，拥有把科学研究转化为生产力的“硅谷效应”。①

一方面，大学是以人才培养为己任的，而创造性恰恰是人才的核心特质。曾任哈佛大学校长40年之久的艾略特认为：大学文化最有价值的成果是使学生具有开放的头脑，经过训练而变得谨慎的思考态度，谦恭的行为，掌握哲学研究方法，全面了解前人积累的思想。曾任浙江大学校长的竺可桢充分接受艾略特的大学核心理念，认为：“大学的目标在于培养具有爱国情怀、真才实学的领袖人才。”② 爱因斯坦更直接地认为：“学校的目标应该是培养有独立行动和独立思考的个人，不过他们要把社会服务看作自己人生的最高目的。”“一个由没有个人独创性和个人志愿的规格统一的个人所组成的社会，是一个没有发展可能的不幸的社会。”

另一方面，大学也创造社会理想，并把这些理想传递给社会成员，通过人们的实践，理想变成现实的文化实体。社会理想是社会需要的具体反映，这种需要是反映社会发展规律并以社会发展规律为基础的。由于在文化积累方面的特殊优势，知识分子，特别是集中在大学校园里的知识分子比其他社会成员更能认识社会发展规律。有了对社会规律的认识，就能够提出符合社会发展规律的社会理想。

---

① 许文．斯坦福大学发展模式对我国地方本科高校转型发展的启示［J］．黑龙江高教研究，2017（10）：70－73．

② 刘正伟，卢美艳．竺可桢对哈佛大学校长艾略特大学理念的接受与改造［J］．高等教育研究，2018，39（9）：83－92．

（二）批判精神

与社会其他结构相比，大学具有自身的优势。具体表现为大学是知识聚集的场所。大学是继承传统科技文化遗产并不断创造新科技文化的场所，聚集了古今中外各种知识，具有很强的知识容量，也是思想观念和学术思潮的交汇处。大学产生新思想，包容新观念，在这里不同的学术观念可以并存，不同的思想可以通过学术交流相互影响，具有良好的争鸣传统。大学的批判精神主要体现在以下三个方面。

第一，大学的批判精神首先表现为大学教师在教学和科研过程中能够以科学的态度对待传统与现实，否定非科学的内容，破除迷信与保守主义，建立科学的知识体系。从欧洲中世纪早期开始，大学就有了自治的传统，崇尚传播知识和研究学问，相对超越于社会现实。可以这样说，大学的教学与科研发展史就是科学史重要过程的展开史，是一个肯定与否定相结合的扬弃过程。

第二，大学批判精神的另一方面是对社会现实的理性反思和价值构建。进入技术时代后，技术性淡化了人性，使人减少了对他人的热情和敏感度，结果，人性变成了技术的牺牲品。同时，人性又屈服于技术，并且崇拜技术。科学与人文分离的结果就两个极端而言，出现了两种畸形人，一种是只懂技术而灵魂苍白的“空心人”，另一种是不懂技术、奢谈人文的“边缘人”。现实社会对改变这种“技术毒害”是无力的，大学教育，特别是人文社会科学教育需要充分重视科学与技术的融合。

早在21世纪初，西方一些著名的大学就注意克服这种片面性，探索科技与人文的汇通之路。哈佛大学对一、二年级的学生开设“通识课程”，广泛涉及人文、社会和自然科学的各个方面。麻省理工学院的工科学生要学占总课时22%左右的人文课程。我国现行被一再呼吁的人性教育、全人教育、通识教育、道德教育、心理教育等无不是针对技术对人的异化进行批判的结果。

第三，批判精神的最后一个方面是大学知识群体对政府决策的参谋和建议。科学决策是政府决策的关键，但是由于决策者自身素质的限制，做到科学决策并不容易，所以要倾听专家意见，请专家参与决策成为决策机制中的一环。专家之所以成为专家，就是因为他们特有的对问题持有科学的态度和客观的批判精神。

归纳起来，重塑大学的自我批判精神成为时代发展的必然，其主要举措包括坚持对高深知识的理性探究；维护大学自治，落实大学办学自主权；尊重教师作为大学自我批判精神的主体地位[①]；发挥新型智库决策功能。

（三）社会关怀精神

高等教育是社会发展的必然产物，社会需要是第一推动力。大学以广泛参与为基本特征，对实现高等教育和社会共赢起到了重要的促进作用。[②] 在工业化、信息化的社会里，大学已经被越来越深入地卷进社会机器的运转之中。关注现实、服务社会成为高校的第三职能，高等教育通过科学研究直接转化为社会第一生产力——科学技术；通过人才培养，为社会提供生产力中最活跃的因素——高质量的人力

① 郭峰，孙士宏. 大学自我批判精神重塑［J］. 教育研究，2008（3）：44－49.

② 李瑞琳，COATES H. 我国大学社会服务职能发展：国际经验、现实问题与政策建议［J］. 高校教育管理，2020，14（4）：96－106.

资源。

社会关怀精神表现在大学对社会精神文明的参与和建设。除了在生产力方面对社会有贡献外，大学通过直接的人文社会科学的研究和宣传为社会提供精神产品，包括哲学研究、文学创作与批判、思想道德建设等。知识分子在批判社会生活的同时，又把各种精神产品投入社会，为社会主义建设提供直接的内容。

三、大学精神的作用

我国教育学者杨东平说："人才辈出，大师云集，主要是一种制度文明的产物，不是急功近利的政策能够催化出来的。"在民国和"五四"时期，北京大学、清华大学表现出来的精神和风采至今让人崇敬，其气象恢宏、学术自出、欣欣向荣的面貌正是大学精神在追求宽松的文化与制度和谐共生的环境下孕育出的结果。创建世界一流大学是我国高等教育改革的追求，而"大学精神和制度的建设比资金更重要"，所以，弄清楚大学精神对大学存在与发展的作用，无疑会加快我国大学向世界一流大学迈进的步伐。具体而言，大学精神对大学的生存与发展的作用有以下两个方面。

（一）生命力的体现

大学精神对大学生存与发展的作用犹如人的精神对人的存在的意义一样，没有了精神，大学便失去了生气，失去了发展的动力。"精神"使大学敢于迎难而上，敢于挑战强权，敢于捍卫正义，敢于领时代所先。正因为拥有了大学精神，大学才成为知识的源泉、学问的中心；正因为大学拥有了人文精神，大学才多了几分正义与正气，"一个社会的文化底蕴和精神气质，尤其体现在大学的人文理性之中；一个人的胸襟和个性，来源于他所受的人文精神的培养。”① 只要大学拥有精神，它就不会唯唯诺诺，而会像参天大树，在适其生存的环境中欣欣向荣、蓬勃发展；在逆其生存的条件下亦能坚韧不拔，站在时代的前沿和顶端。在新旧文化激烈冲突的年代，没有北京大学追求科学与民主的精神，就不可能有北京大学在世人心目中的崇高地位。在抗日战争硝烟弥漫的岁月，如果没有西南联大的合作精神、民主精神、自由精神，就没有国立西南联合大学，更没有其中的一大批杰出的科学家。朱利叶斯·斯特拉顿曾评论道：“真正的大学精神与有助于进行项目组织、项目规划和昂贵设备的利用等这些管理因素之间基本上是不相容的。”大学作为一个社会的文化存在，的确与斯特拉顿所言的管理因素不相容，因为大学精神给予大学的是从学理和思想上关注、思考、讨论和批判社会现实问题的权利。“现代社会科学已无可置疑地证实：经济体制和社会体制并不是一切，它们的运作必须有另一种健全的文化精神与之配合。这种精神主要来自大学的高等教育。在现代社会中，大学是精神堡垒，有提高人的境界、丰富人的思想的重大功能”。“推倒大学围墙，实际上是大学精神的自我否定，它可能最终取消大学的存在权利。”② 大学失去了精神，意味着这所大学生命力的枯竭。因此，大学不能没有自己的精神。

① 荀振芳．大学精神的守望与回归［J］．江苏高教，2000（2）：12－16．

② 方展画，颜丙峰，宋广文．大学精神：大学生命的灵魂［J］．国家教育行政学院学报，2005（1）：35．

（二）维护独立盾牌

大学同其他社会机构一样，植根于社会，受制于社会的政治、经济和文化等。但大学与其他社会机构在受社会影响方面的最大不同之处在于，大学具有独立的人格特质，有骨气，不随波逐流，既能够抵御金钱的诱惑，又能够抵抗来自政治的压力和干扰。大学的这种人格特质既是大学精神的体现，又是大学精神的内在成分之一。因此，大学精神是维护大学纯洁与独立、平等和民主的金色盾牌。据报载，牛津大学曾拒绝了沙特阿拉伯一名富翁1000多万英镑的捐款。原因是这名富翁在捐款时提出了附加条件，要求牛津大学办一所以他的名字命名的商学院。牛津大学董事会经过讨论，认为不能够因为钱而放弃大学独立自主的传统，不能开大学受制于个人的先例，毅然拒绝了唾手可得的巨额钱财。牛津大学并不是不需要钱，而是不愿意把自己的命运交给别人，所以，当资金的获得需以自由研究和独立决策的丧失为代价时，牛津大学毅然地拒绝了。这一方面是对大学精神的守护，另一方面是具有悠久历史的大学精神对决策者影响的结果。蔡元培治校时期的北京大学，也充分体现了强烈的自主精神。蔡元培实行思想自由、兼容并包的方针，聘请了不少新文化运动的代表人物担任教员，如陈独秀、李大钊、鲁迅、胡适等。当社会反动势力攻击这些进步知识分子，要求解聘他们时，蔡元培顶着压力，挺身而出保护他们。在蔡元培等一代社会精英的精心培育下，北京大学形成浓厚的追求民主与科学的氛围。这种精神氛围不仅影响了教师，还深深地影响了学生，“五四”运动的爆发正是这种精神氛围长期催化的结果。由此可以看出，大学精神具有潜移默化的影响力，在不知不觉中使深居其中的教师和学生将其内化为个人品质，表现出与大学精神的内涵一致的行为。因此，大学精神是大学抵御诱惑与腐蚀的盾牌。恰恰因为大学具有“出淤泥而不染”的超凡脱俗的品质，才为世人所敬仰，才在世人心目中占据神圣的地位，也为自己的发展赢得了条件。

第二节 学术、学术规范及学术道德

一、学术

（一）学术界定

当代人学家张荣寰将学术的概念界定为对存在物及其规律的学科化论证。这个词对应的英文 academia，更常见的意义是进行高等教育和研究的科学与文化群体，这个意义对应中文的“学术界”或“学府”。academia 这个词源于地名 Akademia，这个地方位于古代雅典的外围。这个名字可追溯到古希腊柏拉图哲学学派，那里因被柏拉图改为学习中心而闻名。学术以学科和领域来划分。这源自中世纪欧洲的第一所大学内的学者思想模型所定下来的三学四科。随着社会发展，学术内容逐渐细化，各类专门的学术领域逐渐出现，研究内容也越来越有针对性。

学术，不过是较为系统、专门的学问而已。韩愈在《师说》中说：“闻道有先后，术业有专攻”，突出的是技能必须专门研究。

“学”与“术”二字是分开来使用的。例如，严复说：“盖学与术异，学者考自然之理，立必然之例；术者据既知之理，求可求之功。

学主知，术主行。”蔡元培说：“学是学理，术是应用。学必借术以应用，术必以学为基本，两者并进始可。”梁启超说：“学者术之体，术者学之用。”

（二）学术组织

随着时日变迁，人类不断修订及开创学科和领域。自启蒙时代，学术领域变得越来越专业，研究的范围被划分得越来越小。因此，跨领域的研究常常获得今天学术界的奖项。这也给实际行政及资助制造了困难。事实上，过往很多跨领域的研究后来都变成了今天的专门领域，譬如认知科学。简而言之，这就是学术内部分化的历史进程。

很多学术机构在行政结构上反映了学科的划分，例如，不同领域的课程、学部或学院。有些重叠的部分（学院成员、研究及行政人员），通常每一个学院都拥有各自的行政及财政拨款。再者，学术机构一般都有整体的行政结构，不是单一学院、学科及领域所能够控制的。学术自主是学术事业及研究的重要组成部分，它避免学术界承受政治和财政压力。学术组织是相同学科学者进行学术交流的重要平台，包括学者的组织和学术活动的组织，前者指各种学会，后者指学术会议，对于推动学科发展发挥着重要的作用。[①]

1. 学会

学会起源于1603年在罗马创立的“猞猁学社”。堪称学会中楷模的是1660年成立的英国皇家学会和1666年成立的法国皇家科学院。

---

① 伊志宏. 工商管理学科发展规律与发展趋势［J］. 大学与学科，2020，1（1）：118－127.

学会是由同一学科的研究者组成的学术性群众团体，是科学家的活动团体之一。学会是以自然科学、技术科学、工程技术及其相关学科组建的或以促进科学技术发展和普及为宗旨的学术性、科普性的科学技术社会团体，旨在开展学术交流，活跃学术思想，促进学科发展和科技进步，发展同国内外的科技团体和科技工作者的友好交往。学会靠科学家共同体的共同愿景、科学精神和高尚的志愿精神共同管理和运作。学会的功能很多，目前比较被认可的主要有 5 种功能：聚合功能、服务功能、参与功能、维权功能和同行认可功能。

2. 学术会议

在学术会议及讲座中，相关领域中的一些知识分子常常被邀请向广大观众阐述他们在著作或论文中的想法。这些文章的作者借着这些机会来进一步解释著作中不够清晰的地方。在学术会议中，学者能够得到更快的回应及评论。由于事前已经派发有关论文，出席会议者能够有足够时间阅读论文并准备一些存疑的问题。

二、学术规范

（一）学术规范的定义

学术规范是指学术共同体内形成的进行学术活动的基本规范，或者根据学术发展规律制定的有关学术活动的基本准则。它涉及学术研究的全过程、学术活动的各方面，包括学术研究规范、学术评审规范、学术批评规范、学术管理规范。也有学者对学术规范做出横向概括，认为它包括两方面的含义：一是学术研究中的具体规则，如文献的合理使用规则、引证标注规则、立论阐述的逻辑规则等；二是高层次的规范，如学术制度规范、学风规范等。学术规范主要表现为内容层面的规范、价值方面的规范、技术操作层面的规范。

（二）违反学术规范的主要行为及惩罚

1. 违反学术规范的主要行为

存在下列学术不端行为的都称为违反学术规范的行为。

（1）剽窃、抄袭、侵占他人学术成果：将他人的学术观点、思想和成果冒充为自己所创；擅自使用在同行评议或其他评审中获得的学术信息。

（2）剽窃：将他人的科研成果或论文全部或部分原样照抄，并以自己名义发表的行为。

（3）抄袭：将他人已发表或未发表的作品，不注明出处，而作为自己的研究成果使用。或在自己的论文、著作或其他成果中抄袭部分占20%以上（含20%）。

（4）篡改数据：故意选择性地忽略实验结果，甚至伪造数据资料，但不包括诚实性错误，或者在解释或判断数据时的诚实性差异，使得结果符合自己的研究结论、支持自己的论点。具体分为两种：第一，篡改数据，以一些实验结果为基础推测实验结果，对另一些与推测其他结果不同的实验结果、实验记录和图片进行修改；第二，拼凑数据，主要指按期望值主观取舍、任意组合实验结果，或者把与期望值不符的实验结果删除。

（5）伪造：伪造科研数据、资料、文献、注释，或者捏造事实、编造虚假研究成果。在提交有关个人学术报告时，不如实报告学术经历、学术成果，伪造专家鉴定、证书及其他学术能力证明材料。

（6）私自署名：未参加研究或创作而在研究成果、学术论文上署名，未经他人许可而不当使用他人署名，或者多人共同完成研究而在成果中未注明他人工作。

（7）弄虚作假：在申报课题、成果、奖励和职务评审评定等过程中提供虚假学术信息。

（8）有偿买卖：有偿发表论文、买卖论文、由他人代写或为他人代写论文。

（9）泄密：违反国家有关保密的法律、法规或学校有关保密的规定，将应保密学术事项对外泄露。

（10）其他违背学术界公认的学术规范的行为：在报刊上一稿数投、不正当地获取学术荣誉、诬陷他人、故意歪曲他人学术观点、在申报科研项目或申请职称晋升时谎报成果、包庇（包括但不限于明知学生在学位论文或公开发表的论文中有抄袭行为而不指出）等。

【案例 5.1】

史上最“牛”硕士论文抄袭案例

2009 年 5 月，某大学公布的《某大学学位评定委员会关于撤销袁某硕士学位的决议》指出，经查实，该校专业研究生袁某的硕士学位论文《山东省 FEEEP 协调度研究》，系抄袭另一所大学研究生的硕士学位论文《江苏省 FEEEP 协调度研究》。除了江苏省被替换成山东省，论文的其他内容几乎完全一样。

点　评

此案例是典型的剽窃行为，将他人的科研成果或论文全部或部分原样照抄，并以自己名义发表，违反学术规范。

【案例 5.2】

数据造假案例

2017 年 8 月 2 日，有个名字再次回到大众视野。韩某某等 5 位作者在《自然-生物技术》期刊上发布了在线撤稿声明，称“因为科研界一直无法用我们论文中提供的实验方案把论文图 4 中的关键结果重复出来，我们决定撤回我们的这项研究”。

在韩某某发布撤稿声明的同一天，《自然-生物技术》期刊发表了一篇题为《是该数据说话的时候了》（*Time for the Data to Speak*）的社论。文章指出：“我们现在确信，韩某某和同事的撤稿决定是维护已发表科研记录完整性的最好做法。”

点　评

在科学期刊上发表论文意味着作者已经同意相关工作完全没有秘密可言，希望尽可能多的同行知道和重复。在科学上，撤稿意味着原文章的结果不可信。从学术规范角度，保证结果的可重复性，也是作者的直接责任。

【案例 5.3】

心脏干细胞“学术大牛”伪造数据案例

2018 年 10 月 14 日，美国著名生命科学网站 STAT、Retraction Watch 报道，哈佛医学院及其附属布莱根妇女医院建议，从多个医学期刊上撤回来自前哈佛医学院教授、再生医学研究中心主任的论文。撤回数量达 31 篇，这些论文均涉嫌伪造和篡改实验数据。

由于其在申请美国国立卫生研究院（NIH）的基金时也使用了伪造数据，因此被 NIH 追讨相关款项，并处罚 1000 万美金。

点　评

伪造数据一般比较隐蔽，不容易被发现。伪造数据的稿件容易蒙蔽杂志社编辑及审稿人，加上多数研究机构没有预防和制止“伪造数据”的内部监督制度，导致伪造数据成为最为常见的一种学术不端行为。

【案例 5.4】

弄虚作假案例

龚某是某大学本科毕业生，有一天他脑洞大开，换了个“龚建国”的名字并拿着伪造的复旦大学博士毕业证书先后在重庆和成都两所大学做博士后，出站后 2004 年被四川某学院聘为教授。

“为了让‘龚建国’安心工作，早出成绩，该学院除了按教授标准发给他工资外，还为其提供了一套 180 平方米的住房”，并“配套了几十万的科研经费”。此外，“龚建国”还创办并主编一份英文期刊，并体面地开始了自己的教授生活。

半年后，“龚建国教授”与自己带来的助手发生了矛盾，不满待遇问题的助手向学院揭发了“龚建国”文凭造假事宜，学院立即向警方报案。后来，警方以涉嫌伪造、私刻印章对“龚建国”予以刑事拘留。

点　评

国外对于学术造假的打击力度非常大，欧美多数大学的官网里就可以找到对论文抄袭剽窃的定义、判定方式、处罚方法，并且强烈声明杜绝学术造假行为。国内对学术造假行为如不如实报告个人简历、学术经历、学术成果，伪造专家鉴定结果、证书及其他学术能力证明材料等行为也有严厉的惩罚。

【案例5.5】

有偿买卖案例

湖南某大学彭某某与福建某大学余某某在网上雇人完成基金项目书。

经比对，彭某某2012年度申报的科学基金面上项目与余某某2012年度申报的科学基金面上项目整体相似度达97.1%，立项依据相似度95.9%，研究内容相似度99.3%，研究方案相似度98.5%，创新点相似度100%。

经调查，彭某某与余某某都是花钱从网上“中介公司”购买的申请书。

点　评

论文或项目申请书等学术成果买卖破坏了学术生态，造成了虚假、浮躁的科研风气，也浪费了社会资源，对科研创新危害极大。零容忍铁腕整治这些学术不端行为，堵住各个环节监管漏洞，并让违规违法者付出惨痛的代价，才能有效遏制此类学术不端行为。

2. 违反学术规范的惩罚

学位评定委员会是各学位授予单位负责处理学位授予工作中舞弊作伪行为的评决机构。学位授予单位在处理舞弊作伪行为时，要遵循客观、公正、合法的原则，根据舞弊作伪行为的性质和情节轻重，依据法律、法规和有关规章制度对相关人员做如下处理。

（1）对于学位申请者或学位获得者，可分别做出暂缓学位授予、不授予学位或撤销学位授予的处理。

（2）对于指导教师，可做出暂停招生、取消导师资格的处理；严重败坏学术道德的，由学位授予单位依据国家有关学术不端行为处理办法进行处理。

(3) 对于参与舞弊作伪行为的相关人员，由学位授予单位按照有关规定进行处理。处理结果应报省级学位委员会（军队系统报军队学位委员会）备案，并在一定范围内公开，接受社会监督。

三、学术道德

（一）学术道德的定义

道德是社会意识形态之一，是反映和调整人们现实生活中的利益关系，用善恶标准评价人的行为，依靠人们内心信念、传统习惯和社会舆论维系的价值观念和行为规范的总和。作为道德组成部分之一的职业道德，是所有从业人员在职业活动中应该遵循的行为准则，涵盖了从业人员与服务对象、职业与职工、职业与职业之间的关系。

随着现代社会分工的发展和专业化程度的增强，市场竞争日趋激烈，整个社会对从业人员职业观念、职业态度、职业技能、职业纪律和职业作风的要求越来越高。特别是在“为人师表、行为世范”的教师行业，职业道德更是影响着“国家的未来”。因此，大力倡导教师职业道德便显得尤为重要。

当前，学术活动主要集中在高校和科研院所，其中高校是开展学术活动的有生力量。作为高校学术活动主力军的高校教师，其学术道德是指其在从事学术研究活动的整个过程及结果中，处理人与人、人与社会、人与自然关系时，应遵循的行为准则和规范的总和。

学术道德是治学的基本要求，是学者的学术良心，其实施和维系主要依靠学者的良心及学术共同体内的道德舆论。它具有自律和示范的特性，学术道德的缺失无疑意味着学术失范现象的产生和蔓延。

（二）学术道德规范

在从事科学研究的过程中，应严格遵守《中华人民共和国著作权法》《中华人民共和国专利法》，以及中国科学技术协会颁布的《科技工作者科学道德规范（试行）》等国家有关法律法规、社会公德及学术道德规范，要坚持科学真理、尊重科学规律、崇尚严谨求实的学风，勇于探索创新，恪守职业道德，维护科学诚信。

从事学术研究者应当遵守下述基本学术道德规范：

（1）在学术活动中，必须尊重知识产权，充分尊重他人已经获得的研究成果；引用他人成果时如实注明出处；所引用的部分不能构成引用人作品的主要部分或者实质部分；从他人作品转引第三人成果时，应如实注明转引出处。

（2）合作研究成果在发表前要经过所有署名人审阅，并签署确认书。所有署名人对研究成果负责，合作研究的主持人对研究成果整体负责。

（3）在对自己或他人的作品进行介绍、评价时，应遵循客观、公正、准确的原则，在充分掌握国内外材料、数据基础上，做出全面的分析、评价和论证。

（4）尊重研究对象（包括人类和非人类研究对象）。在涉及人体的研究中，必须保护受试人合法权益和个人隐私，并保障其知情同意权。

（5）在课题申报、项目设计、数据资料的采集与分析、科研成果公布、科研工作参与人员的贡献的确认等方面，遵守诚实客观原则。

搜集、发表数据要确保有效性和准确性，保证实验记录和数据的完整、真实和安全，以备考查。公开研究成果、统计数据等，必须实事求是、完整准确。对已发表研究成果中出现的错误和失误，应以适当的方式予以公开和承认。

（6）诚实严谨地与他人合作。耐心诚恳地对待学术批评和质疑。

（7）对研究成果做出实质性贡献的有关人员拥有著作权。仅对研究项目进行过一般性管理或辅助工作者，不享有著作权。合作完成成果的，应按照对研究成果的贡献程度顺序署名（有署名惯例或约定的除外）。署名人应对本人做出贡献的部分负责，发表前应由本人审阅并署名。

（8）不得利用科研活动谋取不正当利益。正确对待科研活动中存在的直接、间接或潜在的利益关系。

【案例 5.6】

署名案例

2016 年 5 月，云南某大学副校长的一篇论文在著名期刊《细胞报告》（*Cell Reports*）发表两个多月后，因部分数据系捏造而被撤销，引起广泛关注。该大学对此事做出回应称，经第三方专家组调查，撤稿事件属实，论文的第一作者肖某承认篡改了图片，论文的通讯作者该校副校长在发现错误后“决定主动撤稿”。

点　评

论文署名是学术规范中非常敏感的话题，论文作者必须是直接参与论文选题、设计、研究、资料分析与解释的全部或部分主要工作，或撰写论文关键内容，能对论文内容负责并能进行答辩者。作者姓名不分单位、职务，一律按对本文贡献大小排列，一旦署名作者需共同承担相应责任。中国科学院科研道德委员会在2022年初发布了《关于规范学术论著署名问题负面行为清单的通知》。

第三节　学术论文和学术报告规范

学术论文和学术报告规范主要包括学术研究规范、学术引用规范、学术注释规范、学术评价和批评规范四个方面。

一、学术研究规范

学术研究规范最基本的要求是遵纪守法，弘扬科学精神；严谨治学，反对浮躁作风；公开、公正，开展公平竞争；相互尊重，发扬学术民主；以身作则，恪守学术规范。

二、学术引用规范

学术引用规范，指引用应尊重原意，不可断章取义；引用应以论证自己观点的必要性为限；引注观点应尽可能追溯到相关论说的原创者；引用未发表作品时应征得作者同意并保障作者权益。

学术引用不规范的行为有以下几种。

（1）假引用。即虚伪的、不真实的引用，最常见的假引用有三种。一是“友情引用”。作者或是引用者的师长，或是引用者的好友，或是引用者的圈内人。二是“装门面引用”。有些引用者动辄罗列一大堆外文文献，热衷于引用“权威”的文献，以便给自己装门面。三是滥用自引用。必要的和适度的自引用是正当的，能够从中看出引用者研究的连贯性以及在学术上有无进展和提高。但是，滥用自引用，除了给人一个“王婆卖瓜，自卖自夸”的不良印象外，又能给引用者增添什么光彩呢？

（2）不引用。不引用正好与假引用形成对比：假引用是不该引用的偏偏要引用，不引用是该引用的偏偏不引用。自己的研究受惠于哪些论著，在写作时利用了别人的哪些材料和思想，应标注清楚。但仍有人千方百计地回避，在列举的参考文献中难觅其踪影。这种做法，轻者是掠人之美，重者则是剽窃抄袭。为了遮人耳目，引用者可谓绞尽脑汁，使出浑身解数，在窃取不大为人所知的文献和外文资料时瞒天过海，在偷窃易于被人识破的论著时常常改头换面。

（3）伪引用。伪引用就是有意掩盖本来面貌的虚假引用。这种做法大多出现在“伪注”中。其中最常见的伎俩是，引用者没有接触外文原始文献，或者根本就看不懂外文，只是直接从中译本或别人的译文中抄录了外国学者的言论，可又不如实地标注中译本或间接的出处，堂而皇之把外文原始文献作为参考文献列出。有的引用者的引文与译本或译文一模一样，甚至连翻译错误也照抄不误。有的引用者还要小聪明，把译文中无关紧要的虚词稍做改动，把个别实词用同义词或近义词替换，以达到自欺欺人的目的。

三、学术注释规范

注释是对论著正文中某一特定内容的进一步解释或补充说明，一般排印在该页地脚（脚注），注释用数字加圆圈标注（如①②等）。引用注释时，应与正文对应；也可在正文中加括号，写明注文（夹注）；还可以把注释集中于全文或全书末尾（尾注）。

学术论文注释常见的不规范问题有以下几种：

（1）注释查无实据。即所著文献真实存在，但是所引用的内容没有，甚至连意思也不沾边。造成这种情形的原因有二：一是作者无意所致。与其说出于无意，倒不如说是心不在焉。无心真正从事学术研究，难以静心在故纸堆里深究细考，只是浅尝辄止，甚至从他人论文中转引注释，拿来便是，无暇查对。如果其他学者再次转引，将会导致以讹传讹。二是作者蓄意所为，装腔作势，借以吓人。他们将一连串根本没有被引用的文献名罗列于文后，以彰显其阅读面之宽、学问之大。

（2）注释漏洞百出。一是引文确实出自此处，但是与原文尚有出入，诸如文字表述不同、标点符号错误、断章取义也不加省略号，甚至杜撰数据等。二是张冠李戴，颠倒黑白。他们将作者名、文献名、版本、页码、时间等重要文献信息搞错。三是注释文献纯属子虚乌有。比如某些硕士研究生的毕业论文参考文献中出现根本不存在的文献资料。

（3）用外文注释装点门面。使用外文文献，不愿意放中文文献。乍看起来，学问不能说不大。这里有两类问题：其一，这究竟是反映你的思想的文章，还是翻译西方学者的作品？其二，这么多外文书目，你究竟翻阅过几种，是否那些注释仅仅是从几篇西方学者的论文中照搬来的？

四、学术评价和批评规范

（一）学术评价规范

学术评价规范是指在进行学术评价时应坚持客观、公正、公开的原则；以学术价值或社会效益为基本标准；坚持程序公正、标准合理，采用同行专家评审制，实行回避制度、民主表决制度，建立结果公示和意见反馈机制；被评价者不得干扰评价过程。

【案例 5.7】

学术评价失范案例

2008 年至 2010 年，在广东省省级结构调整重点技术改造和技术创新专项资金执行中，有一家企业处于半停产状态，不符合申报条件，却仍获得省级资金 60 万元。

广东省审计厅对 2008 年至 2010 年省级重大科技专项资金使用执行情况进行审计时，发现了一个荒唐案例，一个市的两个项目承担单位共获取专项资金 45 万元，其中一个单位已结束营业近两年，另一个单位多次联系不上。

2012 年，湖南省科技厅在未进行可行性论证、未经专家评审、立项依据不充分的情况下，就安排了 11 个科技项目，资金共计 815 万元。

点　评

科技项目的评审必须在两个方面遵循规范：一是参加评审的专家需遵循项目评审专家行为规范的具体要求；二是组织评审的机构需遵循项目评审的规范流程。

（二）学术批评规范

在进行学术研究时，应大力倡导学术批评，积极推进不同学术观点之间的自由讨论、相互交流与学术争鸣。并且，学术批评应该以学术为中心，以文本为依据，以理服人。

本 章 总 结

本章分三节来阐述教育研究的规范问题。第一节为大学精神，概述了大学精神的定义、内容及其作用；第二节为学术、学术规范及学术道德，不仅对这三方面的定义进行了介绍，还提及了违反学术规范的行为及惩罚，学术道德规范应遵循的内容，并结合相关案例进行解释说明；第三节为学术论文和学术报告规范，主要讲述了学术研究规范、学术引用规范、学术注释规范、学术评价和批评规范。

推荐阅读材料

1. 玛丽安·彼得，戈登·鲁格：《给研究生的学术建议(第二版)》，北京大学出版社，彭万华等译，2021 年。

2. 龚向和，魏文松：《学术规范的功能定位，合理限度及其法律制度体系建构》，《中国高教研究》，2019 年第 11 期。

3. 郭卫兵，叶继元：《学术失范、不端检测软件的功能、局限与对策——以学术研究规范为视角》，《图书馆论坛》，2019 年第 3 期。

4. 教育部社会科学委员会学风建设委员会组编：《高校人文社会科学学术规范指南》，高等教育出版社，2009 年。

5. 金生鈜：《何为教育研究的规范性论证》，《教育研究》，2015 年第 8 期。

6. 肖东发，李武编著：《学位论文写作与学术规范》，北京大学出版社，2009 年。

7. 杨玉圣，张保生主编：《学术规范导论》，高等教育出版社，2004 年。

8. 杨云霞，高宝营主编：《学术道德规范与知识产权概论》，西北工业大学出版社，2016 年。

第六章　如何做教育哲学研究

凡是对教育问题进行哲学方式的探索，都属于教育哲学研究领域。这个领域的研究在长期发展中不断科学化，形成了独立的教育哲学学科。可以说，教育哲学学科汇聚了这个研究领域比较专门而系统的研究。如今，教育哲学研究领域正在遭遇方法上的质疑，理由是教育哲学研究并没有应用现代研究所推崇的规范化研究方法。理解教育哲学研究需要新教师认识两个基本问题：一是对教育哲学的基本认识问题；二是教育哲学的论证方法问题。本章从教育哲学研究概述、教育哲学研究的论证方法以及教育哲学研究论文的结构和评价方面进行阐述。

第一节　教育哲学研究概述

一、教育哲学的定义

（一）我国教育哲学家对教育哲学的定义

北京市 1987 年哲学社会科学和政策研究成果一等奖，1988 年获国家教育委员会高等学校优秀教材二等奖的《教育哲学》一书的著作者黄济的观点：教育哲学是用哲学的观点和方法来分析和研究教育中的根本理论问题；教学哲学是一门边缘学科；教育哲学是教育科学的概括和总结，应当给教育科学研究以理论上的指导，而教育科学的发展又给教育哲学提供了丰富的内容；教育哲学应该成为一门独立学科。

桑新民教授指出，从定义上来看，教育哲学是哲学的应用学科；教育哲学是研究教育领域中思维与存在的关系；从研究的方法和途径来看，教育哲学是对各门具体教育学科知识的概括总结；从研究的目的和成果来看，哲学要揭示世界的本质和发展规律，教育哲学则要揭示教育的本质和发展规律。

刘良华教授的界定则较为直接：教育哲学的核心目标，也正在于发现教育领域的特别规律。教育之特别规律，亦可称为教育原理。所谓教育哲学，实乃发现和发展教育原理之学。①

石中英教授总结教育哲学界定时，强调教育哲学是一门学问，也是一门应用哲学，其目的是探求教育的一般原则或规律，是教育学研究的方法论。②

（二）国外教育哲学家对教育哲学的定义

"教育哲学"一词最早出现在美国。19世纪末，美国学者布雷克特（1836—1911）出版译自德国哲学家罗生克兰茨（1805—1879）的《教育学体系》，始用"教育哲学"作书名。1916年，约翰·杜威

① 刘良华. 教育哲学［M］. 上海：华东师范大学出版社，2017：1－2.
② 《教育哲学》编写组. 教育哲学［M］. 北京：高等教育出版社，2019：7－20.

(1859—1952）著的《民主主义与教育》(副标题是“ 教育哲学导论”）一书，运用他的实用主义哲学对教育的本质、教育的目的、教育的价值进行了理论分析，影响深远。[①] 他认为：教育不是个人事业，是社会的、公众的、政府的责任，是人类社会进步最有效的一种工具。教育是社会生活的过程，而不是生活的预备，教育即生活，教育即成长，教育即经验的不断改组和改造。[②]

英国的企业家和管理学家、行为科学的先驱者之一郎特里的观点：教育哲学是哲学的一个分支，其内涵一是建立有关知识、认识与作为制度化社会活动的教育的思想体系；其内涵二是澄清教育要领的含义。

苏格拉底作为哲学家，用哲学的眼光来研究教育问题，而作为教育家，他又通过教育活动来传播其哲学思想，教育思想是其哲学的有机成分，教育活动是其哲学观的全面而具体的反映，哲学观是其教育活动的指南。

美国哥伦比亚大学教授索尔蒂斯在《论教育哲学的前景》中把当代教育哲学分为三种形态：第一种是专业教育哲学，它具有相对完整的逻辑结构和学科体系，具有浓厚的学术和专业色彩；第二种是公众教育哲学，指作为普遍观念广泛存在的人们共同的教育信仰，人们在开展教育活动时将自觉或不自觉地受它的影响，这些观念是一个国家、一个民族共同的教育信念；第三种是个人教育哲学，指作为个人信仰或价值标准而存在的教育信条，它能使个人所有的教育活动和思想都带有一贯的、一致的倾向性。教育观念就是教育哲学，作为一名教师，

① 张光忠. 社会科学学科辞典［M］. 北京：中国青年出版社，1990：166 - 167.

② 杜威. 民主主义与教育［M］. 王承绪，译. 北京：人民教育出版社，2000：2 - 45.

没有教育观念是不可能的。

（三）教育哲学的新定义

教育哲学的新定义指向一种实践哲学或生活哲学，其研究的所有问题以一个具体的教育问题为起点。教育哲学强调实践性、反思性、批判性和价值性，不应只是哲学在教育学领域的延伸，而应扎根于教育实践中，由思考提炼而成。

二、教育哲学的功能

（一）教育哲学具有整体认识的功能

哲学具有整体认识的功能，它不但揭示世界的最一般的本质和规律，而且探讨具体现象的终极本质和原因，把对世界的最普遍的本质和规律的研究与个别事物的特殊本质和规律联系起来。哲学不但要研究知识问题，而且要研究价值问题，实现从认识向实践的转变。这样，哲学就给人类提供一个关于世界的清晰、完整的图景，为人类认识和改造世界增添信心和力量，建立认识世界和改造世界的坚定信念。

教育哲学也要揭示世界的最一般的本质和规律，并把它与揭示教育的终极本质和原因联系起来。它不但要研究关于教育的知识，而且要研究教育价值，把教育认识和教育价值联系起来。所以教育哲学也具有整体认识的功能，为教育工作者提供关于教育的清晰、完整的认识，为教育工作者进行教育认识和教育的实践与创造增添信心和力量，坚定教育工作者进行教育认识和教育的实践与创造的信念。

（二）教育哲学具有锻炼理论思维和提高认识能力的功能

哲学概念与范畴和具体的科学概念不同，它是人类社会历史经验的高度凝结，具有最大的时间和空间的跨度。若不具有普遍意义，就不是哲学概念和范畴。要形成这样的概念和范畴，必须经过一个复杂而艰难的归纳推理的过程。这必然会锻炼人的理论思维，提高人的认识能力。教育哲学运用哲学概念和范畴分析和说明教育的特殊本质和规律，它也是一个复杂而艰难的演绎推理过程。它也必然会锻炼人的理论思维，提高人的认识能力。

科学是运用经验和实证的方法，包含较多经验和现象的描述。哲学是运用思辨的方法，更多地采用理论思维。在哲学和教育哲学中，归纳和演绎是如此，比较、评价和批判也是如此。这里往往需要综合地运用各方面的知识，但不能进行很多经验和现象的描述，而要运用思辨或理论思维进行概括，这就有利于锻炼人的理论思维和提高认识能力。

（三）教育哲学具有预见功能

任何一门学科都有预见功能，教育哲学的预见功能，主要表现在它为教育研究和实践提供世界观和方法论，提供对根本教育规律的认识，对教育研究和实践起指导和借鉴作用。教育哲学有时还在教育现状问题和发展规律研究的基础上，对教育未来发展趋势作预测，其中科学世界观和方法论对教育研究的预见作用具有首要意义。这主要表现在它能提供一种理论与方法，为解决教育问题提供一个基本的理论框架，为教育研究和实践提供一个恰当的思路，对教育研究和实践提供指导。

恩格斯强调，科学正是要研究未知的东西。要研究未知的东西就必须根据有限的材料和问题的需要进行预见和提出假说，并通过实验去检验假说，从而形成新的科学理论。只有正确的哲学观点和思维方法，才能帮助教育学家正确地选择和确定课题，正确地搜集材料和提出假说，正确地进行实验设计和实验，正确地评价和得出结论，最终才能得到新的发现和创造。

（四）教育哲学具有说明和解释功能

教育哲学的说明和解释功能根源于它所提供的反映世界的一般规律的高层哲学概念和范畴，以及反映教育最一般规律的高层次的教育概念和范畴。这些概念和范畴有很大的概括性和包容性，能对具体的社会现象和教育现象进行解释，并迅速抓住其本质。这些概念和范畴是人类社会历史发展的产物，不能由教育研究人员和教师在实践中单靠经验获得，必须通过学习获得。教育哲学可以为人们提供这些概念和范畴。

一个科学家如果没有正确的哲学观点和思维方法，即使掌握了丰富的经验材料，也不能得出正确结论，不能获得科学发现。恩格斯认为，只有那些循着正确哲学观点和思维方法研究科学事实的科学家，才能发现真理。他在《自然辩证法》中指出，当自然科学进入理论领域的时候，经验的方法就不中用了。这里，只有哲学思维才能有所帮助。他强调："恰好辩证法对今天的自然科学来说，是最主要的思维形式。因为只有它才为自然界中所发生的发展过程，为自然中的普遍联系，为从一个研究领域到另一个研究领域的过渡提供类比，并从而提供说明方法。”同样，这也适用于教育科学。

此外，教育哲学还有开阔视野、深化认识的功能，选择和规范功能，批判功能，等等。

第二节　教育哲学研究的论证方法

一、教育哲学的两类基本研究方法

与一般哲学一样，教育哲学为了形成对教育事物的整体性把握，需要在逻辑学层面上寻求建立自身的方法体系。从逻辑学的发展现状来看，教育哲学处理命题的方法主要有两类：一类是从若干前提命题获得必然性结论命题的演绎逻辑（方法），另一类是从若干前提命题获得或然性结论的归纳逻辑（方法）。由于当代逻辑学是一个比较成熟的学科体系，故本节主要参照袁正校主编的《逻辑学基础教程》一书中的基础逻辑学知识来具体描述教育哲学研究的基本方法体系。

（一）演绎逻辑方法

除了前提和结论之间存在必然联系，演绎逻辑还可以解释为“通过研究推理形式来研究推理的有效性的科学，因此，演绎逻辑又被称为形式逻辑”①。

基于演绎逻辑的前提和结论之间的必然对应关系，演绎逻辑本身

---

①　袁正校．逻辑学基础教程［M］．北京：高等教育出版社，2007：11－12．

必然具有三个方面的特征：其一，有效性。由于演绎逻辑强调前提和结论之间的必然对应关系，所以前提是真时，结论也必然为真。这种前提有效地保障了结论的真实性。其二，推演性。在演绎逻辑中，推理规则控制着从前提命题得到结论的路径，遵守规则的演绎逻辑就是正确的。其三，可靠性。对一个演绎推理来说，如果前提为真，形式有效，那么这个推理就是有效的、可靠的。从演绎逻辑（方法）的基本立场来看，演绎逻辑（方法）是推理形式的方法，是不需要借助经验现象的方法。

从这些特点来看，这类方法在教育研究中的应用主要是根据已有的确定性（教育）命题推论，进而得出新的教育命题。由于教育是培养人的社会实践活动，有关人和社会的确定性命题都可能产生丰富的教育知识。而且，社会中确立的已有教育命题，也可能作为基础产生更具体的教育知识。

本节对这类方法的说明，主要是明确这类方法背后的基本规则。但因这类规则众多，故这里只举出常用的规则。虽然每个规则都可以对应一个可以称为方法的推理方式，但这些可以统称为演绎逻辑。演绎逻辑体系的推理方法是非常多的，下面介绍教育哲学研究经常使用的基本演绎推理方法——直言命题的直接推理、直言命题的变形推理、三段论、联言命题推理、选言命题推理、反证法和归谬法。

1. 直言命题的直接推理

直言命题是反映事物是否具有某种性质的命题，分为全称肯定命题（即所有主项 S 都具有谓项 P 的特征，记为 SAP，如“人是动物”中“人”是主项 S，“动物”是谓项 P）、全称否定命题（SEP）、特称肯定命题（SIP）和特称否定命题（SOP）。这四种直言命题在逻辑上可以形成四种真假制约关系。

如图6－1所示，主谓项的四种直言命题形成了四种关系，分别形成四种推理。

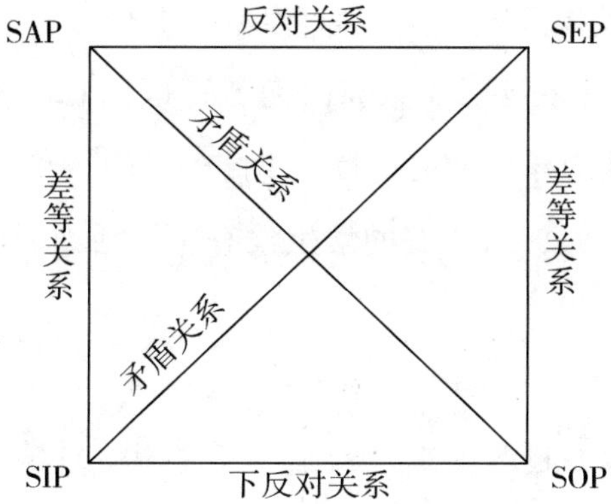

图6－1　直言命题的逻辑方阵

（1）反对关系及推理。全称肯定命题（SAP）和全称否定命题（SEP）之间是一种反对关系，即两者可以同假，但不能同真。例如，当“所有学校都有教师”为真时，“所有学校都没有教师”一定为假；当“所有学校都有食堂”为假时，“所有学校都没有食堂”也能为假。

（2）矛盾关系及推理。全称肯定命题（SAP）与特称否定命题（SOP）以及全称否定命题（SEP）与特称肯定命题（SIP）之间是一种矛盾关系，即两者既不能同真，也不能同假。例如，当“所有学生都有主体性”为真时，“有的学生没有主体性”一定为假；当“所有教师都没有创新性”为假时，“有的教师有创新性”就为真。

（3）差等关系及推理。全称肯定命题（SAP）与特称肯定命题（SIP）以及全称否定命题（SEP）与特称否定命题（SOP）之间是一种差等关系，即如果特称命题为假，则全称命题必然为假；如果特称命题为真，则全称命题真假不定。例如，当“有的学生没有创造性”为假，则“所有学生都没有创造性”也为假；当“有的学生有学习兴趣”为真，则“所有学生都有学习兴趣”真假不定。

（4）下反对关系及推理。特称肯定命题（SIP）与特称否定命题（SOP）之间是一种下反对关系，即两者可以同真，但不能同假。例如，当“有的学生有学习兴趣”为真时，“有的学生没有学习兴趣”可以为真也可以为假；当“有的学生没有生命活力”为假时，“有的学生有生命活力”为真。

2. 直言命题的变形推理

直言命题可以通过改变作为前提的直言命题的联项（即肯定或否定），或改变主项与谓项的位置，或同时改变这两者得出新的命题。这种变形推理主要有两种形式：一为换质法，即改变一个性质命题的联项；二为换位法，即交换一个命题的主谓项。例如，从“所有学生都有生命活力”可以换质为“所有学生不是没有生命活力”；从“学生不是欺骗者”可以换位为“欺骗者不是学生”。

3. 三段论

三段论是以包含三个不同词项的两个直言命题为前提，推出一个直言命题为结论，而且每两个直言命题都有一个共同词项的推理。三段论是一种非常严谨的逻辑推理，其结构可以表达为：三段论中结论的主项和谓项分别为小项和大项，在两个前提中都出现的词项为中项。有效的三段论推理必须遵从三个规则：①中项在前提中至少周延（即使用全部外延）一次；②在前提中不周延的项，在结论中也不周延；③前提与结论中否定命题的数目必须相同。例如：

人都是追求快乐的，

小学生是人，

所以，小学生是追求快乐的。

4．联言命题推理

联言命题是一种合取命题，是用“并且”联结两个支命题形成的复合命题。联言命题的基本推理规则是合取命题为真，反过来也成立。例如，“教师是专业”为真，那么当且仅当支命题“教师是专门的”和“教师是职业”都为真。

5．选言命题推理

选言命题是用“或者”“要么”等命题联结词联结两个支命题而形成的复合命题，具体可以分为相容选言命题和不相容选言命题。相容选言命题使用“或者”联结支命题，不相容选言命题使用“要么”联结支命题。相容选言命题可以这样推理：选言命题为真，至少一个选言支命题为真；只有当两个选言支命题为假，选言命题才为假。不相容选言命题可以这样推理：选言支命题有且只有一个为真时，不相容选言命题为真。例如，相容选言命题“教师或者布置作业，或者组织考试”，在这个命题中，教师可以布置作业，可以组织考试，也可以两者都进行；不相容选言命题“学校要么发放住房津贴，要么建设教师公寓”，在这个命题中，学校只有选择一种做法才能证明命题为真。

6．反证法和归谬法

反证法是一种命题的间接证明，主要是假定与欲证明的结论相反的命题为真，通过推理得到与条件相反的命题。归谬法是假定某一欲证明为假的命题成立，通过推理得出与条件相反的命题，最终用以说明假定成立的命题为假。反证法和归谬法也是教育哲学研究经常使用的演绎推理方法。例如，在反证法中，我们可以假设“不给学生自主探索的空间”，然后推理出“学生因缺少自主探索的空间而不能真正具有面对未来的素质”，最终可以说明“学生需要自主探索的空间”。如果上述例子通过归谬法来证明，基本的逻辑是先假定“学生不需要自主探索的空间”，可以通过“学生还是面临很多选择”和“学生做出合理的选择必须要自主探索”来最终得到“学生还是需要自主探索的空间”。

（二）归纳逻辑方法

归纳逻辑方法是伴随着近代科学发展而逐渐确立的逻辑方法。与演绎逻辑方法探索必然性联系不同，归纳逻辑方法主要讨论前提和结论之间具有或然性联系的推理和方法的逻辑。其中的或然性推理主要包括传统和现代归纳推理、回溯推理和类比推理。

因此，归纳逻辑（方法）可以包含本书其他章节详细介绍的观察、实验、调查等收集经验材料的方法，以及比较、分类、分析、综合等加工经验材料的方法。在经验材料收集和加工的基础上，教育哲学研究主要通过这类方法寻求获得更为整体性的结论。在归纳逻辑（方法）中，教育哲学研究经常使用归纳法、类比法、回溯法。

1. 归纳法

教育哲学研究经常使用的归纳法主要有两种类型，即完全归纳法和简单枚举法。根据归纳所使用的前提是对应某类事物的每一个体，还是对应某类事物的部分个体可区分二者。

（1）完全归纳法。这种方法也被称为完全归纳推理，它是根据某类事物的每一个体都具有某类属性，推出该类全部事物都具有这个属性的推理。这种归纳推理是以比较可信的方式把对一类事物个体的认识上升为对该类事物一般的认识。

完全归纳推理的可靠性需具有三个方面的条件：其一，前提和结论的逻辑联系是必然的；其二，前提和结论互为充要条件；其三，只能使用于有限事物并能逐一考察的情况。

完全归纳法的例子如下：在一个课堂上，上课的老师很有创造性；学生 1 很有创造性；学生 2 很有创造性；学生 3 很有创造性；……全部学生很有创造性。因此，我们可以得出这样一个结论：这个课堂的师生都很有创造性。

（2）简单枚举法。这是一种不完全的归纳推理法，这种方法主要根据某类事物的部分构成具有某种属性，并且在列举过程中也没有碰到相反的事例，从而推出某类事物都具有某种属性的推理。因此，简单枚举法也是把认识从个别推广到一般。

简单枚举法要取得更为可信的结论，需要具备三个方面的条件：其一，尽可能增加被考察对象的数量；其二，尽可能扩大被考察对象的范围，特别是要考察可能推翻结论的反例；其三，正确对待反例，积极寻找反例来断定结论真假。

简单枚举法在教育哲学研究中的例子如下：在日常的师生交往实践中，经常会出现这种行为：一些科任老师在遇到某个“刺头”学生时会求助班主任；一些班主任在遇到“刺头”学生时会求助年级主任、德育主任，甚至会求助一些社会工作人员；一些学生在与老师交往中遇到困难时会经常求助其他同学、老师、学校领导以及家长，特别是在自认为受到老师“不公正”对待时。这些现象都表明：师生经常会借助与他人的关系来把他人拉入师生交往中，从而利用他人拥有的各种资源来影响、作用于对方。

上述例子中，很多“一些”就是简单枚举。

2. 类比法

类比法也称为类比推理，是根据两个（类）事物在若干属性上相似，推出它们在其他属性上也相似的推理。

类比法要取得更大的可信性，需要在三个方面进行努力：其一，从量上看，相似的属性越多，结论越可靠；其二，从质上看，类比法的可靠性取决于已知的相似属性与推出属性之间的相关程度；其三，寻找有无与推出属性相排斥的属性。

类比法在教育哲学研究中的例子如下：教育实践如同人类的其他实践，如科学研究等，是一列“自带轨道的火车”，不断地按照自己的方向而非编制好的列车运行图驶向下一个站点。教育实践的这一逻辑特征说明，在教育改革的过程中，人们期望通过理论学习和培训的方式来达到彻底变革实践的目的，恐怕是有些单纯或天真了。如果这种主观的努力不触及经年累月形成的习性，并伴随着客观情境以及时间和空间结构的改造，其有效性是会大打折扣的。纵观中外以纯粹理性的实践观为基础的教育改革，尽管有时能够使得教育实践列车的方向发生一些暂时的偏离，但最终强大的惯性还会使教育实践的列车回到自己的轨道上来。

在例子中，“教育实践”与“自带轨道的火车”是一种类比。

3. 回溯法

回溯法亦称溯因推理，是根据事物间的因果关系，由结果推导出原因的推理。在这个推理中，对事物间因果关系的把握是背景，推导的原因也不一定是事物的真正原因。

回溯法要取得更大的可靠性，需要在两个方面进行努力：其一，回溯推理必须以可靠的因果关系作为基础；其二，尽力寻求真正的原因。

回溯法在教育哲学研究中的例子如下：一个人实施道德行为无非是内在和外在两个方面的原因，因内在需要而实施道德行为，以寻求一种心理上或物质上的满足或成就；因感受到外在压力而实施道德行为，以保护自身在心理上或物质上的状态不受侵犯。

在这个例子中，所谓“心理上或物质上的满足或成就”和“心理上或物质上的状态不受侵犯”都是一种回溯的推理结果。

二、教育哲学的两种现代研究方法

除了逻辑学范畴的基本方法之外，教育哲学随着现代哲学的发展也出现一些复杂的研究方法，这些研究方法的一个突出特点是它们都根植于特定的教育哲学思想流派，是特定教育哲学思想在研究方法上的体现。这些教育的哲学研究方法可以说是一种综合型教育哲学研究方法，因为这些研究方法都是对教育哲学研究的基本研究方法的组合使用，是演绎逻辑和归纳逻辑根据特定思路组合的结果。

在现代教育哲学研究中，对研究方法有较深理解的流派不少，这里主要介绍形成了较广泛影响的流派，主要有分析教育哲学和现象学教育学的研究方法。

（一）概念分析法

概念分析法是源于分析教育哲学的基本方法，是分析哲学流派的语言分析精神在教育研究上的一种方法应用。国内对教育哲学研究的概念分析法进行系统探索的教育学者是石中英，他在《教育学研究中的概念分析》① 一文中对概念分析法进行了较为具体的阐释。石中英认为，教育学研究中的概念分析可以从日常用法、定义、词源、隐喻、跨文化、条件等六个方面进行。同时，他认为教育学研究中的概念分析既可以作为一个研究又可以作为研究的一部分：六种分析既可以综合使用，也可以单独使用；既不能过于简单，也不能过于烦琐；既是认识论的，也是实践论的。下面介绍这六个方面的概念分析。

1. 日常用法分析

教育概念的生命力体现在人们对它的日常使用中，因此对教育概念进行日常用法分析是人们理解一个教育概念的基本方法之一。事实上，人们在日常生活中使用的教育概念内涵与词典上的定义或多或少存在差别。对教育概念进行日常用法分析主要是为了澄清某些概念在日常教育实践中是如何理解的，而这种理解也构成了日常教育生活方式的思想基础。教育概念的日常用法分析具体分为以下四个环节：

第一，收集一个教育概念在日常教育实践领域中的各种使用方法；

第二，对不同的使用方法进行分类，力图对各种具体的使用方法从类型学上有所把握；

第三，在仔细分类之后，认真分析每一种用法所赋予该概念的内涵，反复地比较该内涵与其他用法所赋予的内涵之间的相似性和区别性；

① 石中英. 教育学研究中的概念分析 [J]. 北京师范大学学报（社会科学版），2009 (3): 29 - 38.

第四，找出不同用法所赋予的词语意义之间的关联性，阐明它们之间的相互关系。

石中英在文中还引用了维特根斯坦（L. Wittgenstein）对游戏概念分析的例子来直接展示日常用法分析的应用。

维特根斯坦分析了各种各样的游戏，比如棋类游戏、智力游戏、运动游戏等。他发现，在两个游戏之间可能有某种相似之处，但是，当这种相似之处应用到第三个游戏上时，这种相似性就不存在了。第三个游戏和第一个游戏又可能在别的地方有相似之处，依次类推。所以，人们很难找出一种游戏作为“游戏”这个概念的确定不移的经验内容，也很难在多种游戏之中概括出一个所谓的“游戏的共相”。可是，在日常生活中，每一个人都能正确地使用“游戏”这个概念，别人也能从具体的语境中理解概念使用者所说的“游戏”究竟是什么意思，无须依赖于权威学者的专业化的“游戏”定义。根据这种新的认识，维特根斯坦改变了前期对于日常语言的认识，不再把日常语言中一些词语的多义性看成日常语言之病，转而认为正是源于不同语境中一个词语的不同用法，才使得人类的语言显得生气勃勃、富于创造精神。

2．定义分析

对教育概念进行分析免不了定义上的分析。无论日常生活中教育概念被理解得多么多样，教育概念的规范性定义还是理解一个概念及其隐含的思想内容的重要基础。教育概念的定义分析主要分为收集概念定义、筛选出关键定义、思考定义中的关系、形成新的认识等四个步骤。对关键定义的思考角度有定义/定义者、定义/已有的定义、定义/意图影响或产生的人类行为等。需要思考的具体问题：这是谁的定义？定义的视角是什么？什么时间下的定义？他/她的定义有何与众不同？各定义项之间有什么关系？她为什么如此这般地给某一个教育学概念下定义？定义性陈述中的关键词汇是什么，为什么用这些词汇来定义某一个概念？等等。

教育概念的定义分析可以参考下面这个探讨：

经济学的博弈论者把人与人之间的交往当作利益的博弈。在这种观点中，博弈被理解为“人们遵循一定规则下的活动，进行活动的人的目的是使自己‘赢’”。因此，这种交往观实际上把人的交往行为看作一种在对方影响下的逐利行为。在利益最大化目标的支配下，交往的参与者在认识或预测对方行为的基础上筹划自身的交往行为，从而去实施自身认为最有利的交往行为。所以，这种博弈交往观注意到了交往双方行为之间的利益联系，对这种利益联系的强调突出了交往活动中个体交往行为之间的联系机制。但是，这种交往观可能会把那些没有直接针对对方的逐利行为纳入交往之中，从而扩大了交往的内涵；另外，狭隘的利益观和其经常隐含的“理性人”“平等人”假设使这种博弈交往观在一定程度上脱离了现实生活中人与人之间相互往来的现实，又在一定程度上缩小了交往的内涵。因此，博弈论对交往的理解具有一定的片面性。

3. 词源分析

教育概念一般都有较为悠久的历史，对教育概念的起源和演变的分析也是认识教育概念及其隐含的思想体系的基本方式。因此，概念的词源分析既要分析概念的起源，也要分析概念的流变。对某个概念进行词源分析的基本路径包括以下三个环节：第一，使用工具书查找这个词的中文词源；第二，使用西文工具书查找这个概念的西文词源；

第三，比较中西文词源的不同和概念意义的差别。

关于词源分析，可以参考下面这个研究：

在甲骨文中，“交”的形象是一个人两小腿交叉。在《说文解字》中，“交”解释为“交胫也”，也就是“两小腿交叉”的意思。在《辞海》中，“交”有多种意思，其中与“交往”意义相关的有“交叉；交错”“互相接触”“结交”“接合”等。

“往”在《说文解字》中的意思为“之也”，也就是“去”的意思。在《易·系辞下》中，关于“往”有“寒往则暑来，暑往则寒来”的说法。这里的“往”在日常生活中也表示人与人之间进行接触的行为，如“来往”或“一来二往”。

《辞海》并没有直接对“交往”进行解释，但“交往”分别出现在“交往方式”和“交往行为”中。《辞海》对“交往方式”的解释有两种：一是指“人们在生产过程中所发生的社会关系”；二是指“人与人之间各种社会交往及其形式”。这两种含义都没有对“交往”的具体含义进行更深入的解释，只能表明“交往”与“社会”“人与人”等词有一定的联系。《现代汉语词典》直接把“交往”解释为“互相来往”，这里的“交”作“互相”理解，而“往”作“往来”理解。

表示交往、交流的英文单词是 communication，其动词形式是 communicate。在英语中，communicate 是 commune 的变形，commune 在英语构词中由两个部分组成：“com”的意思是“共同”；“mun（e）”的意思是“一个”。所以，“交往”在英语中是“共同构成一个（整体）”的意思。commune 一词源自拉丁语 communia，在中世纪时是 communis，“unis”是“公社”的意思，所以这里也是表达“共同构成群体（公社）”的意思。

4．隐喻分析

有些教育概念具有深刻的隐喻精神，因此对这些概念进行隐喻内涵的分析是理解这些概念及其隐含的思想体系非常重要的环节。隐喻分析包括以下四个基本环节：第一，要找到那些包含隐喻的教育论述；第二，要找出喻体和比喻的对象，把握二者的相似点；第三，分析隐喻本身所赋予某一概念的新意义，看看隐喻的使用在哪些方面增加或者丰富了人们对比喻对象的认识；第四，在以上工作的基础上，准确地把握隐喻概念的实质和相关口号、命题的思想主张。

关于隐喻分析，可以参考下面这个研究：

与上述工业模式相对应，“教师是园丁”这个隐喻反映的是一种农业模式，认为学生像种子，有胚胎和自然生长的可能性，但需要教师来浇水、培土。与“工程师论”相比，“园丁论”更加重视学生的生长性，既考虑了学生发展的共同规律（可生长性），又照顾了学生个体发展的差异性（每一颗种子可能开出不同的花儿）。同时，这个模式也考虑了教育的过程性，而不仅仅是结果。教育学生就像是培育花朵，需要经常、定时地浇水、施肥、松土。

“园丁论”所反映的教育观点在西方人本主义心理学所推崇的“镜子论”里被推到了极端，教师被认为是学生的一面镜子，为学生提供一个相对清澄的、观照自己的工具，帮助学生看清自己、了解自己，进而设计和促进自己的发展。学生有自己发展的潜能，教师的作用只是为其创设条件，提供互动的机会，让学生在与他人的交往中发展自己。

然而，“园丁论”似乎隐含着学生的发展类型和阶段基本上是不变的，教师的作用只是辅助其生长。园丁无论多么努力地浇水、施肥，都无法将一株玫瑰培育成一棵紫荆；他们能做的就是顺其自然，使这株玫瑰长得枝繁叶茂、花开似锦。而且，学生与花儿一样，其发展是有阶段性的，如果前一阶段发育不良，下一阶段将很难弥补。

5. 跨文化分析

文化背景也是影响概念内涵的重要因素，因此需要对特定概念进行跨文化分析。概念的跨文化分析就是要把一个学习者和研究者关注的概念放到一个多元文化背景中加以审视。对概念进行跨文化分析有以下三个步骤：第一，把需要分析的概念放到它原来所在的文化系统中理解，将整个文化系统当成理解某一个概念的框架；第二，比较分析不同文化系统中同一概念的不同意义，进一步理解概念意义对于其文化系统的高度依存性；第三，在文化比较的背景下理解一个概念及其所构造的命题在跨文化翻译时所产生的变化。

石中英在《教育学研究中的概念分析》一文中用了下面这个例子展示概念的跨文化分析：

在我国，一谈到“教育”似乎总是令人想到成人对青少年儿童的要求、规范和控制。而在英语国家，一谈到“教育”，儿童的权利、经验和发展总是被放在前面，教师的“教育行为”主要是帮助每一个孩子完成自己的学习任务，“引导”的味道比较浓。在德国，尽管也有和英语 education 同根的 Erziehung 一词，但是在德国真正有特色的“教育”概念却是 Bildung。这个词的意思是在个体与集体、现在与未来、物质与精神之间建立起积极的联系，引导学习者从个体走向集体、从现在走向未来、从物质世界走入精神王国等。这种理解与英语国家关于 education 的理解差别很大。

6. 条件分析

不少教育概念只有在特定的条件或标准下才能成立，因此分析概念成立的条件是深刻理解特定概念及其隐含的思想体系的重要途径。从分析教育哲学家已经提供的条件分析案例来看，对一个概念进行条件分析大致要经过如下四个步骤：第一，分析者要从思想态度上放弃经验主义、理性主义或逻辑实证主义有关概念意义的理论，从条件或标准的角度来理解概念的意义。第二，给要分析的概念下一个最宽泛、没有疑义、能够得到每个人认同的定义，或者呈现一个日常生活中人们都熟知的定义。第三，对一个概念能够被合理使用的诸多条件进行记录和分析，看看哪些条件是必不可少的，缺少了它们，概念使用的恰当性就会出现问题，如哪些条件是区分性的，条件自身的变化会引起概念定义与理解的歧义；哪些条件是成就性的，关涉恰当使用某个概念预期实现的目的。

石中英在《教育学研究中的概念分析》一文中使用彼得斯（R. S. Peters）对教育概念的条件分析作为范例：

英国分析教育哲学家彼得斯分析了“教育”概念应该具备的几个条件或标准：其一，一个受过教育的人是这样的人，他和他的教师在一段时间内参与活动的某项任务被完成了。其二，如果某种事情被看成“教育”，学习上的内容必须被看作有价值的，就像学习的方式必须在道德上是无可非议的一样。其三，一个活动如果称得上是“教育”，则不仅仅帮助学习者掌握知识和技巧，而且还帮助他们获得健康的“生活形式”，帮助他们形成一般的世界观。其四，能够称得上是“教育”的活动必须使学生知道他/她正在做什么，尊重学生的自主性。根据第一个条件或标准，“教育”是一个“成就动词”，意味着某种预期结果的达成；根据第二个条件或标准，“教育”获得了它的价值属性，与“教唆”“欺骗”“蒙蔽”等行为相区分；根据第三个条件或标准，“教育”不同于职业训练，有其人文的意义；根据第四个条件或标准，“教育”与“灌输”“宣传”相区别。

（二）现象学方法

在哲学现象学运动的强大影响下，教育哲学学者也开始探索现象学中的教育哲学问题。现象学研究的核心问题是“认识如何可能”，这是承接近代哲学认识论的基本问题。在教育领域，与此相关的问题是“对教育的认识如何可能”或“如何认识教育”。针对“如何认识教育”，从理论上认识教育，涉及教育直观、教育体验、教育意义和教育发生；从实践上认识教育，涉及通过教育相关者的研究实践，以获得对教育的某种洞察。① 在现象学哲学“回到事物本身”精神的引导下，现象学教育哲学在研究上呈现出四个特点：一是关注普通日常生活经验，而不是沉重的认识论、本体论或形而上学的问题；二是具有规范性倾向，而不是坚持社会科学的价值中立；三是注重具体经验的反思而不是理论的抽象；四是现象学研究有一种不言自明的共识，即要求兼具写作深刻文本的高超才能和体现研究者价值取向的反思性知识。

结合现象学方法理论，现象学教育哲学研究使用的现象学方法可以这样表述。

第一，考察个别现象。具体途径为现象学直观、现象学分析和现

---

① 王卫华. 教育现象学：观念与方法［M］. 北京：中国社会科学出版社，2020：1－36.

象学描述。现象学直观是从专注于现象的某一点而生发开来的自由联想，直到对这一现象一切可能的方面、性质和形态都获得清晰的观念；现象学分析是把呈现于直观中的各种观念加以分类的过程；现象学描述既要在分析中获得概念、名称对直观内容进行描述，又要在语言中把思想观念明确化、固定化。

第二，考察一般本质。这种考察以现象学描述使用的概念和语言为对象，理解其意义。

第三，理解本质联系。本质联系即概念间的联系，理解概念联系的直观称为范畴直观。

第四，关注事物现实的方式。在以上过程中，事物或显示在感性直觉之中，或显示在联想之中，或显示在概念意义之中，或显示在概念联系之中，方式不同，清晰程度也不同。

第五，探讨现象在意识中的构造。

第六，“悬搁”对现实性的信念。现象学方法处理的是所有直观材料，对于它们，不作本体论的区分，即把对它们存在或不存在的判断“悬搁”起来。

第七，解释被蒙蔽了的意义，还原事物的真面目。

国内学者朱晓宏曾使用现象学方法对教学进行了研究，得出了不同于传统认识的结论。

【案例 6.1】

故事：一首词

记忆中的语文课总是很没意思的！读小学时，总是在认字——看小学课本后的生词表，让人讨厌。读初中后，任务转移了，改成学读课文了，初一的老师一上课就读课文，有时要读上半节课，真是无聊。

到了初二，学校给我们换了个新语文老师。其实他长得不像个语文老师，做事雷厉风行的，在我的印象里，语文老师应该是柔弱的样子才对。

这个老师姓王，王老师不再读课文了，改成让学生读，但也只是读精彩片段。他也会在课堂上让我们讨论一些人物，加深印象。也许是他觉得我们文学素养不够吧，有一天竟莫名其妙地为我们讲起了宋词。他在给我们留了一个小作业后，在黑板上由右至左写下了《虞美人》这首词。

让我感动的不只是这首词，还有老师那漂亮的字体。老师给我们讲了许多关于这首词的事，作者、意境及这首词如何给作者带来杀身之祸。后来，我在高中的语文课上又学了一次这首词，印象深刻。由此，我爱上了诗词。虽然我并未读过许多书。但若不是这首词，我也许连这种书都不会看上一眼。从此以后，我也不再反感语文了，而是爱上了这个科目，其实更重要的是因为老师吧！

在一个孩子的眼中，语文课从小学的学生字到初中的读课文，他的感受是从讨厌到无聊。但是，一位语文老师的出现，一首词的出现，改变了他对语文学习的态度。老师以独特的方式呈现一首宋词，以及老师讲述词作者的故事，学生在那一刻感受到语言的无限魅力，并因此“爱上了诗词”“爱上了这个科目”。语文课上，老师书写宋词的漂亮字体，以及那感人的故事，永远印在学生的记忆里，触动并引发了学生对语文的喜爱，影响了学生阅读的兴趣。当语文课被生字词概念化时，就远离了学生的理解。语文教学忘记了学生，学生也就无法感受语言所表达的丰富人生。如果老师把语文的生命力呈现给学生，一切就都发生了变化，而真正改变学生生活世界的，是一个热爱中国古诗词的人，他的生活中流淌着文化的气息。

学生倾心讲述的故事是对特定课堂学习生活体验的一种本性的描述，它以一种更加深刻或充分的方式向我们呈现了教师之“教”的丰富内涵，更呈现了教育意义的本质。因此，我们可以通过孩子课堂学习生活的体验直接地把握教师之“教”的本质。

点　评

用现象学的方法来研究教育学领域的问题，重点关注生活世界中的体验。案例中，王老师通过用特殊方式呈现《虞美人》这首词，从而让学生体验课堂学习生活。

1. 教是一种唤醒

通过一节课，学生发现数学的奇妙、物理的有趣，喜欢上古诗……正是这样的教，唤起学生的好奇。教师唤醒了孩子的好奇心，就唤醒了心灵，这是一种精神的召唤。就像孔子、苏格拉底对他们的学生所进行的教。这样的教不局限于认知领域，不是知识的简单堆砌，而是指向人的精神世界。

如果说教师之教要实现教育性原则，那么这个原则可就如雅斯贝尔斯（K. Jaspers）所说：“通过现存世界的全部文化导向人的灵魂觉醒之本源和根基。”这种教，把人的潜力最大限度地调动起来。正是由于人类的好奇心，驱使我们天天做大量的考证。好奇心是人类了解自己及其周围环境的一种基本需要。纵观人类文明史，哲学的起源不是为了某种实用的目的，而是起源于古代先哲们对世间万物的惊讶与好奇。没有好奇心，人类仍然停留在懵懂无知的状态。

2. 教是一种敞亮

因为老师的一节课，孩子看世界的眼光发生了改变。“原来字还能写得那么漂亮，原来古诗词里还有丰富的人生”“原来音乐不仅仅是唱歌，音乐还可以表达这个世界”“原来数还可以通过形来理解”“原来语文课那么有趣，与生活很接近”……这一切之所以发生，均因为教师之教。教师之教触动了学生，他们认识世界的方式因此发生了改变，或说他们的眼光发生了变化，于是他们眼前的世界变得“敞亮”起来。

从此，学生的眼光不再被无知或错觉所遮蔽，“学之‘思’也不会误入歧途，而是导向事物的本源”。

3. 教是一种引领

教师作为人类文明的传递者，其职业使命之一即领着学生探索人类文明宝藏。这种引领既是精神的，又是方法的。教，给予学生方法上的帮助，即“授之渔”。语文课不仅学习生字词、读课文，语言的意义在于它的使用，所以教师还会引导学生阅读古典诗词和小说，学生们在使用语言的过程中整体感受语言文字的魅力。

如果说教育的本质是实践，那么教就实践着教育意义。关心这种教的教育学可以说是一种实践哲学，这种教育学不仅仅关心我们认识到什么，更关心我们实现着什么，而这个我们所实现的“什么”，正是我们所说的教育意义。仅从这种教育学的角度上来看，最重要的问题始终是学生对具体的情境、关系或事件的体会是怎样的。既然教的对象是学生，就必须考虑教的形式及内容对学生的影响如何。可以说，“中小学课堂是教育学的故乡”。

第三节　教育哲学研究论文的结构

一、论文的结构

论文必备三要素——论点、论据、论证。论点不仅对文章起着统帅的作用，还决定着文章的价值，在论文写作过程中，论点是选择和组织材料的依据，也是论证的出发点和落脚点；论据是为论点服务的，论点因为有了论据的支持，才持之有故、言之成理，具有让人信服的力量；论证是议论的手段，是论点和论据之间的桥梁。

论文的基本写作思路是提出问题—分析问题—解决问题。

（1）提出问题。文章开头首先要概述材料，用简明的语言抓住关键句和词语去概括。选材尽量典型，叙事尽量简明。如果叙事过详，篇幅过大，容易喧宾夺主，写成记叙文，看不出作者的观点。

（2）分析问题。分析材料，提炼观点。提出的观点一定要明确，旗帜鲜明、直截了当，常常采用陈述性的判断句。例如：我认为……；我觉得……；我悟出了……；故事说明了……；等等。找准论点，叙议结合。议论要有针对性，就是要针对事情谈见解，要说出它好在哪里，为什么是好事，给大家什么样的启发，等等；针对坏事谈看法，同样要说出它在什么地方不好，为什么会发生，它的实质是什么，从中应得到什么教训，等等。

（3）解决问题。综合上文，可以得出怎样的结论。此外，还应尽量展开联想，分析尽量深刻。在议论部分可以联想与叙事内容相反的事例，形成鲜明的对比；还可以联想自己的思想与做法，使论述更加真实、亲切。联想能使分析深刻，讲清道理也能使分析深刻。

论文采用“总—分—总”的结构进行，总就是中心意思；分就是分层叙述；最后的总是表示总叙和分述关系的结构方式。

二、教育哲学研究论文的结构分析

教育哲学研究论文由三部分组成：大标题和小标题；开头、正文和结尾；中英文摘要和关键词。

（一）大标题和小标题

大标题：赞成什么或反对什么的立场，其标题往往显示为“从 A 到 B”或“A 与 B”“A 还是 B”“A 或 B”“返回 A”“走向 B”等。

小标题：警惕小标题之间的并列或排列关系；最好不要超过三个；警惕小标题呈现为“教材目录”。

大标题和小标题中容易出现的问题有以下几个：

（1）标题啰唆，字数太多。

（2）不明晰，有赘语，如“研究”“分析”“初探”“简析”“刍议”。

（3）出现多余的符号，如逗号、引号、破折号、书名号等。

（4）只用一个标题就可以表达清楚，却多余地使用了副标题。

（5）用夸张的文学方式呈现主标题。

（6）口号式的、政府工作报告式的标题，如“坚定不移地走素质教育的道路”。

（7）以“让”“要”“应该”等情态动词开头的祈使句式的标题。

（8）文不对题。

（二）开头、正文和结尾

首先，开头要有灵气。先设想文章有哪些主要观点，再围绕文章的主要观点以“提问”“假设”的方式“提出问题”。“提出问题”的一般思路是由前人或他人已有的观点出发，尽可能以“三言两语”的方式形成一个简短、明晰的“文献综述”。若有文献综述部分，则主要是提出问题和假设。

“总开头”：“承上”主要是指承接前人或他人的相关研究，由前人或他人的相关研究引出本研究。

“分开头”：文章的各个章节的开头的“承上”主要是指承续本文上一个章节的观点并引出下一个章节的观点。

其次，正文要有说服力。有说服力的正文解释“是什么”和“怎么办”（或“分析问题、解决问题”）。大量引证相关的实证研究的结果，以“分类别、作比较、找关系”的方式解释“是什么”。

“分类别”是从横向或纵向去区分；“作比较”是分析异同；“找关系”则是寻找表里关系、因果关系和对立统一关系。

最后，结尾要有回味。结尾与文章的开头相关。开头一般以“设问”或“假设”“研究背景”“研究的意义”等方式“提出问题”，那么，结尾就应对文章开头所提出的问题作出回应、解答、归纳、概括或总结。

（三）中英文摘要和关键词

基本模式：摘要一般包含四句话——“采用……方法，考察……，结果表明……，本研究认为……”。摘要必须忠实于原文，准确、客观地表达原文固有的主题内容和信息，不容许离开原文随意发挥，对原文的内容和信息保持客观态度，不加评论，不作说明。

中英文摘要和关键词应注意的问题有以下几个方面：

1．客观

应对原文作客观、忠实的反映，不得夸大，也不得缩小。应紧紧围绕原文中提出的新观点、新方法、新论证进行概括和提炼，切忌涉及原文以外的内容和结论，更不允许把自己或他人以前的研究成果写进摘要中。结论的表述应不作超越本文内容的引申。由于摘要是以二次文献的形式出现的，因此，摘要一律采用第三人称写法，避免使用“我们”“笔者”“本文”等词作主语，也不要出现“通过……概述了或分析了……”等表述。摘要是对论文所述科研成果的客观性描述，任何夸张性的、自我褒扬的文字都是不必要的。应避免使用“深入”“正确”和“令人信服”等修饰词，这是由摘要必须客观报道文献内容、不对论文内容作解释和评论的基本特点决定的。

2．简洁

应用最简洁、精炼的文字概括出全文的主要观点和内容。切忌出现与原文主要观点和内容关系不大的细节、冗长的语句及模糊不清的言辞。一般不呈现“研究的意义与价值”之类的说法。还要注意英文摘要须同时显示文章的英文“题名”，避免出现翻译错误。

3．完整

摘要是一篇独立的短文，应包括论题、观点、方法、结论（结论有时与观点同一）诸项，重点是论题、观点和结论。摘要不是对原文摘录出来的几句话的简单拼凑，必须语义连贯，保持上下文逻辑关系，文字通畅，自成一体。同时要注意摘要与原文的衔接，尤其是与原文开头、结尾的内容、文字的衔接和照应。避免摘要与原文的重复。

4. 规范

要排除在本学科领域里已成常识的内容；不得简单地重复题名中已有的信息；书写要合乎语法，并尽量同原文文体保持一致；尽量使用规范化的名词术语（包括地名、机构名称和人名），尚未规范的词语，以使用原文所采用者为原则；采用非标准术语、缩略语、略称、代号，除相邻专业读者也能清楚理解外，在首次出现处必须加以说明；一般不用图表和非公知公用的符号，也不宜引用正文中的图表公式和参考文献序号；应使用国家已颁布的法定计量单位；要正确使用简化字和标点符号；注意引文的语气、句式的选择。摘要多采用判断、肯定为主的陈述句式，尽量不用问句、感叹句等。此外，关键词一般为3~5个，来源于标题和核心观点。

第四节　教育哲学研究论文的评价

论文与研究报告不仅是作者研究成果的集中体现，更是作者进行深入研究的源头与基石，因而它们的评价准则就显得尤为重要。

一、价值判断及其特性

教育哲学研究论文中的价值判断主要分为原子性价值判断和复杂性价值判断两大类。原子性价值判断因其简单直白而成为复杂性价值判断的源泉或基础，而复杂性价值判断则是原子性价值判断的进一步发展。

（一）价值判断

价值判断（value judgement）即关于价值的判断，是指某一特定的主体对特定的客体有无价值、有什么价值、有多大价值的判断与评价。“价值判断”的中心词是“判断”，更直白地说，就是人们对各种社会现象、问题，往往会作出好与坏或应该与否的判断。由于这种判断或评价与人们的价值观直接发生关系，所以被称为价值判断。价值判断是哲学评价活动的一种表现，是依据评价主体对价值主体的需求评判价值客体是否能满足价值主体的需要，并能在多大程度上吻合价值主体的要求的一种判断结果。

1. 原子性价值判断

价值判断在哲学论文研究中无处不在，其作为价值研究的实践基础而存在，在实际生活中，人们每天都会做出不同程度的价值判断。原子性价值判断即简单的价值判断，其语句特征一般用十分直接且浅显易懂的方式进行表达，具有很强的经验性特征，如“这颗糖是甜的”“这碗药是苦的”等，也是由人的经验感知做出的判断标准，因为甜和苦都是人类的味觉能够直接感知的，具有清晰明了的特点，并与笛卡儿提出的“清晰明白”真理标准相契合。

2. 复杂性价值判断

复杂性价值判断是在原子性价值判断的基础上形成的，它是由若干个不同的原子性价值判断经过一定的逻辑关系或依据合并衍生的，不能单纯依靠经验对所描述的事物进行价值判断，更不能依据个人感知直接做出评价。其语义特征具有内涵性和理解性特征，如，“共产主义是好的”就属于复杂性价值判断，它不能由个人的感官直接评判出来，人们通常需要了解共产主义是什么、共产主义为什么形成、共产主义能为社会或个人带来什么好处等，才能真正地对“共产主义是好的”进行价值判断。

（二）价值判断的特性

在评价领域，价值尺度是指衡量客体对于主体是否有价值和价值大小的标准。价值尺度是由价值的本质所决定的，价值不能脱离价值关系而独立存在。对于学术论文这类评价客体，其价值具有一定的特殊性。其价值主体不是某个人，而是整个学科领域。其价值不会因为某个学术共同体的成员是否需要或认可而改变。历史上，发生过多起某论文价值不被少数学术共同体成员（一般是某个时期的学术权威）认可的事件，但这些论文不会因为个别学术共同体成员的不认同而失去价值。事实上，学术论文评价的价值主体是学术共同体。价值判断具有相对性、多元性和主观性。

1. 相对性

价值判断的相对性并不排斥其绝对性或客观性。理论上，任何事物都有一组客观属性，对事物的评价存在一个相对客观的标准。但由于我们认识事物的有限性，我们只能不断深化对事物的认识，无限逼近其客观属性。我们在制定评价标准时，也只能无限逼近其客观性，所以评价事物的价值判断的相对性是绝对的，客观性是相对的。例如：一篇学术论文一旦发表，它研究的问题以及问题解决的程度，或研究结果的创新度，就已经形成，或者说其价值就已经形成，已经成为客观事实。学术论文所研究问题的性质（如前沿性问题、热点问题、经典问题等）、方法、结论、创新性等属性是相对客观的。在对其进行评价时，每个评审专家对其的认识和理解都是相对的，都是基于自己的认知图式去理解作者通过文本（语言符号）所表达的意思。每个评审专家基于自己的认知图式和评价情景形成的对学术论文评价的价值判断都有一定的相对性。当然，这并不否认相对共识的存在。

2．多元性

价值判断的多元性是指对于同一个评价客体，基于不同的视角（或维度）进行考察和评价，就会有不同的价值判断标准。生活中，我们看问题的角度不同，就会获得不同的结果。对世界上任何事物价值的认识，都具有多元性。任何评价活动都是多元价值判断相互作用的结果。或者说，在评价活动中同时存在一个以上的评价标准或价值判断。通常，评价活动是由一个评审专家组共同完成的。评审组内的每个专家都有自己内在的价值判断，在开展评价时，一方面评审专家会依据评价组织者提供的评价标准（外在价值判断），另一方面每个专家都会依据自己的内在价值判断对评价客体进行价值判断，给出自己的评价结果。最终，评审专家组依据评价活动组织者的评价尺度进行协商，融合多个专家的评价结果，得出最终评价结果。

3．主观性

每一次评价活动的评价结果，不同的人都会有不同的看法。产生这种现象的原因主要有三个：一是不同的人有自己不同的评价视角和价值取向，他们用自己的价值尺度对评价客体进行评价。自己预期的评价结果与相关评价活动的实际结果可能不一致。二是每次评价活动都是在特定评价目标和情景下进行的。不存在没有目标与目的的评价活动。评价目标不同，评价标准也就不同，评价结果也不同。没有参加评价活动的人，并不完全了解评价目的，不了解如何合理使用评价结果，而是依据自己的需要去判断评价结果的合理性，也造成对评价结果的不同看法。三是由于个人情感因素。每个人都希望某个评价客体获得与自己的认识较一致的某种评价结果，当期望未实现时，就产生对评价结果的不认可。这就是价值判断主观性的表现。本质上，价值判断是评价主体认识和判断价值关系的一个标准，与评价主体自身的心理背景系统、认知图式和价值取向等密切相关。每个评价主体的价值判断都不尽相同，因而其价值尺度的主观性是绝对的。

二、一般的评价准则

一般来说，论文的意义大小和等级优劣，可以从研究的意义与研究的质量两个方面展开评价。

（一）从研究的意义角度评价

研究的意义可以分为理论意义和实践意义两个层次。

从理论意义评价，主要考虑该研究对教育理论知识本身的贡献，比如是否对传统理论观点进行了发展、补充和深化，是否提出了全新的问题，是否树立了新思想、新理论，研究方法和研究技术是否有新的突破，是否填补了学科某领域的空白等。

从实践意义评价，主要考虑该研究成果是否对教育的实践和发展发挥了一定的现实作用，是否对解决某些教育实际问题提出了科学的建议、方案和方法，是否为政府教育行政部门和教育教学单位提供认识某一教育问题的理论观点，研究成果在现实教育中有无推广价值等。

需要引起注意的是，因为教育是一个复杂的系统，在很多情况下，研究成果的意义和价值要经过相当长一段时间的反复检验、实践才能体现出来。这就要求评价时也要考虑该研究的潜在发展性意义。

（二）从研究的质量角度评价

从研究的质量角度进行评价，主要是从表达形式和各个部分的内容上进行评价。从研究的质量上评价论文应注重研究内容的系统完整和表达形式的规范。评价时可以参考以下角度及要求。

（1）篇名与摘要，评价角度如下：

①题目表述是否清晰、简明、规范、准确？

②题目是否能够揭示文章主题？

③摘要是否能准确反映全文的概貌？

④关键词是否恰当、准确？

（2）研究问题，评价角度如下：

①研究问题是否“可以研究”？

②该问题是否具有新意？表述是否清楚？

③是否提供了研究的背景资料？

④研究范围的限定是否适当？

⑤是否讨论了研究的意义和重要性？

⑥与问题有关的重要名词术语有无界定？

⑦研究变量、研究假设是否清晰、易于理解？

⑧假设是否可以进行验证？

（3）文献综述，评价角度如下：

①文献综述是否与研究问题存在直接关系？

②文献综述的叙述结构是否条理清晰、易于理解？

③文献是否能满足研究的需要？

④引用的文献是否权威、有代表性？

⑤与文献综述相比，能否看到研究的创新之处？

（4）研究方法与设计，评价角度如下：

①研究方法是否存在理论依据？

②研究方法的选择是否符合研究问题的需要？

③对研究方法有无充分的描述？

④抽样是否恰当？样本容量是否合理？

⑤对研究被试情境或环境等特征是否做出说明？

⑥研究的步骤是否合理？

⑦测量工具是否可靠？

⑧对无关变量是否作了适当的控制？

⑨对有关变量是否作了操作性定义？

⑩统计和分析的方法是否恰当、精细？

⑪与文献综述中的同类研究相比，方法上是否有所改进？

（5）研究结果，评价角度如下：

①提出的结果是否清晰？

②研究结果是否客观、可靠？

③论证的依据是否合理？

④统计图表的使用是否恰当、有效？

⑤统计分析是否得当？

⑥是否对统计结果作了合理解释？

（6）讨论，评价角度如下：

①讨论是否联系研究问题和假设？

②分析是否合乎逻辑，是否客观？

③与文献综述中的相关研究相比是否有新的突破?

④是否指出了研究的局限性?

⑤是否揭示了研究结果对理论和实践的贡献?

(7)结论与建议，评价角度如下:

①研究结论是否依据研究资料和研究结果得出?

②论据是否充分?推论是否合理?

③研究结论是否简明、易于理解?

④研究结论是否能进一步验证?

⑤研究建议是否反思了研究的不足之处?

⑥是否指出今后的研究方向?

(8)附录和参考文献，评价角度如下:

①附录格式是否规范?

②参考文献是否可靠?

③是否包含了所有引用的资料?

评价一篇论文，一般应该从该研究的课题和研究成果的意义出发，结合研究报告撰写的规范性、结构的安排、分析的深度以及行文的表达等方面来综合评定其质量。需要说明的是，对它们的评价并无绝对标准。本节介绍的质量评价标准，只是提供一种评价的思路。

三、特定方法的评价准则

研究方法是否恰当与使用方法规范与否，很大程度上决定了研究成果的价值高低。对采用了不同研究方法的论文进行评价，主要应该针对其特定研究方法展开评价。以下对几种特定研究方法的评价准则做一些提示，以供参考。

（一）历史研究法

历史研究法，评价角度如下：

①资料收集的途径和方法是否合适？

②与问题有关的资料来源是否可靠？

③资料是否具有代表意义？

④每项资料是否经过外在鉴定？

⑤每项资料是否经过内在鉴定？

⑥资料的研究探讨过程是否有详细记录？

（二）教育观察法

教育观察法，评价角度如下：

①观察的变量是否加以界定？

②观察者在某一时段是否需观察一种以上的行为？

③有无使用编码的记录工具？

④观察者的资格与特殊的训练有无描述？

⑤是否报告观察者信度的层次？

⑥观察者信度的层次够高吗？

⑦是否讨论观察者与受观察者可能的偏差？

⑧是否使用非强制性测量？

（三）教育调查法

教育调查法，评价角度如下：

①有无对问卷效度的描述？

②问卷是否做过试测？

③是否描述试验性研究的程序与结果？

④对问卷应答者的填写说明是否清楚？

⑤问卷的每个题目是否都与研究中的特定目标有关？

⑥每个问卷题目是否具有参照点？

⑦问卷是否避免引导性的问题？

⑧每个问卷题目是否有足够的替代性题目？

⑨问卷附送的信函或指导语中是否解释研究的重要性问题？

⑩问卷附送的信函或指导语中是否为可能的应答者提供合作的好理由？

⑪附送的信函或指导语中是否为答案提供保密的保证？

⑫是否描述追踪的活动？

⑬访谈程序是否曾经做过预试？

⑭试验性研究的程序与结果有无描述？

⑮访谈提纲中的每个题目与研究的特定目标是否有关？

⑯访谈提纲中的题目有无参照点？

⑰访谈提纲中是否避免使用引导性问题？

⑱访谈者的资料与特殊的训练是否作了描述？

⑲是否描述记录的方法？

⑳有无更可靠的、不致产生偏差的记录反应的方法？

㉑对半结构与无结构题目的反应应如何进行量化与分析？

（四）教育测量法

教育测量法，评价角度如下：

①测量的对象是否加以界定?

②测量的理论假设是否科学?

③测量工具和量表的选择与测量对象的特性是否一致?

④测量是否有明确的参照点?

⑤测量过程是否标准?内容、命题、施测、评分是否标准化?是否建立常模?

⑥是否合理选择测验题目及类型?

⑦是否对测验的各个题目进行项目分析,从而提高测验的信度和效度?

⑧测验项目的难易程度是否合理?

⑨题目区分度和难度之间的关系是否适当?

⑩测验的系统误差是否在可控范围内?

⑪被试的主观状态和评分者的主观因素有无详细描述?是否得到控制?

⑫测量结果是否具有相对稳定性?能否重复检验?

⑬有无对行为相关关系的描述?

⑭结果是否为顺序关系?属于等级测量还是顺序测量?

(五)教育实验法

教育实验法,评价角度如下:

①实验设计是否合理?

②实验设计是否有依据?

③是否确认影响效度的因素并且加以探讨?

④形成各组的方法是否有描述?

⑤实验组与控制组的形成方式是否相同？

⑥使用现成的组还是另外随机编组？

⑦实验组和控制组是否为随机分派？

⑧是否确认无关变量？

⑨是否采取控制程序，使各组的无关变量趋于相同？

⑩是否有反应性安排（如霍桑效应）的存在？

（六）教育行动研究

教育行动研究，评价角度如下：

①研究是否有助于解决实际问题？

②研究问题有无价值？

③研究是否具有理论依据？

④研究是否有助于提高教师的行动质量？

⑤研究的主体是否是一线教育工作者？

⑥是否具有群体性、合作性、协同性？

⑦研究方式是否强调教师与专家结合？

⑧样本选择是否合适？

⑨样本个性是否明显？

⑩是否强调研究者的自我反思和批判？

⑪研究方法是否具有兼容性？

⑫研究方法是否定性与定量结合？

⑬研究程序是否呈螺旋式上升？

⑭结论是否具备推广性？

（七）教育叙事研究

教育叙事研究，评价角度如下：

①研究的焦点、目标或主题叙述是否清楚？

②有无触及研究焦点的情境或问题？

③文献探讨与研究焦点是否切合？

④是否描述特定的场所，以确认其独特性和代表性？

⑤一开始如何进入已确立的田野？

⑥出现在田野的研究者如何向他人解释？研究者的角色是什么？

⑦是否承认本设计的限制？

⑧有无清晰地提出不同参与者的观点？参与者的话或评述是否被引用？

⑨是否提供参与者叙述的脉络资料？

⑩研究者个人的信念与资料是否清楚区分？

⑪对叙事材料的诠释是否合理？

⑫研究者先入为主的观念与偏见是否获得探讨？

⑬研究者是否反思研究的缺失？

本章总结

本章分四节来阐述教育哲学研究。第一节为教育哲学研究概述，介绍了教育哲学的定义与功能；第二节为教育哲学研究的论证方法，介绍了两种基本研究方法，即演绎逻辑方法和归纳逻辑方法，以及两种现代研究方法，即概念分析法和现象学方法；第三节为教育哲学研究论文的结构，先介绍了论文的一般结构，再介绍了教育哲学研究论文的基本结构，使读者对其有一个详细的了解；第四节为教育哲学研究论文的评价，不仅提及了价值判断及其特性，还介绍了论文的一般评价准则和特定方法的评价准则。

推荐阅读材料

1. 冯建军等：《共和国教育学 70 年（教育哲学卷）》，北京师范大学出版社，2020 年。

2. 郝文武：《教育哲学研究》，教育科学出版社，2009 年。

3. 刘易斯·科恩等：《教育研究方法》，华东师范大学出版社，程亮等译，2015 年。

4. 刘良华：《教育研究方法（第三版）》，华东师范大学出版社，2021 年。

5.《教育哲学》编写组编：《教育哲学》，高等教育出版社，2019 年。

6. 宋新芳，刘成新：《现象学教育研究方法探析》，《现代教育技术》，2006 年第 6 期。

7. 宋新芳，李芃：《现象学教育研究方法与教师专业发展》，《现代教育技术》，2008 年第 4 期。

8. 彼得·吉布森：《哲学是什么》，中信出版社，孔孔译，2021 年。

第七章　如何做教育调查研究

调查研究是历史最为悠久的一种研究方法，也是现在使用最为广泛的一种研究方法。近一个世纪以来，它在教育研究领域得到广泛运用，并取得了很大进步。教育调查研究是一种有目的、有计划、有系统的研究活动，其理论基础是实证主义哲学。根据研究课题的性质，教育调查研究可以分为现状调查、相关调查、原因调查、跟踪调查。新教师从事教育调查研究有严格的研究过程，一般包括明确调查课题、明确调查对象、选择调查方法、编制和选用调查工具、拟订调查计划、实施调查、处理调查材料及数据、撰写调查报告。另外，本章还会呈现教育研究调查方法的相关内容。

第一节　教育调查研究概述

一、教育调查研究的定义

在教育研究中，调查作为一种收集、处理教育信息的基本方法，具有越来越重要的作用。教育研究人员必须学会和掌握教育调查研究的方法，以提高自己的研究能力。教育调查研究是在定量研究和定性研究中都被广泛运用的一种研究方法，它是通过对教育事实的考察、现状的了解、材料的收集来认识教育问题或探讨教育现象之间联系而采取的有目的、有计划、有系统的研究方法。

二、教育调查研究的类型

从不同角度看，教育调查研究有多种分类标准。根据研究课题的性质，教育调查研究可以分为现状调查、相关调查、原因调查、跟踪调查。

（一）现状调查

现状调查旨在了解研究对象的现实状态和教育现象的真实情况，探寻某类现象的基本特征，发现其中存在的问题，为今后改进教育教学工作提供依据等，如全国未成年人家庭教育状况抽样调查报告①、中学生消费心理调查、某地区教师心理健康状况调查等。这类调查是最基本的调查，难度小、层次低，但实用价值高，主要回答“是什么”的问题。

（二）相关调查

相关调查旨在探讨两个变量相互联系的性质和程度。相关调查首先要获取两个变量的数据资料，然后计算其相关系数，再根据相关系

---

① 全国妇联儿童工作部．全国家庭教育调查报告［M］．北京：社会科学文献出版社，2011：1－42．

数的值来判断两个变量之间存在的关系，以便探讨解决问题的方法，如中小学生的心理压力及影响因素调查：2018—2019①；小学生语文阅读能力与写作水平相关性的调查；等等。这类调查难度很大，主要回答“是否有关系”“有什么关系”的问题。

（三）原因调查

原因调查旨在探讨某种问题或现象的形成原因，如中小学生近视原因调查、农村学生流失的原因调查等。原因调查可将与研究内容有关的可能因素罗列出来，然后核实筛选；也可调查两组不同对象，对调查资料分组整理、比较，找出不同的原因。但是仅凭调查的结果还不足以说明因果关系，要确证因果关系还需其他研究方法的配合、辅证。这类调查主要回答“为什么”的问题。

（四）跟踪调查

跟踪调查旨在探讨某种现象或问题随时间推移而发展变化的情况。如果研究的目的在于了解改变，就有必要进行跟踪调查。例如，了解学生的态度、信仰、行为是否随时间而有所改变。这类调查主要回答“是否发生了变化”和“发生了什么变化”的问题。

根据调查的目的，教育调查研究还可分为描述性调查、探索性调查、预测性调查、评价性调查。按取样范围的不同，教育调查研究也可分为全面调查、典型调查、抽样调查。调查的具体方法可分为问卷

---

① 吴贤华，张和平，刘永存，等．基础教育调查报告：学生、家长和教师的心理压力及影响因素：2018—2019［M］．长春：吉林大学出版社，2020：8－46.

法、访谈法、预测法、测验法、个案法、投射法等。总之，研究者需要根据研究的问题和目的来选择合适的调查类型。

三、教育调查研究的步骤和要求

（一）教育调查研究的步骤

通常而言，教育调查研究从明确调查课题开始，至撰写调查报告结束，共包括八个阶段。

1．明确调查课题

教育工作中充满各种矛盾，存在各种问题，可以调查的东西很多。但我们不可能调查所有的问题，只能选择其中的某些问题进行调查。至于选择什么问题作为教育调查的课题，可以考虑“新”“热”“实”这几个因素。所谓“新”，即选题应把握教育发展的新形式、新成果以及存在的新问题，把握新生事物，角度应有新意；所谓“热”，是指选题应关注社会生活、教育实践或教育研究领域的争鸣话题、热点问题，以事实为证，分析推理，寻找解决问题的答案；所谓“实”，是指选题要考虑调查者的实际条件，量力而行，忌不切实际，选题不应太大。

当我们对某一问题进行调查，这一问题就成了调查的课题。调查课题必须清晰明确，否则调查就无从下手，或陷入混乱。明确课题常用的方法是逐步界定范围，即研究者从一个模糊的意向范围入手，不断地改变或增加限定词，直至认为范围已经明确为止。例如，研究者想要研究一个有关学生学习负担情况的问题，其明确课题的过程如下：

第一步：学生学习负担情况调查。

第二步：学生课业负担情况调查。

第三步：小学生课业负担情况调查。

第四步：城市小学生课业负担情况调查。

随着限定词的改变和增多，研究的内容也不断明确。上例中，当到第四步时，可以说确定了一个调查研究的课题。如果研究者想要研究得更具体一些，还可以进一步限定。

2．明确调查对象

明确调查课题之后，接着应对调查的对象进行限定。调查对象主要由调查的课题决定。例如上述的研究课题，调查的对象是城市小学生，不包含农村学生，也不包含城市中学生。如果调查研究的人力和财力充足，那么可以在全国范围内选择若干城市的若干小学进行调查，从而全面了解一般状况；如果条件不允许，研究者可能会觉得原先确定的课题还需进一步确定，从而使调查研究更加切实可行。比如，可以将"城市"进一步限定为"北京市"，这样调查对象就更好确定了。

3．选择调查方法

不同的调查课题应采用不同的调查方式。访谈调查和问卷调查是最常用的两种调查方法。这两种方法的特点与适用范围各不相同。一般来说，问卷调查适应面广，既适合大样本的调查，也适合小样本的调查；而访谈调查只适合小样本的调查。问卷调查一般采用不记名方式进行，调查对象不用担心别人知道自己答题的情况，因此相对于访谈调查来说，问卷调查更容易获得真实的资料。但是由于问卷调查采用的是事先编制好的问卷，其灵活性较低，可能无法了解调查对象的一些具体想法；而访谈调查较为灵活，其进程由调查者掌握，可以根据访谈的实际情况及时调整，以便掌握最新的情况和材料。研究者应根据课题选用适当的调查方式。

4. 编制和选用调查工具

确定调查方法以后，应编制和选用相应的调查工具。访谈调查要有访谈提纲，问卷调查要有调查问卷。如果研究课题已有较成熟的相关调查工具，可以直接选用；若无，则需要研究者进行编制。

5. 拟订调查计划

调查研究往往通过团队合作的方式进行。为使参与课题研究的成员都能准确无误地开展调查研究活动，应拟订一个详细的调查计划。调查计划是对调查研究工作及其过程所做的具体规划和安排，其目的是确保调查研究工作有计划、系统地进行，以提高研究工作的实效。

调查计划主要包括以下内容：调查的目的和意义；调查对象的总体、样本数量及抽样的方法；调查中使用的方法、手段及工具的说明；调查工作的步骤及日程安排；调查的组织、领导、人员分工以及调查人员的培训；调查资料的汇总方式、分析处理方法；调查报告撰写及其完成时间；调查经费的使用安排；等等。

6. 实施调查

实施调查是指按照调查计划开展调查活动，即运用调查工具对调查对象进行调查并搜集资料。这是整个调查工作的中心环节，它直接关系调查资料的丰富程度、可靠程度和可分析程度，从而决定了整个调查工作的质量。实施调查应严格按照调查提纲的规定进行操作，避免随意性，力争使调查材料具有真实性、客观性和典型性。

7. 处理调查材料及数据

通过调查得到的材料可分为两种类型：第一种是文字型材料，第二种是数字型材料。无论属于哪种类型，收集来的原始资料往往都是零散的、杂乱无章的，研究者应对其进行汇总和分类处理。对于文字型材料，要进行合理而全面的概括，行文简洁，内容周全。对于数字型材料，应进行计算、观察和分析，掌握数量特征和数量变化，并以直观的形式（如统计图表）来表示，让人一目了然。

经过定性分析与定量计算处理，研究者可以对调查课题确定的研究项目逐一进行比较、推断，得出结论。

8. 撰写调查报告

调查研究的最后一步是撰写调查报告。调查报告是以文字形式反映调查研究的过程和结果。一般而言，调查报告应就研究背景，选题价值，调查工具、方法、对象、过程、结果，提出的有关对策和建议等做出交代。写调查报告时，观点和结论要从材料中得出，要用材料说明观点和结论，切忌主观性、片面性、随意性。如中国教育科学研究院通过构建科学可靠的方法模型，在31个省、区、市建立教育调研联盟，全国开展基础教育、中等职业教育和高等教育满意度调查工作，获得了全国各地区、各个教育阶段、不同的教育参与主体对教育的满意度情况，形成了全国教育满意度调查报告。[①]

（二）教育调查研究的基本要求

1. 对调查者基本素质的要求

其一，调查者要为人正直、谦虚、诚恳，待人热情，能关心、理解、尊重人，富有同情心，仪态端庄大方，避免生硬、苛求和盛气凌

---

① 中国教育科学研究院．办好人民满意的教育：全国教育满意度调查报告［M］．北京：教育科学出版社，2019：1－82.

人；其二，教育思想端正，具有正确的教育观、人才观、学生观，教育方法正确、知识渊博、视野开阔、经验丰富；其三，具有组织座谈会和访谈的领导能力、记录能力和交往应对能力。

2. 对调查者的工作要求

其一，调查者要能够透彻了解调查的目标和计划，熟悉问卷、量表及有关资料，以认真负责的态度实施调查研究计划；其二，遵守教育调查的工作（职业）道德和伦理，如避免不必要的打扰，尊重被调查人的人格、隐私权，尊重被调查人的保密要求，不刺激和欺骗被调查者，不因个人嗜好或暂时兴趣而打探被调查者的隐私；其三，完整、客观地运用调查材料，不断章取义、穿凿附会，不假借别人之口说自己要说的话。

3. 影响调查工作的若干因素

为了保证教育调查工作的顺利进行，必须注意影响调查工作的若干因素。

（1）地点与环境因素。选择进行调查的地点与环境，要避免对被调查者的回答产生直接的影响。如在进行访谈或座谈的过程中，一定要回避第三者或调查对象的直接领导者，以免对被调查者产生不必要的影响。

（2）性别与年龄因素。在调查过程中，性别上的差异往往会引起拘束。一般来说，同性之间较容易建立非正式关系；年轻的调查者一般不宜采访年龄稍大的被调查对象；题目比较严肃和重要的调查，最好选派年龄稍大的调查者进行。

（3）调查记录因素。调查者的记录方法必须因题、因人而异。根据不同的题目与调查对象，采取不同的记录方法，无论是采取笔录、录音机记录还是记忆追录，都应避免带有诱导性。

（4）人际地位因素。调查对象的职业、文化素养、个性特点、社会地位都有不同。因此，调查者除了在外貌、服饰和风度上要加以注意外，还要特别注意使调查者与被调查者间的社会地位与职业因素较为接近，以便增加彼此间的信任，形成一种共同探讨、研究的气氛。

第二节 量的调查研究

一、测量研究法

教育测量研究法是根据测量学的原理和方法对教育现象及其属性进行数量化研究的方法，通常用于测量教育过程中学生的学习成绩、学习能力和个性特征等。教育测量量表的编制是整个教育测量过程的关键，它需要在明确测量目的的基础上，选择恰当的测量题型，用科学的方式进行设计与编制，使量表能够有效地测量出研究问题所需考察的项目。衡量教育测量研究质量的是信度、效度、难度和区分度四个质量指标。

（一）测量的定义及要素

1. 测量的定义

一般认为，测量是指根据某种或某些法则对人或物的属性进行数量化的研究。从字面上看，此定义包含了三方面的特性：法则、人或物的属性、数量。

（1）法则。这是测量的标准，也就是测量的依据和准则，即我们根据什么来进行测量。例如，用天平衡量物体的质量，依据的是杠杆原理；用温度计量体温，依据的是物体热胀冷缩的原理。“法则”是测量需具备的最重要的特性，对于同一个测量对象按照不同的法则实施测量，其结果是不一样的。

法则有好坏之分。使用好的法则可以得到比较理想的测量结果，而使用较差的法则只能导致不准确的测量结果。要寻找和建立较好的测量法则是一件极为困难的事情。有些事物的属性相对简单一些，建立法则可能容易一些；而有些事物的属性可能较为复杂和多变，这就给我们的测量带来了很大的困难。

（2）人或物的属性。这是测量的对象，也就是对什么进行测量，更明确地说，就是引起我们兴趣的事物的属性或特征。不同的事物，其属性也是不同的。所测量的事物是否具有一致性，这是影响测量结果是否精确的一个重要原因。人或物的属性一般有心理属性和物理属性，相对而言，心理属性的测量要困难得多。

（3）数量。这是测量结果的表现形式。测量的结果必须以数量的形式表现出来，这是区别定量与定性评价的一个标志。很多时候数量具有自然数的特点，如区分性、序列性或等级性、等距性和可加性。数的这些性质，是我们进行运算的基础。

2. 测量的要素

不管是物理属性的测量，还是心理属性的测量，都必须具备以下三个要素。

（1）单位。单位是我们用于计算的标准，如测量物体的质量可用吨、千克、克等单位表示，测量物体的长度可用千米、米、分米、厘米、毫米等单位表示，测量学业成绩可用分数的“分”作单位。单位是测量的基本要求，没有单位就无法测量。

理想的单位必须具备两个条件：一是要有确定的意义，即对同一单位，所有人的理解意义要相同，不能出现不同的解释；二是要有相等的价值，即相邻两个单位点之间的差别总是相等的。

物理测量的单位是比较明确的。但教育测量的单位一般来说是相对的：一方面，它的意义比较模糊。例如，对原始分数而言，每一个“1分”在人们心目中的含义是不同的。另一方面，相同单位不等值，如数学的“1分”不一定等于语文的“1分”（因为很难保证两科的难度完全相等），即使同一次考试的“1分”也不一定完全等值，如选择题的“1分”就不等于填空题的“1分”。因此，一般而言，教育测量的单位是不能直接加减的。

（2）参照点。参照点是计算的起点，参照点不统一，量数所代表的意义就不同，测量的结果就无法进行比较。参照点一般有两种：绝对的零点和相对的零点。绝对的零点里面，“0”表示“没有”的意思，如“0米”就表示没有长度；相对零点里面，“0”不一定表示没有，如温度的“0摄氏度”就不是表示没有温度，而是表示零上与零下的交界点。教育测量的参照点一般是相对的，“0分”并不表示被试对这门学科“一无所知”（可能知道但没有考），得分即使不是“0分”，被试也可能是真正意义上的“一无所知”（被试可以通过猜测得分）。

（3）量表。量表一般是指测量的工具，它是具有一定单位和参照点的连续体，如尺子是度量长短的量表，天平是权衡质量的量表。教育测量中所使用的量表多以文字试题的形式出现，也有以图形、符号、操作要求的形式出现。

由于制定量表的单位和参照点不同，量表的种类也不同。不同量表的精确度是不一样的。将测量从低级到高级排列，则可分为四种测量水平，即类别量表水平、等级量表水平、等距量表水平、比率量表水平。

（二）量表的编制

科学的测量量表是教育测量研究法的关键，它的编制也有一套既定的步骤。每一个题目的设计都需要经过仔细的推敲和考虑，以求能够通过量表充分获取研究所需的资料。

1. 测量目标的确定

测量目标是测量编制者所要达到的某种具体的目的，它明确规定测量所要达到的预期结果或标准。测量的目标是编制测量的出发点和依据。

测量目标的确定以教育目标分类理论为基础。自 20 世纪 50 年代以来，许多学者提出了各种不同的教育目标分类理论。其中，布卢姆的教育目标分类理论是开创性的，在国际上的影响最大。

（1）布卢姆的教育目标分类法。

美国著名的教育家布卢姆于 1948 年开始致力教育目标的分类研究，1956 年公布了认知领域的目标分类体系，把认知领域分为知识、理解、应用、分析、综合和评价六类。布卢姆的教育目标分类法一直被认为是测量目标分类的依据。

①知识：主要指记忆知识，对学过的知识和有关材料的识别和再现。这一目标要求学生做到确认、定义、配对、指出名称、选择、默写、背诵、描述、标明、列举和说明等。

②理解：主要指对知识的掌握，能抓住事物的实质，把握材料的意义和中心思想。这一目标要求学生能做到了解事实与原理，解释文字资料，解释图表，将文字资料转译为另一种资料形式，验证方法与过程，对所学的内容进行概述，举例说明所学过的问题等。

③应用：指把所学过的知识应用于新情境。这一目标要求学生做到表现、列举、计算、设计、示范、运用、操作、解答实际问题等。如应用几何知识测量土地面积，应用意识对物质有能动的反作用原理去论述精神文明建设的重大意义，运用学过的知识去解答实际问题，制作图表，设计模型，正确使用表现手法与过程等。

④分析：指将知识进行分解，找出组成的要素，并分析其相互间的关系及组成原理。这一目标要求学生能对事物进行具体分析、图示、叙述理由、举例说明、区别、指明、分开、再分，认出在推理上的逻辑错误，区别真正事实与推理，判断事实材料的相关性。例如，划分文章段落、写出段意及找出中心思想等。

⑤综合：与分析相反，它是指把各个元素或部分组成新的整体。理解、应用和分析虽然也有将部分组合与重建的意思，但没有综合这样完整，综合更具独创性。这一目标要求学生能做到联合、组成、创造、计划、归纳、重建、重新安排、总结等。例如，写出一份结构完整的论文提纲、提出一份系统的实验计划或方案等。

⑥评价：指根据一定的标准对事物给予价值的判断。这一目标要求学生能做到比较分析、评价效果、分辨好坏、指出价值。例如，判断文艺作品成败之处、判断事件的真伪、判断一个调查的科学价值、判断某一实验结果的价值、判断解决问题的过程与方法的好坏等。

上述六类目标是有层次、有顺序的，知识是最低层次，是最基本的要求。评价为认知领域的最高层次，是前面五种目标的综合，并增加了价值标准。这六类目标，由简单到复杂、由低级到高级依次排列，组成层次结构。

（2）确定测量目标应注意的问题。

其一，深入分析课程教学目标。在确定测量目标时，应在深入研究并理解课程教学目标的基础上进行，做到测量的目标与教学目标或学习目标（行为目标）相一致。教学目标是指教学活动预期达到的标准，它是进一步具体化的教育目的。教学目标是一个多层次的目标体系，各门课程可设计出总的教学目标（课程目标），根据课程教学目标，再依次设计出单元教学目标、课时教学目标和知识点教学目标。学习目标是教学设计中一种更具体的、可观察的教学目标，亦称行为目标，是对学习者通过教学以后能做什么的一种明确的、具体的表述。它主要描述学生通过学习以后预期产生的行为变化。例如，“通过本课学习，学生应能熟练使用加速度计算公式”，这就是某节物理课的学习目标之一。

其二，正确选择目标领域及其类目。这个问题实质上是指不同的学科应确立什么样的测量目标，要根据社会要求和学科课程的性质去确定，学科性质不同，着眼点也不同。例如，语文、数学、物理、英语、化学、地理、历史、政治等课程，应以认知领域的测量目标为主。这些课程的开设是为了使这些学科知识代代相传，以使人们的心智不断发展。学习这些课程，应达到掌握知识、强化记忆、发展思维力和想象力等认知方面的目的，即其目标领域主要是认知领域。但体育、舞蹈、劳作、技艺（手工）、家政等课程的知识和智力水平通常反映在动作技能上，这些课程的基本内容也是动作技能，因而这些课程的测量目标应以动作技能领域为主。任何社会对人的发展都有“态度”上的要求，学生学习任何学科都需要借助情感、动机、意志等非认知因素，即“态度”因素，这些因素对学生的知识掌握、技能形成、智力和能力发展起着催化作用，所以，无论哪一学科的测量都应重视态度领域的目标。至于每一学科的测量如何兼顾态度领域目标，亟待人们进一步探讨。

2. 测量题型的确定

量表的编制是在确定测量目标、选定测量题型和分析测量内容的基础上进行的。测量题型的确定是量表编制的重要环节。

（1）测量题型的分类。测量题型可分为两大类：一类是封闭式题型，另一类是开放式题型。封闭式题型的答案是固定的，十分明确，评分客观、可靠。封闭式题型又可分为选择型和提供型。选择型的要求略低于提供型，前者只要求再认，而后者则要求再现。选择型包括是非题、配对题、选择题等。提供型包括填空题、改错题、名词解释题、简答题。开放式题型没有固定的正确答案，由评卷者掌握，不能用机器阅卷。开放式题型包括计算题、证明题、论述题、写作题、设计题、翻译题等。

（2）常用的题型。常用的题型有是非题、选择题、填空题、改错题、名词解释题、简答题、计算题、论述题等，具体内容如下。

①是非题。它由一个陈述句构成，要求学生判断真或假、是或非、对或错等。其答案只有两种可能。它的主要功能是测量学生判断陈述句的正确性的能力。这些陈述句包括事实、术语的定义、原理的表述等。是非题的优点是较易编写，适用于各学科测量，记分客观，取样范围较广，但它不适用于测量较高层次的学习结果，学生答题猜测可

能性较大。

②选择题。选择题是由一个“题干”和几个“选项”所组成的试题，其作用是迷惑学生，测量学生对问题的理解、再认、比较与辨别的能力，以及思维的敏捷性和推断的准确性。选择题一般又可分为单项选择题和多项选择题。

单项选择题是一道试题中有几个可供选择的答案，要求考生只能从中选择一个答案，这种试题又可分为正误式和比较式两种；多项选择题是一道题有两个及两个以上的正确答案，要求考生选择两项或两项以上的正确答案，全选对才得满分，否则为零分。选择题评分客观、准确、省时；但是命题费时，不适宜测量学生的组织知识能力和表达能力。

③填空题。填空题的一般形式是提供一个留有空隙的不完整的陈述句，要求考生将空缺处填写完整。其主要功能是测量学生的记忆能力。

④改错题。改错题是提供有错误的陈述句，要求考生标识出句子错误的部分，并进行改正。这种题型的作用是测量学生的判断能力、记忆能力和理解能力，试题容易编制，可避免学生乱猜。但如果没有对改错做出必要的要求和限定，则会造成正确答案无法统一的情况。

⑤名词解释题。名词解释题是提供重要的名词或概念，要求考生做出正确的解释。这种试题的主要作用是测量学生对一些重要术语、概念的掌握情况。命题简单，但容易导致学生死记硬背。

⑥简答题。简答题是提供问题，要求考生做出简要回答，它常常由一个直接问句或不完全叙述句构成。它的主要功能是测量考生对重要知识的记忆程度，适用于对一般知识层次学习结果的测量，有时也

可测量考生解决问题的能力。其优点是命题容易、不受猜测的影响，缺点是不能测量较复杂的学习结果和较高深层次的知识水平。

⑦计算题。计算题是在试题中提供计算条件，提出计算要求，要求考生计算结果，有时还要求做出解答。通常把求值、求解或化简作为目标，而且解答过程以计算为主。这种试题的主要作用是测量考生解决问题的思维能力以及对运算技巧的掌握程度，评分客观准确，但命题较难。

⑧论述题。论述题是向考生提出较为复杂的问题，要求分析、说明、解释、论证，或得出结论，或提出自己的观点和见解。这种试题的主要作用是测量考生组织知识、表达思维和分析问题、解决问题的能力。它使考生有较多的独立思考、自由发挥的机会，但评分主观因素较多。

各种题型各有其测量目标、功能及局限性，它们之间可以互相配合、互相补充。然而，编制一套试题究竟需要用哪几种题型？每种题型出多少道题？这要根据测量的目标、各种题型的特点和功能、测量内容的特点、考生的情况、测量的时间等情况灵活确定。

3. 命题设计

当确定了测量的目标与测量的题型以后，接着便是命题设计。一般采用命题的双向细目表进行。

命题双向细目表是设计试卷的蓝图。它使命题工作避免盲目性，从而具有计划性，使命题者明确测量的目标，把握试题的比例与分量，提高命题的效率和质量，同时，它对于审查试题的效度也有重要的指导意义。

命题双向细目表是包括两个维度（双向）的表格，如表 7-1 所示。表中的内容是各个内容在相应测量目标上的权重，权重的确定请参阅有关教育评价方面的书籍。

表 7－1　反映测量内容与测量目标关系的双向细目表

测量内容	测量目标						
	知识	理解	应用	分析	综合	评价	合计
内容 1							
内容 2							
内容 3							
……							
合计							

4．试题的编制

试题的编制是整个测量编制工作的关键环节。因为上述三个环节的工作最终必须落实到每一个具体试题的编制上。试题编制有以下要求：

（1）明确测量目标。要根据教学大纲的要求确定测量目标，应以测量学生的基本知识、基本理论和基本技能为主，注重考查学生分析问题和解决问题的能力以及理论知识应用能力和科学创造能力。

（2）题量尽可能大，试题的覆盖面尽量宽。测量是从课程全部内容中抽取部分样本考查应考者对本门课程的掌握情况，从课程中抽取的样本数量越大，试题越有代表性。因此，一般而言，题数多一点比题数少一点要好。为了确保测量题目的代表性，提高测量的内容效度，要扩大考查面，各章节、各方面的知识都要兼顾。同时，还要突出重点，加大重点内容题量和覆盖密度，做到试题的测量重点与课程教学的重点一致。

（3）掌握好试题的区分度和难度。试题的区分度尽可能大，应基本上能区分出考生的上、中、下三种水平。试题应把不同水平考生在相同知识点上掌握程度的差异区分出来。试题难度的掌握，大体上可分为较容易、适中、较难和最难四等。在一般情况下，较容易的试题占20%左右，适中和较难的试题各占30%，最难的试题约占20%。

（4）注意改进题型。一套试题的题型一般不应少于四种，分值比例要恰当，客观题约占60%，主观题约占40%，题型尽可能灵活多样，要灵活运用教材中已阐明的原理或公式，联系实际命题，以便考查学生了解和应用知识的能力。一道题，既可以测量一个知识点，也可以测量不同章节的几个知识点；对于测量同一个知识点，也可以从不同角度选用不同题型去编制试题。

（5）每道试题的编制都要讲究科学性。试题的内容要正确，不能出现知识性的错误。有争议的问题不要编入试题；文字表达明确、简练、规范、通顺，标点符号正确；图表清晰，计算条件充分；不能出现语法上或用词上的错误；试题的分值要合理；各题必须彼此独立，不出现相同或近似的试题，不要有相互暗示或相互启发的现象。

（6）制订标准答案、评分标准和评卷的具体要求。标准答案应具体明确，正确无误，答案各层次的分值要标明。试题赋分通常采用难度赋分法和时间赋分法，即试题难度较大，需花较长时间回答的，分值应大一点；反之，分值应小一点。对答案的评分标准也要加以说明。

（7）拼卷和检核。拼卷一般以题型为顺序，由易到难，由客观题到主观题，由短答案题到长答案题排列。检核的主要内容：①试题能否测量命题双向细目表中的各项目标和内容；②试题的表述是否明确、科学，分值是否合理；③试题的题型和编排是否合理；④难易程度是否适合；⑤试卷的长度与作答时间是否相符；⑥试题的标准答案是否正确、明确。

二、问卷调查法

问卷调查法是教育研究中常用的资料收集方法，已广泛应用于教育研究、教育心理学研究和社会调查等领域。

问卷调查法是调查者将事先设计好的问卷发放给被调查者，让其在规定的时间内回答，然后收回并进行汇总统计，以取得所需资料的一种调查方法。问卷是研究者按照一定研究目的编制，遵循一定的维度来设计的。对于被调查的问题，研究者可以不提供任何答案，也可以提供备选的答案，还可以对答案的选择设置某种要求。问卷调查从问卷设计开始，问卷的质量是决定调查研究的整体质量的重要基础[①]。

（一）问卷的构成

一份效度较高的问卷，必须问题具体、重点突出，使被调查者乐于合作，能准确地记录和反映被调查者回答的事实，而且便于调查结果的统计和整理。问卷通常以问题的形式出现，问题可以是开放型的也可以是封闭型的，可以询问基本信息也可以询问态度观点。问卷的一般结构包括标题、指导语、问题和答案选项、结束语。

1. 标题

标题即问卷的题目，是对整个问卷调查目的和内容的集中反映。

---

① 徐国兴. 问卷设计［M］. 上海：华东师范大学出版社，2020：1－52.

标题应该在问卷之首，字数不宜太多，要简洁明了，不能有歧义，应尽可能使调查对象通过阅读题目明白问卷要调查的主题，如“大学生恋爱观的调查问卷”。

2. 指导语

指导语是用来指导调查对象填写问卷的一组说明性文字，其作用是对填表的方法、要求、时间、注意事项等做一个总的说明，有时还要附一两个例题，以帮助调查对象更好地理解如何填写问卷。指导语一般包括：

（1）称呼，即对调查对象的称谓。如“尊敬的校长”或“同学们”或“尊敬的家长”等。

（2）敬语。如“您好”或“你们好”等。

（3）本研究或本调查的目的。如“本研究是关于教师职业倦怠情况的调查研究，仅作为本人学术研究的依据，所选的答案并无好坏优劣之分”。

（4）答谢词。如“谢谢合作”等。

3. 问题和答案选项

问题和答案选项是问卷的重点部分，也是问卷的主体部分。问题设计的质量、详略和难易程度直接关系着调查的结果和资料收集的质量。这部分内容将在下面详细阐述。

4. 结束语

结束语是问卷的最后一部分，一般有两种结束方式：一是以开放问题结束；二是以致谢结束，即再次感谢调查对象的合作。

（二）问卷的基本类型

根据研究目的和研究要求的不同，可以选择不同的问卷类型。问卷的类型很多，根据问卷问题和答案形式的不同，可分为以下两种。

1. 开放式问卷

开放式问卷也称自由叙述式问卷，在此类问卷中并不给调查对象提供任何答案，而是让其按自己的想法和观点用文字自由地回答。例如“你对学校教学改革的看法是______”。

2. 封闭式问卷

封闭式问卷也称结构式问卷，这类问卷事先限定了问题的答案，只允许在问卷所限制的范围内进行选择。封闭式问卷答案类型包括多重选择式、是否式、评定量表法、排序式等。

这两种问卷类型各有其优点和缺点，要根据研究的目的、任务和被调查者的特点选择使用。通常情况下，设计问卷以一种类型为主，辅之以其他类型。

（三）问卷的编制

问卷的编制是问卷调查中最关键的环节，直接关系研究结果的科学性，并在很大程度上决定着问卷的回收率和有效率。其中，主要部分是关于问题和答案的编制。

1. 问卷编制的原则

编制问卷时应遵循一些基本要求，从问卷设计的原则和标准出发，获得真正需要的信息，且信息真实可靠，才能保证调查研究的科学性。

在编制问卷时，应遵循以下几条原则：

（1）统一性原则。即问卷中的问题要与问卷题目统一，防止出现跑题现象。

（2）简洁性原则。问卷的长度要适中，语言简明，易于理解。

（3）科学性原则。问卷问题的设计要便于统计分析，从而得出科学的结论。

（4）理解性原则。问卷使用的语言要易于被不同的调查对象理解。

2．设计问卷的基本依据

（1）在问题设计上，根据课题的性质和研究问题的性质，选用不同的问卷形式。如果研究课题是为了了解现状，那么设计客观题型的封闭式问卷比较好，这样便于统计分析；如果研究课题是为了了解态度观点，那么用开放式问卷比较好，便于了解被调查者内心情绪的变化。

（2）在问卷用语上，针对文化程度高、理解力强、见识广的被调查者，问卷设计可以用术语或书面语较强的文字；针对文化程度低、理解力差、见识少的被调查者，问卷设计要尽可能口语化，语言的运用尽量和他们的日常用语相符。

（3）在问卷维度上，围绕研究问题和目的，把其解构成二级问题，在此基础上再解构成三级问题甚至四级问题，从而使问卷维度明确，减少离题的可能性。

3．编制问卷的基本程序

编制问卷通常遵循以下程序：

（1）明确研究目的，确定调查对象，根据研究目的和假设列举所要收集的资料，并考虑如何统计分析。

（2）针对调查的主题，划分问卷的维度，维度划分得越细，就越便于问题的提出。

（3）围绕主题和问卷维度草拟问题，列出标题和各部分具体项目，撰拟标题和对调查对象的指导语。

（4）征求有关人员及专家的意见，修订项目。

（5）试测。从总体中抽取一小部分为试测样本，以检查问卷表述的方式、项目、内容能否为调查对象所理解，并求出信度、效度。

（6）重新修订。根据试测结果，对项目内容、排列方式加以改进，然后打印。

至此，问卷的编制工作完成，可以按计划发放问卷，进行正式调查。

4. 问题和答案选项的编制

问题和答案选项的编制是问卷编制的核心部分，也是主要部分。其编制的质量高低直接关系着调查结果的质量高低。

（1）关于问题的编制。问题的编制涉及问题形式和问题内容的编制。

第一，问题的形式编制。问卷的问题形式一般有陈述句式、一般疑问句式、疑问句式和不完整句式。

①陈述句式。问题设计者列出自己的观点、看法或态度，如“我喜欢王老师”，让调查对象肯定或否定此观点。作答者可以选择“是”，也可以选择“否”。

②一般疑问句式。设计者以一般疑问句的形式来问调查对象，让调查对象选择一个符合自己意向的答案。例如“你经常阅读关于本专业的书籍吗?”作答者可以选“经常”，可以选“偶尔”，也可以选

“从来不读”。

③疑问句式。疑问句式的问题通常是开放性的，设计者并不给出具体选项，而是让调查对象根据问题和自己的实际情况来如实撰写答案。例如“你喜欢语文课的原因是什么?”

④不完整句式。设计者写出前半句话，句子的后半部分由作答者在备选的答案中选出最符合自己意向的选项。例如“你对自己目前的生活：A. 非常满意 B. 较满意 C. 无所谓 D. 有点不满意 E. 很不满意”。

第二，问题的内容编制。问题的设计一定要紧扣研究目的或研究问题，可以以问题树的方法提出问题，紧紧围绕研究问题这一树干来展开问题的设计。这样既能保证问卷的所有问题都围绕研究问题，不至于跑题，又能保证问题的全面性和高效度。

（2）关于答案选项的编制。针对不同的问题形式，常用的答案选项形式有以下几种：

第一，是否式。在给出的备选答案中只有两个选项，如以“是”与“否”、“赞同”与“不赞同”或者“喜欢”与“不喜欢”等形式出现。通常情况下，这种回答形式主要针对陈述式问题。例如“我喜欢王老师”，备选答案是“喜欢”和“不喜欢”或“是”和“否”。

第二，等级量表式或序列量表式。这种形式是由三个以上备选答案构成，按照程度的递增或递减来设计。在一份问卷中最好等级相同，答案都按递增或递减设计，这样便于事后的统计分析。

例如：①你认为自己的人际交往能力______。

A. 很强 B. 较强 C. 一般 D. 差 E. 很差

②从高中到大学的角色转变______。

A. 很快　B. 较快　C. 一般　D. 慢　E. 很慢

③你与舍友或同学之间的交往情况______。

A. 很好　B. 好　C. 一般　D. 差　E. 很差

第三，多选式。让调查对象从提供的互不矛盾的答案中选择一个或几个答案。

例如：你喜欢的科目有______。（最多选三项）

A. 语文　B. 数学　C. 外语　D. 生物　E. 地理　F. 历史　G. 化学　H. 物理

第四，排序式。要求调查对象按一定顺序将备选答案排序，如按照最喜欢到不喜欢的顺序排列或者按照重要程度从重要到不重要排列。

第五，填写式。主要是针对开放式问题，留出空白让调查对象在空白处填写自己的观点，如“你理想中的大学生活是__________。”

（四）问卷调查的实施

问卷调查的实施是问卷调查法的重要环节，是用问卷来收集研究所需要的各种数据、资料的过程。实施问卷调查的一般程序包括以下几个。

1. 选取被调查对象

如果是全面调查，应向所有对象发放问卷，如果是抽样调查，那么抽取的样本要具有代表性。

2. 发放问卷

可以直接面对面发放问卷，这样有助于解决现场出现的突发事件；也可以用邮寄的方式发放问卷，这样可以省时省力，但不利于解决现场问题，如调查对象对问卷中问题的理解等。

3. 回收问卷

面对面发放问卷可以直接回收，但如果是邮寄问卷，那么就要考虑回收率的问题。

影响问卷的回收率有多种因素，如调查对象的主观倾向，其在当时是否乐于合作；问卷本身的问题，如问题过多易使人疲乏（答卷时间一般控制在 20 ~ 30 分钟）；涉及个人情感、隐私；语言含糊、生硬、费解、有歧义；选项内容表述不清；没有“其他”选项；等等，这些都可能影响问卷的回收率。

4. 对问卷的处理与分析

问卷回收以后，为了保证研究的科学性和精确性，首先要对回收的问卷进行逐一审查，辨析其有效性，主要内容包括分类整理，淘汰无效问卷（不完整或不可靠）和进行编号、登记等，同时要统计有效问卷的回收率。在此基础上，对有效问卷进行统计分析，如进行 t 检验、方差分析、回归分析以及建立结构方程模型等。通常我们使用 SPSS 软件进行统计分析。

5. 总结阶段

撰写调查研究报告。

（五）问卷设计和调查的注意事项

1. 问卷设计时应注意的相关问题

（1）调查问题要紧紧围绕调查目的。

（2）注意调查样本的构成情况，也就是要考虑调查对象的实际状况。如调查对象的年龄、性别、身份、职业、文化程度等因素，这都是设计问卷时应当考虑的。在问卷的文字表述方面，一般来讲，文化程度高的调查对象理解专业术语会比文化程度低的调查对象更容易；在问题内容方面，相关专业人员和非专业人员的理解也有较大的差异。因此，虽然调查内容相同，但也应针对不同对象设计不同的问卷。

（3）设计问卷时还应该考虑资料处理和分析方法及问卷的使用方法等因素。因为不同的资料处理和分析方法，对问卷的设计有不同的要求。如果忽视这个因素，有时会影响调查结果，严重时还会使调查任务无法完成。

2. 问卷调查时应注意的相关问题

（1）与调查对象的沟通。问卷调查法虽然是通过问卷这一书面形式收集资料，但如果是面对面地发放问卷，那么有效的沟通有利于提高问卷的有效率，有助于为调查对象营造一个宽松、自由的作答环境。

（2）调查者的态度。在实施问卷调查时，调查者应与调查对象建立平等的关系。

（3）问卷发放方式的选择。一般情况下面对面亲自发放问卷最有效。

（六）问卷调查法的优点与局限性

问卷调查法是社会科学研究中常用的研究方法之一，它有着很多突出的优点，同时也存在着一些局限性。

1. 问卷调查法的优点

（1）节省时间、经费和人力。这是许多社会调查研究人员采用问卷法收集资料的主要原因之一。

（2）匿名性强，回答真实。当研究者采用自填问卷收集资料时，由于问卷不要求署名，填写时又可以保证无其他人在场，故可以大大减轻作答者的心理压力，有利于如实作答。

（3）所获得的资料便于进行处理和定量分析。问卷调查所得资料很容易转换成数字，便于输入计算机进行量化处理。

（4）可以避免主观偏见，减小人为误差。在问卷调查中，由于每个调查对象都是以同样的方式在大致相同的时间内拿到问卷，并且这些问卷在问题的表达、问题的先后次序、答案的类型、回答的方式等方面都是完全相同的，这样就能很好地避免由人为原因所造成的各种偏误，减少主观因素的影响，得到较为客观的资料。

2. 问卷调查法的局限性

（1）不能深入了解事情的原因，无法追问。

（2）回收率有时难以保证。问卷能否完成、能否收回，在很大程度上取决于调查对象。因此，当调查对象对该项调查的兴趣不大、态度不积极、责任心不强、合作精神不够时，或者由于时间、精力、能力等方面的限制无法完成问卷时，问卷的回收率特别是有效回收率就会受到影响。

（3）要求调查对象具有一定的文化水平。由于填写问卷的人首先必须能看懂问卷，能理解问题的含义，明白填答问卷的方法，因此，问卷调查客观上要求调查对象必须具有一定的文化程度。但是，现实社会中并不是所有的人都能达到这种文化程度。

（4）问卷调查收集的资料的质量常常得不到保证。这主要是因为，一方面，调查对象在填写问卷时，往往没有调查人员在场，尤其是当通过邮寄问卷的方式进行调查时，调查对象填写问卷的环境无法控制，故所得资料有时并不能真实地反映调查对象的情况。另一方面，当调查对象对问卷中的某些问题不清楚时，也无法向调查者询问。因此，易产生误答、错答和缺答的情况，这也使得问卷调查所得资料的质量有所下降。

（5）问卷回收后对问卷的分析需要研究者具备统计分析和数学逻辑知识，如果统计分析不客观或有偏差，那么即使收集到的资料客观、真实，所得出的研究结果也可能是经不起检验的。

【案例 7.1】

《××区留学市场调查》（节选）

亲爱的同学：

您好！××区出国留学服务中心为了了解大学生的出国留学意向，特进行这次问卷调查，请您提供宝贵的意见，它将帮助我们以后为您和您的亲友更好地提供服务，请您在符合您的实际情况的选项上打“√”，或在相应横线上填写答案，您所提供的情况，我们将严格保密，谢谢您！

1. 请问您的身份是？

A. 学生　B. 学生家长　C. 学生朋友　D. 其他

2. 您或您的孩子希望去哪个国家或地区留学深造？（多选）

A. 美国、加拿大　B. 英国　C. 德国、法国

D. 大洋洲国家　E. 亚洲国家　F. 其他

3. 您选择出国留学的主要目的是什么？（排序）

A. 提高素质学知识　B. 拿到学位　C. 拓视野长见识

D. 方便找工作　E. 为移民做跳板　F. 说不清

G. 其他（请填写）____________

…………

9. 您的出国留学费用国外部分（国外学费 & 生活费）每年预算

人民币多少元？

A. 20万以下　　B. 20～25万　　C. 25～30万

D. 30～40万　　E. 40～50万　　F. 50万以上

…………

16. 您希望出国留学服务中心提供哪些服务？

请填写：______________________________

【案例7.2】

《我院学生图书馆使用情况调查》（节选）

亲爱的同学：

您好！我们是20级小学教育班的同学，为了了解大家对我院图书馆的使用情况，我们特邀您参加此项调查，您宝贵的意见和建议将成为我们学习资源建设的重要参考材料。本次调查采取随机抽查不记名的方式，我们对您的回答将予以保密，我们期待能收到您填写完整的问卷，谢谢。

…………

3. 请问您的年级是？（单选）

A. 大一　　B. 大二　　C. 大三　　D. 大四　　E. 研究生

…………

8. 您每次在图书馆停留多长时间？（单选）

A. 1小时以内　　B. 1～2小时

C. 2～3小时　　D. 3小时以上

…………

11. 图书馆令您满意的是？（可多选）

A. 设备　　B. 环境　　C. 馆藏

D. 氛围　　　　E. 其他（请填写）________

…………

20. 您觉得我院图书馆有哪些需要改进的地方？请列出具体建议。

请填写：____

点　评

上述两份问卷均有代表性，《××区留学市场调查》针对的是大学生的出国留学意向，《我院学生图书馆使用情况调查》则调查图书馆的使用情况。采用的问卷形式有单选题、多选题、排序题、开放式问答题等多种形式。问卷题量设计也把握得比较好，若太长、太繁杂，问卷对象不一定配合。不足之处在于上述两份问卷均没有对问题进行维度划分，没有针对不同问卷对象进行针对性设计。

第三节　质的调查研究

一、访谈调查法

访谈调查法是一种最古老、最普遍的收集资料的方法，也是教育研究中最常见的调查方法。访谈调查法广泛适用于教育调查、求职、咨询等，既有事实的调查，也有意见的征询，更多应用于个案研究。对于大范围的调查，问卷调查法较合适，但是如果希望获得更深入、更具体的信息，访谈调查法较合适。使用访谈调查方法有规范的流程，研究者加以引导可以找到简易而有效的办法[①]。

（一）访谈调查法概述

1. 访谈调查法的概念和特点

访谈调查法是研究者通过与调查对象面对面进行交谈，以口头问答的形式了解情况、收集资料的一种调查研究方法。访谈调查法最基本的方式或手段是运用口头语言来收集资料，它的一般程序是由访谈者访问调查对象，向调查对象提问，由调查对象根据实际情况一一作答，同时访谈者把调查对象的观点、意见及时记录下来，最后对访谈记录进行整理，从而得出调查结果。

相对于问卷调查法，访谈调查法具有独特之处。一般性的访谈具有如下特点：其一，直观性。因为访谈是面对面的交谈，所以可以直观觉察到调查对象的神态、动作、表情、语态等。其二，理解性。对于不同的语言和不同的场景，不同的人有不同的理解。其三，后延性。访谈是针对已经发生过的事件来询问当事人，因此需要当事人的回忆。

我们在利用访谈调查法进行教育调查研究时，必须掌握访谈调查法的特点，这样在访谈调查中才能收集到可靠有用的资料。

2. 访谈调查法的分类

进行访谈调查时，根据研究目的、对象及访谈条件的不同，可以采用不同类别的访谈。访谈调查法的分类标准不同，访谈的类别也不同。

---

① 塞德曼．质性研究中的访谈：教育与社会科学研究者指南（第三版）［M］．周海涛，译．重庆：重庆大学出版社，2009．

根据访谈内容和过程有无统一的设计要求、有无一定的结构，访谈可以分为结构式访谈和非结构式访谈。结构式访谈是访谈者根据事先设计好的访谈提纲，逐条询问调查对象；非结构式访谈是访谈者根据研究的主题，提出要了解的主要问题，然后与调查对象进行交谈，在调查中不是依照事先提出的问题按部就班地提问，而是根据调查对象的反应情况，随时提出一些新的问题，逐步深入主题。

根据是否有严格的计划，访谈可以分为正式访谈和非正式访谈。正式访谈要有一定的组织手续，严格按照预先制订的计划进行；非正式访谈是指在日常生活的接触中，在自然环境中进行的交谈，常常可以获得意想不到的资料。

根据被访谈的人数，访谈可以分为个别访谈和集体访谈。个别访谈是指对单个被访者的访谈，可以收集到真实、细致、深入的资料；集体访谈也称小组访谈，是多个人同时作为被访者参与访谈，其优点在于收集的资料可以互相印证，同时被访者之间能够互相启发，容易获取对某一问题的比较全面的看法。

（二）访谈调查的实施

一般说来，访谈调查大体可分为访谈提纲的制定、访谈的实施、访谈的记录、终结访谈、访谈结果的整理和总结阶段等。

1. 访谈提纲的制定

运用访谈调查法时需借助一定的访谈提纲，在访谈提纲的基础上进行访谈，可以使访谈活动顺利进行。完整的访谈提纲包括：①提纲标题，即关于什么的访谈；②访谈对象的人口学信息，即关于访谈对象的基本信息，如性别、年龄、职业、职称、文化程度、工作性质、工作单位等；③访谈的主要问题，这是访谈提纲的主体内容，应围绕研究问题来展开。可以借鉴问卷的问题树方法来设计访谈问题。访谈问题和问卷问题一样，可以是封闭性的，也可以是开放性的，并且为了进一步了解还可以适当地追问，这在问卷调查法中是不可能实现的。

一般来说，在访谈调查中，每一个访谈对象都要被问到同样的一组问题，为了使不同的访谈对象配合工作，措辞可能要做一些改动。例如，学生、教师、校长都是同一研究的访谈对象，但是针对不同的对象，同一问题的问法会有所不同。提纲应该是粗线条的，列出访谈者认为在访谈中应该了解的主要问题和应该覆盖的内容范围。提纲要紧扣访谈主题，并且要留有一定的空间，以便进一步追问从而获得更深入的信息。

2. 访谈的实施

制定好访谈提纲后，就要进行实际的访谈，以取得研究所需要的资料。访谈的成功与访谈者的交往艺术，特别是谈话艺术密不可分。了解访谈的一般程序，熟练掌握各种访谈技巧，对保证访谈的顺利实施是十分重要的。

（1）访前准备。充分做好访谈前的准备工作是保证访谈成功的重要前提。在这方面要做的工作很多，主要包括以下几个方面。

①确定访谈对象，尽可能了解其基本信息。根据访谈内容选择访谈对象，访谈对象选定之后，尽可能地充分了解访谈对象的个人信息，如性别、年龄、职业、文化、专长、经历、兴趣、爱好等。这对于有针对性地选择适当的访谈方法，建立良好的交谈氛围，取得访谈对象的配合非常重要。

②选择合适的访谈时间、地点。访谈时间、地点的选择，应有利

于访谈过程的顺利进行，有利于取得真实、可靠的资料，如选择封闭性的空间作为访谈地点。

③准备好进行访谈所需要的工具。如有关访谈研究的简要文字说明、单位介绍信、身份证、工作证或学生证等，还需要一些必需的工具，如纸、笔、调查表格、调查问卷、照相机、录像机、录音笔等。

（2）实施访谈。在访谈之前有必要与访谈对象取得联系，征得访谈对象的同意，最好同时征得访谈对象领导单位的同意，才能着手进行访谈调查。

访谈者在接近访谈对象时，先要进行自我介绍，然后简要说明访谈研究的目的、意义、内容和完成访谈所需要的时间，请求访谈对象的支持与合作。同时要说明选择该访谈对象的理由，如根据具体情况，告诉访谈对象是依据科学方法随机抽样选择的，没有特殊目的，将对其回答保密；有时则告诉访谈对象是因为他在这项研究中的重要地位而特意选择的。

在转入正题之前，可以先谈谈访谈对象较为熟悉的内容，激发其进一步长谈的兴趣，比如其经历、家庭和个人兴趣等；再详细说明所要访谈的具体内容，提出第一批问题，开始时切忌提一些大而空的问题。研究表明，开始时的提问，如果访谈对象能够顺利回答就会增强其信心，这是进行深入访谈的前奏。为消除访谈对象的顾虑，要建立融洽的关系，营造彼此信任、畅所欲言的气氛，要尽力避免如下情况：①生疏感，这会使访谈双方相对无言，出现明显的距离感。②访谈对象以各种原因搪塞或拒绝配合，研究者由此而产生怯场和急躁情绪。③研究者与访谈对象地位不平等而产生的不自然感。

（3）访谈的控制。访谈过程是双方互动的过程，访谈者如何调整和控制访谈进程将在很大程度上决定访谈的成效，此时需要注意如下几个方面。

①要注意言语和语气。在访谈时，语言的运用要恰当，应多用礼貌用语，如“请您……”“麻烦您……”。此外，语气要委婉、从容，要不卑不亢，不要傲慢自大，不能因为访谈对象是校长或教师而觉得自己的经验、知识不足就感到自卑，也不能因为自己是研究者就觉得自己的理论知识比一线教师丰富而轻视访谈对象，故作高姿态，这些都会影响访谈的效果和质量。

②要注意运用适当的提问方式。首先，要注意对问题的转换。访谈时，访谈对象有时会偏离主题谈一些不着边际的问题，这就需要提问者转换话题，引导其回到主题中来。转换话题时，应避免语言粗鲁，切忌说“这与所谈主题没有关系”“你的回答不全面”之类的话，这样会使访谈对象尴尬，从而产生抵触情绪。为避免这种局面，可以巧妙地采取归纳法，如将访谈对象谈的无关主题的话题加以整理，然后说“你的上述谈话不无道理，很有见地，接下来我们谈谈有关片面追求升学率的问题”，这样就可以巧妙地转换问题。此外也可以采用提示法，即从访谈对象所谈的不切主题的谈话内容中选取一两句与主题有关的话进行提问，如“你刚才所谈的学生越轨行为增多，那么你认为其主要原因是什么呢?”

其次，要注意对问题的追问。在实际访谈过程中，访谈对象的回答常常出现含糊不清、词不达意、残缺不全、答非所问等情况。这时，需要进行适当的追问。追问的方式多种多样，有正面的方式、侧面的方式和中立的方式等。

正面的方式即正面指出回答不彻底，对带有歧义、较为模糊的地方，要求对方做进一步的回答。

侧面的方式即转换提问的视角，从不同立场或采用不同的提法追问相同的问题。

中立的方式包括：其一，复述问题。被访者理解出现偏差而搪塞提问者时，提问者应再复述问题。其二，复述回答。当提问者不能准确理解被访者的回答时，可复述被访者所做的回答，以便被访者对问题做出正确的理解。其三，表现出理解和关心。提问者呈现出可接受的言语表情，以激发被访者继续谈下去。其四，停顿。如果觉得回答不够全面，提问者可以稍作停顿，耐心等待被访者继续谈下去。其五，可以提出中立的问题。比如，提问者可以问“你谈的这个问题有什么含义?”或“你再多做些解释好吗?”等。

不同的追问方式有不同的功用，这就需要提问者在实际的访谈过程中根据具体情况灵活运用。

最后，要注意恰当地发问或插话。访谈过程中提问恰当与否以及提问的时机都对访谈的效果有直接的影响。提问者必须根据具体情况，灵活处理，包括提问和插话。提问者要审时度势，捕捉时机，寻找适当的问题使访谈能够深入进行下去。当被访者掩饰自己内心的活动而一味谈较为表面化的问题时，提问者就可以阐述一些与具体问题有关的结论，征询被访者的意见并委婉地要求被访者陈述原因。例如可以问：“有人认为要取消现在高中阶段的文理分科，你认为可行吗？能不能谈谈你的理由?”

③要注意控制表情。访谈是人与人之间的一种近距离接触，是人与人之间语言与表情双向互动的过程。在访谈中研究者要始终如一地保持礼貌、谦虚、诚恳、耐心，和颜悦色、不卑不亢。尤其要注意以

下两点：一是切忌表情刻板严肃。任何被访者都希望对方注意他的谈话，倘若对方面无表情、沉默寡言，可能会使被访者产生紧张感，影响对问题的回答。二是用表情牵制访谈对象的谈话，要与访谈对象的情感波动保持一致。

3. 访谈的记录

无论是正式访谈还是非正式访谈，一般在访谈过程中都需要对谈话的内容及时记录。在进行记录前一定要事先征求一下被访者的意见，如“我可以录音吗?”或者“我可以把您说的记下来吗?”，以表示对对方的尊重。

根据记录工具的不同，记录的方式分为笔记与录音笔记两种方式。笔记又分为速记、详记和简记三种形式。

根据记录时间的先后，记录的方式分为当场记录与事后记录两类。当场记录是边访谈边记录，要经过访谈对象的允许。其优点是资料完整、不带偏见，但忙于记录则可能会错失访谈对象的表情、动作所表达出来的信息，而且过分详细的记录可能会遗忘要点，本末倒置，抑制访谈中思维的正常展开。事后记录是在访谈结束后凭借记忆进行记录，使研究者与访谈对象的互动顺利进行。但研究者有时会受自己的兴趣制约只记录自己认为是重要的话，而被排除在外的一些重要信息可能会在短时间内消失。为此，研究者要训练记忆力，并且掌握一些技巧，如按事先确定的问题顺序依次访问，访谈之后按顺序回忆。

要做好访谈记录，应注意以下几个问题：①根据现场记录和录音，访谈结束后，尽快整理记录，补充落记的要点，尽量记下所有的谈话，但不能加入个人观点和看法。②利用相应的记录表格。③在记录过程中，不要试图总结、分段或改正语法错误。④在访谈记录中应提及访谈对象对问题的反应和态度，而不仅仅局限于他的回答，不仅记录语言信息，还应记录非语言信息。尽可能详尽记录，包括对一些非限定性问题的回答和对限定性问题的额外说明。⑤围绕访谈内容进行记录，在记录的同时注意保证访谈的顺利进行。⑥对记录进行分析和研究，得出结论。

4. 终结访谈

终结访谈是访谈的最后一个环节，有时比开始访谈还困难。要选择适当的时机终结访谈活动。一般情况下，按照事先设置好的访谈提纲来访谈，最后的问题通常以询问观点、原因结束，在结束问题的询问后以致谢结尾。但也有特殊情况，例如，遇到访谈对象是个比较健谈的人，显然他还有很多话要说，这时研究者可以伺机插话，比如“由于时间关系，今天我们就聊到这里，有机会我们再聊”，即可圆满结束访谈。为了确保访谈的主题完整，在结束时应问被访者“我们还有些什么问题没有谈到”“对这个问题，您还能谈些什么”“有没有需要补充的内容”等。最后，要对被访者表示感谢，如有必要，可留下对方的联系方式。

5. 访谈结果的整理

访谈结束后，要及时整理和分析资料。对于通过录音、录像等形式记录的内容，最好及时转换成文字表述，以及时发现一些当场可能忽视了的特殊词语或说法等相关信息。在此基础上整理成文，并探讨相关问题。

6. 总结阶段

撰写调查研究报告。通过分析、解释以及分享访谈材料，管理访谈数据，转录访谈录音，研究、简化和分析文本，分享访谈信息和确立、分析材料与主题之间的联系，在此基础上形成调查研究报告。访谈调查研究报告一般由标题、概要、正文、结尾、附件等部分构成。

（三）访谈的技巧

为了从访谈中获得更多有价值的信息，访谈者需要掌握和灵活运用访谈的各种技巧。

第一，谈话要遵循共同的标准程序，避免只凭主观印象谈话，避免谈话者和访谈对象毫无目的、漫无边际地交谈。关键是要为访谈做好准备，包括关键问题的准确措辞以及对谈话对象所做回答的分类方法。也就是说事先要做好如下准备：谈话进行的方式，提问的措辞及其说明，必要时的备用方案，规定对访谈对象所做回答的记录和分类方法。

运用访谈法容易出现的问题是，总想跳过制定访谈提纲这一步进入具体实施阶段，事先准备不充分，往往不能收到预期效果。

第二，开始交谈时应先提一些非研究性问题，访谈前要尽可能多地了解有关访谈对象的信息；要分析访谈对象能否提供有价值的材料；要考虑如何取得访谈对象的信任和合作。另外，在访谈时要掌握发问的技巧，善于洞察访谈对象的心理变化，随机应变，巧妙使用直接法、间接法等。

第三，对研究问题的提问，要注意按照访谈提纲提问；避免对访谈对象的引导；交谈要在轻松、愉快、友好的气氛中进行；要认真倾听，并做出反应；有礼貌地掌控整个谈话过程，适当打断访谈对象离题的话；鼓励访谈对象；重视言语信息的同时，重视非言语信息。所提问题要简单明白，易于回答；提问的方式、用词的选择、问题的范围要适合访谈对象的知识水平和习惯；谈话内容要及时记录。

第四，追问的技巧。访谈中通常会临时出现访谈者感兴趣并且想进一步了解的问题，那么就需要适时追问。常用的追问方式有以下几种：

①详尽式追问。如“还有什么吗？”

②说明式追问。如“你为什么这样认为？”

③系统追问。如“他们听谁说的？”

④假设追问。如“假如你是校长，你将如何处理这一问题？”

⑤情感反应性追问。如“你对这件事情的态度如何？”

⑥正面追问。感到对方回答不真实时进行的追问。

（四）访谈调查法的优点与局限性

如前所述，访谈调查法的基本特点是研究者与研究对象进行面对面的交谈，这一特点决定了访谈调查法具有如下优点和局限性。

1. 访谈调查法的优点

（1）方便易行，引导深入交谈，可获得可靠、有效的资料，有利于深入研究问题。

（2）团体访谈，不仅节省时间，而且与会者心情放松，做较周密的思考后回答问题，相互启发影响，保证资料有较高的可靠性，有利于促进问题的深入。

（3）能灵活地、有针对性地收集资料。

（4）适用范围广，对于一些文化程度低的人群非常适用。

2. 访谈调查法的局限性

（1）与其他方法相比，访谈对象多时往往会费时、费力。

（2）访谈结果的准确性、可靠性可能受到访谈对象主观因素的影响，所以对访谈者的访谈技巧要求比较高。

（3）某些问题不宜访谈。访谈法是面对面进行的，不具有匿名性。因此，对于访谈对象比较敏感、不愿回答的属于个人隐私的问题，不宜进行访谈。

（4）获得的资料难以量化。

（5）无法控制访谈者对访谈对象的种种影响（如角色特点、表情态度、交往方式等）。

总之，任何一种教育调查法都有各自的优势和不足，研究者应该综合考虑各种因素，根据调查目的、内容及人力、物力、财力等条件，选择某种方法或者综合使用几种方法。切记方法的选择和工具的使用不是目的，在客观条件下，选择最佳的方法或方法组合，便捷、有效、准确地获取教育研究所需的信息资料，是教育研究者必须考虑的重要问题。

二、教育观察法

如果说访谈是一种“听其言”的方法，那么，观察就是一种“观其行”的方法。观察是日常生活和工作中经常进行的一项活动，也是人们搜集信息的基本方法。教育观察作为一种研究方法，不同于日常生活中的观察，即不仅是对观察对象“仔细观看”，而且需要借助一定的科学仪器，是有目的、有计划的观察。

（一）教育观察及其特点

1．教育观察的含义

所谓教育观察，是指在教育研究过程中，人们有目的、有计划地通过感官和辅助仪器，对自然状态下的客观事物进行系统考察，从而获得经验事实的一种研究方法。

2．教育观察的特点

教育观察属于科学观察，有别于日常经验观察和其他方法，它具有以下特点。

（1）目的性。教育观察是根据研究课题的需要，为解决某一问题而进行的。因此，观察前有明确的观察目的，并确定观察的范围、形式和方法；观察中，尽量排除无关刺激的干扰，搜集观察任务所需的事实材料。

（2）非干预性。在自然状态条件下，不改变对象的自然条件和发展过程，直接观察某教育现象的发生发展过程，综合运用各种途径和方式，对观察结果做明确、详细、周密的记录。研究人员不干预研究对象的活动，从而能较客观、真实地搜集第一手材料。

（3）选择性。教育观察不是笼统的观察，不是眉毛胡子一把抓。作为研究手段的教育观察按事先制定的提纲和程序进行，同时规定了观察的时间和内容，从大量教育现象中选择典型对象、典型条件，力求全面把握研究对象的各种属性并以科学理论去分析、判断和理解观察结果。

（4）客观性。由于观察是非干预性的，同时借助工具进行，这有助于保证观察结果的精确性、客观性。若要确保观察结果的客观性，就要如实记录和反映客观情况，力求避免主观偏见，防止个人偏好和猜测臆断。另外，训练观察者的观察能力、增加观察次数也可以提高观察结果的客观性。

（二）教育观察的类型与途径

1. 教育观察的类型

根据不同的分类标准，教育观察可划分为不同的类型，如表 7－2 所示。

表 7－2　教育观察的类型

划分标准	观察类型
按观察的情境条件	自然观察、实验室观察
按观察是否借助技术手段	直接观察、间接观察
按观察者是否直接参与观察对象所从事的活动	参与性观察、非参与性观察
按观察实施的严密程度	结构式观察、非结构式观察

（1）自然观察与实验室观察。按观察的情境条件，教育观察可分为自然观察与实验室观察。自然观察包括自然行为的偶然现象观察和系统的现象观察，能搜集到客观真实的材料，但材料往往限于观察对象的外部行为表现。实验室观察，由实验法特点所决定，这种观察有严密的计划，有利于探讨事物的内在因果联系。

（2）直接观察与间接观察。按观察是否借助技术手段，教育观察可分为直接观察与间接观察。直接观察是凭借人的感官，在现场直接对观察对象进行感知和描述，因此更直观、具体。间接观察是利用一定的仪器或其他技术手段作为中介对观察对象进行考察，这类观察突破了直接观察中人的主观能力的局限，扩展了观察的深度和广度。

（3）参与性观察与非参与性观察。按观察者是否直接参与观察对象所从事的活动，教育观察分为参与性观察与非参与性观察。参与性观察是研究者直接加入观察对象的群体和活动当中，不暴露研究者的真正身份，在参与活动中进行隐蔽性的研究观察。非参与性观察不要求研究人员站到与观察对象同一地位上，而是以“旁观者”身份进行观察，可采取公开的，也可采取秘密的方式进行。

（4）结构式观察与非结构式观察。按观察实施的严密程度，教育观察可分为结构式观察与非结构式观察。结构式观察是有明确目标、问题和范围，有详细的观察计划、步骤和合理设计的可控性观察，常用于对研究对象有较充分了解的情况。非结构式观察则是对研究问题的范围、目标采取弹性态度，观察内容项目与观察步骤不预先确定，亦无具体记录要求的非控制性观察，多为探索性研究，或用于对观察对象不甚了解的情况。

2. 教育观察的途径

教育观察的途径有很多种，因人而异。教育科学研究人员可以根据搜集资料的需要选择某一种途径开展研究。一般来说，教育观察有以下几种途径。

（1）参观。外来人员或领导到学校参观，从大的方面来说，可观察学校的自然环境、卫生状况、仪器设备配置、学风教风、管理制度等各个环节的情况；从小的方面来说，可参观学生的作品，去学生的家里进行访问，了解学生成长环境等。以上均是常用的教育观察形式。

（2）在实际工作中观察。即指在自己的教育教学活动中，随时观察学生们的反应。教师可以利用上课之便进行长年累月的观察，反思自己的教育教学行为，深入了解学生的心理。同时，学校里的升旗仪式、义务劳动、班队会、晚会等教育活动也是了解学生的好机会。

（3）听课。以旁观者的身份，观察课堂上教师的教和学生的学、师生互动情况，学生的课堂反应及学习的主动性、教师维持课堂状况等情况。这是最经常、最基本的一种教育观察形式。

（4）出席学校各种会议。教育科研人员可以通过出席学校的各种会议，倾听学校校级领导、中层干部、班主任、教研组长、学生的发言，观察会场气氛和与会者的情绪。

（5）查看资料。教育科研人员可以查看学校最近一段时间的资料，如教学计划、教师档案、教学反思、学生工作等，开展观察研究。

（6）访谈。结合个别谈话、召开座谈会等形式的调查方法进行观察。

（三）教育观察的基本程序

1. 界定研究问题，明确观察目的

这是教育观察的第一环节，即预先明确观察所要解决的问题、所要获取的资料，并对所要观察的问题或变量做出明确的操作定义。研究问题和观察目的回答了教育观察“观察什么”和“为什么观察”两个问题。只有理解这两个问题，即明确界定研究问题和观察目的，才能对整个观察进行设计，根据研究问题和观察目的进一步明确观察需要搜集哪方面的资料、在什么时间观察、观察范围应该定在哪里、需要用到哪些观察手段和方法等问题。在这一阶段，研究者应广泛搜集有关文献资料，进行阅读分析，还可以咨询相关领域的专家。

2. 制订观察计划，做好观察准备

确定了研究问题和观察目的之后，研究者还必须制订一份详尽的、可操作的观察计划，才能使观察有计划、有步骤、全面、系统地进行。观察计划一般包括如下内容。

（1）观察题目。观察题目即进行观察研究的课题名称，通过题目阐明想要探索和解决的问题。

（2）观察对象、观察时间和观察地点。观察对象包括观察对象的总体和研究者确定的总体范围内观察重点对象的数量，应根据研究的任务和观察的目的以及研究条件来综合考虑确定。确定观察对象的同时，还应明确观察的时间和地点。

（3）观察提纲。编制观察提纲是研究者拟定观察的具体项目，分解观察的具体项目，为自己的观察厘清思路的过程。观察提纲能够增强观察的针对性，提高观察研究的科学性和有效性。一般来说，观察提纲至少应该回答如下六个方面的问题。

①who。有谁在场？多少人在场？其角色、身份、地位是什么？等等。

②what。发生了什么事情？在场的人有什么行为表现？其语气和形体动作如何？等等。

③when。有关的行为或事件何时发生？持续时间多长？发生的频率如何？等等。

④where。有关行为或事件在哪里发生？地点有什么特点？地点与行为或事件有什么关联？等等。

⑤how。事件是如何发生的？事件各方面相互之间的关系是什么？事件的特殊性体现在哪里？等等。

⑥why。事件或行为为什么发生？有哪些原因？行为的目的、动机和态度是什么？等等。

为了观察记录和材料整理的方便，有的研究者在观察提纲之外还设计一份观察表格，在观察的现场按照项目进行填写。一般来说，观察表格的项目不宜太多，以10个以下为宜，尽量按某种逻辑顺序合理排列，表格项目的答案确定且没有歧义。比如，在记录教师对学生的回答做出的反应时可以设计一个如表7－3所示的观察记录表。

表7－3 教师反应观察记录表

问题序号	教师反应				
	口头反应	非口头反应	肯定反应	没有反应	否定反应
1	√		√		
2	√		√		
3		√	√		
4	√				√
5		√		√	
6	√		√		
7	√		√		
8	√			√	
9		√	√		
10		√		√	
总计	6	4	6	3	1

（4）观察记录方法。记录在观察中占有十分重要的位置，直接关

系观察结果的准确性和研究的有效性。一般来说，记录观察材料有四种方法。

①连续记录法。研究者用笔在观察现场做连续记录，也可以运用录音笔、摄像机将观察到的情况摄录下来，回来后再转记到笔记本上。

②行为核对记录法。研究者将所要观察的研究对象的项目预先制成表格，一旦观察对象出现某一行为，就在表格的相应框格内打上记号，记录行为出现的次数。

③符号记录法。在对某种活动或事件进行连续观察、记录时，因涉及的对象多，用文字记录比较困难，可用预先规定好的符号系统进行记录，如速记法。

④等级评定法。研究者对观察对象的特质和行为评定等级，在预先印好的表格上按等级画圈。比如，在上课时研究调查对象回答问题的情况，可以分为从不、很少、有时、经常、总是五个等级，根据其实际表现选择。

（5）观察次数。研究者根据研究的目的、精确度要求和观察对象本身的复杂程度决定观察的次数，选择一次性观察或重复性观察。根据研究需要，还可以由多名观察者对某一观察对象各做一次观察，以相互印证，增强观察材料的可信度。

（6）观察的类型。根据研究目的，选择适用的观察类型。

（7）观察的组织、分工。对较复杂的观察任务宜进行分工，以小组的形式分头观察。观察前应明确小组内每个成员的具体任务。小组内宜采用统一的记录方式或使用同一观察表格，以便后期整理与分析观察材料。

编制好观察计划后，还应根据观察计划做好相关准备，如对观察人员进行培训、印制观察记录表格、检查和安装观察仪器等。

3. 实施观察，搜集、记录资料

准备工作就绪以后，就可以开始实施观察了。研究者获准进入现场以后，应选择最佳的观察角度，使观察在保持观察对象常态的情况下自然进行。要使观察顺利进行、提高观察研究的准确性，研究者在观察时应注意以下事项：

（1）合理放置观察工具。在观察前应填好记录表格的常规部分，将记录的纸笔、表格和器材放在最顺手的位置，以提高观察的效率。

（2）与观察对象建立良好的关系。研究者如果突然闯入观察对象的视线，会使观察对象紧张或激发其表现欲，使其表现出不自然的行为。研究者可通过以下行为消除观察对象的种种顾虑：真诚地向观察对象说明观察目的，并保证不做出任何对观察对象不利的事情；安排观察预备期，以消除观察对象对观察者的陌生感；遵从观察对象的生活习惯和生活方式；热情帮助观察对象。良好的关系有利于观察对象保持正常状态，为研究者提供真实的材料。

（3）抓住引起各种现象的原因。每一种现象的出现，都能找到引起该现象出现的原因，使获得的观察材料具有科研价值。对特殊情况的出现要有思想准备，万一出现始料不及的情况，应忠实地进行记录。

（4）坚持观察的目的性和计划性。观察应尽量按计划进行，不要轻易更换观察的重点、超出原定的范围，致使其偏离原定的观察目的。如果原定计划确实不妥，或观察现象有所变更，则应按计划中的应变措施或实际的变化情况随机应变，但目的只有一个，即力求妥善地完成原定任务，尽可能取得最好的成果。

（5）适当记录观察思考。如果观察的现象引起了自己的某种思考，或对观察结果有看法，观察者可以言简意赅地在观察记录的旁边注明，这种记录在今后对资料进行分析时可以提供有意义的分析角度和观点。

4. 分析资料，得出研究结论

观察结束后，观察者及时整理材料，利用统计技术对大量分散材料进行汇总加工，删去错误材料，然后对典型材料进行分析。整理、分析资料力求符合以下基本要求：

（1）正确。详细检查所有记录的材料，看分类是否恰当；如有遗漏，及时纠正，对反映特殊情况的材料另行处理。

（2）完整。整理完观察记录后若发现所需资料没有搜集齐全，可以延长观察时间继续观察或增加观察次数，直到材料齐全为止。

（3）有序。如果观察记录的材料数量少，按观察记录的时间顺序存放即可；如果观察记录的项目多，材料数量多，最好分类存放以便查阅。

（4）明晰。整理记录材料后，需要加以说明的事项应该及时说明，以免时间久了遗忘或产生疑问。

科学的观察不仅仅是被动地搜集事实，更重要的是对事实进行分析研究，找出各种教育现象间的相互联系，得出观察研究的结论并解释结论。按照观察对象的本来面目提出问题，进行分析，在不断的分析研究中把观察引向更深的层次。如此循环往复，才能得到高质量的观察结论或者从中引出新的研究课题。

5. 撰写观察报告

研究者在分析观察材料的基础上提出自己的见解，把观察材料与用其他研究方法获得的资料相结合，写出具有一定理论水平的观察研究报告。

（四）教育观察的作用与局限性

1．教育观察的作用

（1）可以积累资料，是获取原始材料最基本的方法。教育观察通过有目的、有计划地对某一教育现象进行细致、深入的观察，能获得该现象较翔实、客观的事实材料。例如，著名的儿童教育家蒙台梭利在治疗智力障碍儿童时发现了一个有趣的现象，吃饱饭的儿童仍然在地板上乱爬乱抓，仿佛在寻找什么。蒙台梭利为深入研究该现象搜集了大量的第一手材料，探索出活动对于满足儿童本能的意义。

（2）有助于做出判断，是解决问题的基础。对某一教育现象或问题进行细致、深入的观察研究之后，可以科学地分析、研究该教育现象的内在本质和影响因素，并对观察对象的行为特征做出全面而正确的判断，在此基础上进一步提出解决问题的有效措施。可以说，观察是解决问题的基础。

（3）有助于发现问题，是课题选择的重要来源。通过观察能发现教育中的新现象、新问题，从中受到启示，形成教育科研课题；通过观察还能寻找教育研究的灵感，产生某些新观点、新理论，成为教育研究开拓新方向的指明灯。著名的儿童心理学家皮亚杰在观察儿童测验的正确和错误答案时发现，儿童的智力不仅存在个体间量的差异，而且在个体的发展过程中还可能存在质的差异。这一发现促使他开始研究儿童的思维过程，由此形成了著名的儿童智力结构说。

（4）可以验证假说，是检验教育科学理论的重要手段。教育研究所推导出来的关于未知事实的结论，只有通过观察到的科学事实加以检验才是科学的、有价值的。正如爱因斯坦所说，“理论之所以能够成立，其根源就在于它同大量的单个观察关联着，而理论的‘真理性’也正在此”。

教育观察具有上述重要作用，且便于实施、客观性强，资料的可靠性高，因此它是教育研究中常用的方法，还是实验研究、行动研究等不可缺少的重要方法，可以单独设计运用，也可以配合其他调查研究法一起运用。

2. 教育观察的局限性

(1) 取样范围小。研究者在观察时受时间和空间的限制，在有限的感官和仪器下观察的范围不大。观察取样少，使得观察研究只适用于小样本的研究，研究结果的代表性和可推广性也受到局限。

(2) 所获材料烦琐、不系统。通过观察获得的材料往往比较繁杂琐碎、罗列较多，缺乏系统性，整理分析起来难度较大。

(3) 难以确定因果关系。观察采集的是处于自然状态下的教育现象，不对观察对象进行干预和控制，这使得研究者不容易把握影响观察对象变化的内在因素和外部条件，较难确定事物之间的因果关系。

(4) 观察对象易受观察者的影响。尽管观察过程是非干预性和非控制性的，但观察者的存在仍然会对观察对象造成一定的影响。一方面，观察对象可能会有意识地调整自己的行为和状态以获得更好的印象和评价；另一方面，观察者的个人意识、价值观念、感情色彩甚至表情姿势等都可能影响观察对象的态度和行为，从而影响观察结果的客观性。

第四节　扎根理论方法的应用

一、扎根理论的定义

社会学者格拉泽（Glaser）和施特劳斯（Strauss）于1967年提出了扎根理论（grounded theory，GT），它是运用归纳方法对现象加以分析整理所得的结果，是通过收集和分析质性数据，并扎根在数据中建构理论的一种科学方法。一般而言，在研究开始之前没有特定的理论假设，而是带着相关的研究问题，直接从收集的原始数据入手，从中归纳出概念与范畴，进而上升到理论层面，这是一种数据收集和数据分析同时进行的，从下往上建立实质理论的方法。

扎根理论是一种规范的质性研究方法，从多种提出问题的形式，到编码和分析，再到报告研究结果①，有一套规范的流程。它最大的特点是先有一个研究的领域，然后通过数据的编码和概念类属的提升，总结出一个理论的方法，而不像传统研究方法那样先有一个理论然后去验证它。

二、扎根理论的基本思路

扎根理论的基本思路主要包括以下几个方面。

① 科宾，施特劳斯. 质性研究的基础：形成扎根理论的程序与方法：第3版［M］. 朱光明，译. 重庆：重庆大学出版社，2015.

（一）理论产生

与一般的宏大理论不同的是，扎根理论不对研究者自己事先设定的假设进行逻辑推演，而是从资料入手进行归纳分析。2002 年，Charmaz 在受到 Strauss 的影响后，在原有的扎根理论的基础上做了进一步的修改，提出了建构型扎根理论（the constructivist's approach to grounded theory）。所谓建构型扎根理论，最大的变化就是消除了程序化的扎根理论，把扎根理论作为一套原则和实践指引，同时认为数据和理论存在一定的联系，数据中的核心观点形成理论，但是与理论相互独立，理论并不是被发现的，它是在研究者对数据进行反复研究，并与经验对象理论视角和研究对象互动而共同构建的。理论一定要可以追溯到其产生的原始资料，一定要有经验事实作为依据。这是因为扎根理论者认为，只有从资料中产生的理论才具有生命力。如果理论与资料相吻合，理论便具有了实际的用途，可以被用来指导人们的具体生活实践。

（二）首要任务

扎根理论的首要任务是使研究问题和理论的产生在数据研究基础上自然形成，从而建立介于宏大理论和微观操作性假设之间的实质理论（即适用于特定时空的理论），这一过程不排除建构普适性的形式理论。在此过程中，研究者要保持开放性的思维去发现问题，进而总结、归纳、上升成理论，而不是去假设、规定一个理论再去验证它。这是因为，扎根理论认为知识是积累而成的，是一个从事实到实质理论，然后到形式理论演进的过程。建构形式理论需要大量的资料来源，需要实质理论的中介。如果从一个资料来源直接建构形式理论，这其中的跳跃性太大，有可能产生很多漏洞。此外，形式理论不必只有一个单一的构成形式，还可以涵盖许多不同的实质性理论，将许多不同的概念和观点整合、浓缩、生成一个整体。这种密集型的形式理论比那些单一的形式理论内蕴更加丰富，可以为一个更为广泛的现象领域提供意义解释。

（三）保持敏感

通常，质的研究者比较擅长对研究的现象进行细密的描述性分析，而对理论建构不是特别敏感，也不是特别有兴趣。由于扎根理论的主要宗旨是建构理论，出于自己的特殊关怀，认为理论比纯粹的描述具有更强的解释力度，因此它特别强调研究者对理论保持高度的敏感。一般来说，进行研究之前需要对相关文献进行比较系统的分析和研究准备，但是扎根理论又不同于一般的研究，它是通过对数据的分析、归纳、总结而得出理论，而不是先有理论然后去验证理论，所以在开始研究之前不强调对相关的文献进行深入和系统的研究，目的就是保证研究者不受到已有研究文献的干扰。不过这并不代表研究者对于需要研究的问题一无所知，对自己将要研究的领域还是需要有较好的知识积累，对研究问题也要有较好的敏感性。不论是在设计阶段，还是在收集和分析资料的时候，研究者都应该对自己现有的理论、前人的理论以及资料中呈现的理论保持敏感，注意捕捉新的建构理论的线索。保持理论敏感性不仅可以帮助我们在收集资料时有一定的焦点和方向，而且在分析资料时注意寻找那些可以比较集中、浓缩地表达资料内容的概念，特别是当资料内容本身比较松散时。

（四）不断比较

扎根理论的主要分析思路是比较，在将资料转化成理论的过程中需要不断地对数据进行比较分析、总结提炼，这个过程科学严密，具有很高的价值。同时，其不受时间、地点、人物限制。原则上一切数据都可以在开放的环境下通过自然呈现的方式发展成理论，并通过反复比较实现数据的概念化、理论化，然后根据资料与理论之间的相关关系提炼出有关的类属（category）及其属性。扎根理论方法最重要的工作就是对资料的分析，即数据编码（code）。

比较通常有4个步骤：

（1）根据概念的类别对资料进行比较，对资料进行编码并将资料归到尽可能多的概念类属下面，然后将编码过的资料在同样和不同的概念类属中进行对比，为每一个概念类属找到属性。

（2）将有关概念类属与它们的属性进行整合，对这些概念类属进行比较，考虑它们之间存在的关系，将这些关系用某种方式联系起来。

（3）勾勒出初步呈现的理论，确定该理论的内涵和外延，将初步理论返回到原始资料进行验证，同时不断地优化现有理论，使之变得更加精细。

（4）对理论进行陈述，将所掌握的资料、概念类属、类属的特性以及概念类属之间的关系一层层地描述出来，作为对研究问题的回答。

（五）理论抽样

理论抽样（theoretical sampling）是一种扎根理论抽样形式，研究者的目的是形成其类属或理论的属性，不是对挑选的人群进行随机抽样，也不是在特定的人口中按代表性来分配抽样。在进行理论抽样时，研究者要寻找人、实践或信息来解释和定义这些类属的边界的相关性。理论抽样是从数据出发，建构关于数据的尝试性想法，然后通过进一步的经验探究来检验这些想法的一个过程。理论抽样的目的是获取数据来帮助研究者澄清类属，即理论抽样只是为了概念和理论的发展。理论抽样不仅有助于填充研究者的主要类属的属性，还能够让研究者对一个基本过程如何发展和变化了解更多。当研究者进行理论抽样时，会寻找那些能够解释自己的类属的命题、事件或案例。在进行理论抽样时需要研究者带着对理论类属的关注进行访谈或重新访谈，也需要研究文献、进行观察或者参与到新的社会实践中。通过理论抽样，可以详细阐明类属的意义，发现它们之中的差异，定义类属之中的漏洞。类属中的漏洞指的是，研究者现在的类属不能解释相关经验的所有内容。理论抽样需要用比较的方法来发现这些漏洞，发现弥补这些漏洞的方法。

理论抽样既可以在研究的早期阶段使用，也可以在晚期阶段使用。理论抽样作为一种策略可以使你的焦点集中在生成的类属上，作为一种技术可以发展和完善这些类属。理论抽样有助于检验、限定和详细阐述类属的边界，有助于使这一项类属的关系具体化。

（六）灵活运用

由于扎根理论研究法的目的是建立根植于资料的理论，于是它要求研究者必须具备高度的理论敏感性，以完成扎根理论研究的过程。这就要求研究者灵活运用文献，前人的研究能够提供研究的背景，展示本研究的重要性和在研究中的位置，为资料的分析提供理论框架，但研究者不能被前人的理论束缚思路，不能把研究材料生搬硬套在以前的理论中。

为了让研究者尽量自由且开放地去发现问题、解释资料、形成概念，建议不要在扎根理论研究开始前在实质或相关领域做深入的文献检索。扎根理论研究前的文献查询目的主要在于为研究者提供方法学指导，这有助于研究者了解研究的背景、相关的知识以及现有相关研究的水平。扎根理论研究者必须在资料分析的过程中进行文献检索，这有助于将文献中的概念及其关系与当前研究所获得资料相互参照，用以了解研究概念目前的研究进程和结果，从而提升研究者的理论敏感度，刺激新问题的产生。原始资料、研究者个人的前理解以及前人的研究成果之间实际上是一个三角互动关系，研究者在运用文献时必须结合原始资料和自己的个人判断。研究者本人应该养成询问自己和被询问的习惯，倾听文本中的多重声音，了解自己与原始资料和文献之间的互动关系。

（七）理论性评价

扎根理论的目标是产生理论，扎根理论中的质量标准与其他定性传统中的质量标准有些不同。由于扎根理论提供了一个相当明确的方法论，对扎根理论研究质量的评估往往强调研究者对扎根理论方法的坚持程度。在扎根理论研究中，可以对研究中产生的理论进行评估。由于这些差异，扎根理论研究者需要了解扎根理论传统中如何看待质量。早在林肯（Lincoln）和古巴（Guba）试图在定性研究中定义和衡量质量之前，格拉泽和施特劳斯就提出了判断扎根理论研究质量的标准。这些标准既涉及研究过程（研究是如何进行的），也涉及研究成果（理论本身）。

对格拉泽和施特劳斯来说，提高可信度的最重要途径是研究者必须严格遵循扎根理论的方法。他们建议仔细检查数据是如何收集的，采访了谁，观察了什么，进行了什么样的比较，以及研究人员是如何得出结论的。他们认为，如果研究者使用持续不断的比较技术，并仔细地补充和扩大他或她的概念和范畴，得出的理论将是可信的。他们还相信扎根理论方法的仔细应用所产生的理论，部分原因是其结果是建立在沉浸于社会世界的基础上的。

总之，格拉泽和施特劳斯认为，恒定比较法的应用克服了研究者的偏见，因为它要求研究者跟踪他或她的想法的发展。① 他们确定了以下策略，并将其纳入扎根理论方法，以提高可信度：（1）深入实地；（2）在实地（而不是在数据收集开始之前）生成和测试假设；（3）使用备忘录跟踪想法的发展；（4）详细生动地描述以支持结论，寻求替代性解释和否定性案例。

三、扎根理论的分类及编码

对资料进行逐级编码是扎根理论中最重要的一环，其中包括三个级别的编码。

（一）一级编码

编码（coding），定义数据说明的是什么的过程。与量化研究者把

① GLASER B G，STRAUSS A L. The discovery of grounded theory：strategies for qualitative research. ［J］. Nursing Research，1967，3（2）：269－270.

预先设定的类属或代码应用到数据上不同，扎根理论家通过定义他们在数据中所看到的内容来产生质性代码。这样，代码就是生成的——在研究者研究他们的数据时，这些代码也在发展着。编码过程可能会把研究者带到未曾预料的领域和研究问题中。扎根理论的支持者追随这样的编码线索，他们并不追随预先设定有固定结果的研究问题。

开放编码是编码的第一步，如果你以一个清晰、警觉的头脑获取数据，充满好奇和兴奋，那将是非常有趣的。开放编码通常涉及逐行编码。在 1967 年的书中，格拉泽和施特劳斯很少谈到如何进行编码，除了将其置于理论构建过程中，使用恒定的比较分析。后来的工作，尤其是在施特劳斯的著作中，和科宾向理论研究人员提供了关于进行开放编码的明确指示。

在开始一项研究时，研究者应该把所有的东西都编码，即使它看起来微不足道，因为研究者并不知道其理论会引领研究具体到哪一步。最初看起来只有微小关系的事情可能会在以后对理论很重要。快速编写代码是有帮助的，而且在代码编写时不要过于深入地思考，尤其是在第一次编码时，重要的是不要让自己迅速地跳到抽象的理论层面。在继续分析时，将这些理论代码视为可能带来帮助的假设或问题。

有时研究者在开放编码方面有困难，质疑是否做得“正确”。这反映了在定量研究中不恰当地应用了“评分者间可靠性”（interrater reliability）的概念。在扎根理论中，没有一种正确的编码方法。不同的编码者会做一些不同的事情，这取决于他们给研究带来了什么。这是意料之中的，并不构成问题。

（二）二级编码

第二层次编码也称主轴编码（axial coding）关联式编码，在开放编码之后，借由演绎与归纳，通过不断比较的方法把各概念与概念、概念与范畴以及范畴与范畴联系起来，从而实现资料的重新组合过程。其主要任务是发现和建立概念类属之间的各种联系，以表现资料中各个部分之间的有机关联。这些联系可以是因果关系、时间先后关系、语义关系、情境关系、相似关系、差异关系、对等关系、类型关系、结构关系、功能关系、过程关系、策略关系等。其目的是把文本转化为概念，这些概念使得更大类属的维度具体化，之后把类属和亚类属联系起来，并探究它们是如何联系起来的。

开放编码使数据分裂为不同等级和不同类型的代码，研究者的注意力集中在资料本身，并且针对主题加上编码标签。这时并不重视建立主题之间的关联性。在主轴编码时，研究者从一组有组织的初步代码或初始概念下手，比较重视初步编码主题，而非资料本身。施特劳斯认为，主轴编码回答关于“哪里”“为什么”“谁”“怎样”以及“结果如何”这些问题。

在主轴编码时，研究者离不开提问题和做比较。一般来说，研究者提出的问题：我能将既有的概念再分成次层面或次类别吗？我能将某些紧密相关的概念结合成一个较为一般性的概念吗？我能以一种先后顺序（或物理位置或与某个主题的相关性）加以分门别类吗？

主轴编码会刺激研究者对概念或主题之间的关联性进行思考。它可能会建议扬弃某些主题，也有可能会深入检视另一些主题。此外，它也增强了证据与概念之间的关联性。

（三）三级编码

第三层次编码也称核心式编码（core coding）或选择编码（selective coding），这一阶段的主要工作是在所有已发现的概念类属中经过系统的分析以后选择一个“核心类属”。“核心类属”的确定至关重要，应该具备以下几个特征：(1) 占据中心位置，与其他类属存在关联；(2) 出现的频度很高，表现出在资料中反复出现的、比较稳定的现象；(3) 更具概括性，能够将大部分研究成果囊括在一个比较宽泛的理论范围之内；(4) 能够为进一步的理论抽样和资料收集提供方向。

在选择编码阶段，研究者常常要考虑的问题：范畴间的类属关系是如何确定的？这些概念类属可以在什么概括层面上属于一个更大的社会分析类属？在这些概念类属中是否可以概括出一个比较重要的核心？如何通过核心范畴与其他范畴之间建立系统的联系，组成一个系统化的理论框架？

选择编码的具体步骤：(1) 明确资料的故事线；(2) 对主类属、次类属及其属性和维度进行描述；(3) 检验已经建立的初步假设，填充需要补充或发展的概念类属；(4) 挑选出核心概念类属；(5) 在核心类属与其他类属之间建立起系统的联系。

编码程序最核心的技术是提问题。借助问题，可以灵活地使用这些程序。研究者应从开始一直问到结束，问题的类型繁多，数量很大，而且在不同的阶段会呈现出不同的特点，需要研究者灵活掌握。

四、扎根理论方法应用分析

根据以上对扎根理论的理解，以扎根理论在中国教育研究的运用为介，引用以“区县级教研员实践性知识的研究”为例来直接呈现扎根理论的具体使用过程①，介绍扎根理论方法的运用。

（一）扎根理论在中国教育研究中的应用

20世纪90年代，教育研究领域中引入扎根理论，我国学者对于扎根理论在教育研究领域的应用也进行了许多的研究。20世纪90年代中期，陈向明发表了文章《扎根理论的思路与方法》，对扎根理论的思路和程序进行了论述；2007年，周海银探讨了扎根理论在学校课程管理研究中的运用；2010年，薛晶心再次提及了扎根理论的缘起、特点，认为扎根理论是从事院校研究的最佳方式；2015年陈向明发表文章《扎根理论在中国教育研究中的运用探索》，对扎根理论的背景、实操要求和步骤进行了陈述，并对扎根理论运用于中国教育研究中的具体情况进行了举例说明。②

（二）研究设计

1. 研究问题

该案例以我国基础教育领域中的特殊群体——教研员为个案，借

---

① 沈茜，卢立涛. 扎根理论在我国教育研究中的应用与反思：基于文献和实证研究的分析［J］. 全球教育展望，2018，47（6）：47-55.

② 尹超. 扎根理论的内涵、特点及其在教育研究中的应用［J］. 现代教育论丛，2016（5）:13-17.

助扎根理论来探讨其实践性知识的构成问题。

2. 研究方法

扎根理论研究方法强调只有通过对资料的深入分析，才能逐步形成理论框架。① 最关键的环节是对资料的编码，也就是通过资料之间反复、连续的比较、分析、概括，从低级到高级逐步概念化、类属化以至最终建构理论的过程。编码一般包括三级：第一级开放编码，第二级主轴编码，第三级选择编码。②

3. 资料收集

该研究采用典型性抽样，选取××直辖市3名（A：小学数学；B：高中语文；C：初中数学）区县级教研员（下文出现的“教研员”均指“区县级教研员”）作为主要研究对象，研究者围绕“教研员的常规工作与职能是什么?”“教研员工作中有哪些困惑和棘手问题?”“教研员如何看待自己的工作?”三大问题（每个问题下又有若干小问题支撑）对每个对象分别进行3次半开放式的深度访谈（每次约1～1.5小时）、2次参与式观察。收集若干实物资料（如录像），结合备忘录进行三级编码。

（三）资料分析：数据的三级编码

1. 开放编码

开放编码阶段，代码相对较多，是在紧贴原始数据的基础上提炼出来，并通过初步的概念化形成，如“课堂要让学生成为主人、动起

① 陈向明. 质的研究方法与社会科学研究［M］. 北京：教育科学出版社，2000.

② 陈向明. 扎根理论在中国教育研究中的运用探索［J］. 北京大学教育评论，2015，13（1）：2－15，188.

来”“教研员研究教法、教学内容”“教研员对新课程理念、目标及教材编写理念的理解”等。

2. 主轴编码

在主轴编码阶段，逐渐形成了三个类属及其属性和维度，具体包括“教学与学生的关系”“关于研究与教学的知识”“对新课程的认识”，为便于理解，在每个类属下面分别提供一段简单的文字来具体说明类属、属性与维度间的关系。“教学与学生的关系”部分，教研员强调，教师的课堂教学应该关注学生的学习状态，让学生动起来，要深化学生的知识学习，同时要开阔其视野，促进学生学习兴趣的主动迁移。“关于研究与教学的知识”部分，教研员对教师的教学有一定的研究：教师应该对教学内容进行分析，确定是否值得讨论（深入探讨），要将教学内容打通，并且对教材进行改造，活用教材，借助教材实现教学目标，做到这些前提就是要理解教材编写的理念和目的，要明白教材内容选择与安排的原因。“对新课程的认识”部分，教研员认为，教师要加强对新课程的认识，深刻理解新课程的理念，对新课程的目标有自己的明确认知，知道新课程理念与教材的内在关联。

通过主轴编码,研究者基本上可以把握各个类属与其维度和属性的关系,某种程度上也有助于认识教研员在教研活动中所形成的实践性知识。

3. 选择编码

在选择编码阶段，研究者发现，教研员对教师所提出的诸多要求和观点，实际上就是教研员自己的实践性知识的真实写照，这种知识借助教师得以呈现，并且主轴编码所形成的三个类属之间存在着一定的关联——“关于研究与教学的知识”这个类属尤其重要，但它无法脱离“教学与学生的关系”“对新课程的认识”而独立存在，需要后两个类属来支撑，这样便将前者作为核心类属，后两者作为支援类属，并形成了两个假设：（1）作为教研员实践性知识的组成部分，关于教学的知识涉及对学生及新课程的认识和理解；（2）教研员具有的研究方面的知识是教研员实践性知识的另一重要组成部分。

（四）得出结论

通过对原始数据的三级编码，初步得出结论：区县级教研员实践性知识中一部分是关于教学的知识、研究的知识，前者是后者的具体体现，后者是前者的实现手段（之一），但其中关于研究的知识方面（如它有何深刻内涵，有着怎样的具体构成，等等）尚需深入探讨。

以上，以“区县级教研员实践性知识的研究”为例，运用扎根理论方法来分析我国基础教育教研员的实践性知识问题，充分体现了该方法在教育研究中所发挥的积极作用。

本章总结

本章分四节介绍了教育调查研究相关内容。第一节为教育调查研究概述，阐述了教育调查研究的定义、教育调查研究的四种类型以及进行教育调查研究的步骤和要求；第二节为量的调查研究，介绍了测量研究法和问卷调查法；第三节为质的调查研究，介绍了访谈调查法和教育观察法；第四节为扎根理论方法的应用，介绍了其定义、基本思路、分类及编码，还通过案例进行了扎根理论方法的应用分析。

推荐阅读材料

1. 阿琳·芬克：《调查研究实操指导：细节与示例》，重庆大学出版社，齐心译，2016 年。

2. 曹俊怀：《论教育研究方法的一个新走向——质性研究》，《基础教育研究》，2013 年第 6 期。

3. 陈向明：《教师如何作质的研究》，教育科学出版社，2001 年。

4. 郝大海：《社会调查研究方法（第四版）》，中国人民大学出版社，2019 年。

5. 罗伯特·C. 波格丹，萨莉·诺普·比克伦：《教育研究方法：定性研究的视角》，中国人民大学出版社，钟周等译，2008 年。

6. 埃文·塞德曼：《质性研究中的访谈：教育与社会科学研究者指南》，重庆大学出版社，周海涛主译，2009 年。

7. 吴明隆：《问卷统计分析实务——SPSS 操作与应用》，重庆大学出版社，2018 年。

8. 吴毅，吴刚，马颂歌：《扎根理论的起源、流派与应用方法述评——基于工作场所学习的案例分析》，《远程教育杂志》，2016 年第 3 期。

9. 朱丽叶·M. 科宾，安塞尔姆·L. 施特劳斯：《质性研究的基础：形成扎根理论的程序与方法（第 3 版）》，重庆大学出版社，朱光明译，2015 年。

第八章　如何做教育实验研究

在传统的教育研究中，思辨方式一直占据主要地位，教育实验方法是随着近代科学的发展，特别是心理学中实验方法的运用而逐渐发展起来的。教育实验法的运用对于提高教育研究的科学性具有重要的价值。对于新教师而言，教育研究主要是问题研究，旨在提高教育教学质量。在研究过程中，既可以采用定性研究方法，也可以采用定量研究方法。在定量研究方法中，教育实验法是一种被认为科学化水平最高的研究方法，也是一种经常被采用的方法，掌握这种方法有助于提升新教师的教育研究水平，促进其专业成长。

第一节　教育实验研究概述

一、教育实验研究的内涵

教育观察、教育访谈、教育问卷调查、教育量表测验等，都是被动地、在不干预被试活动的情况下获得研究信息。因此，这些信息通常可以成为研究结论的重要参考，可以描述研究对象、研究活动的状况和特征，但无法有力地证明事物之间的因果关系。为了能够进一步了解教育现象之间或者各种因素相互之间影响的复杂关系，可以使用教育实验研究来开展研究活动。

教育实验研究是指研究者有目的地控制一定的条件或创设一定的情境，以引起被试某些行为、心理、情绪等状态变化而进行研究的一种方法，即在控制条件的情况下操纵某种变量来考察它对其他变量的影响。

教育活动本身就是一个不断给学生以影响的过程，因而其本身就是一个不断实验的过程。教育实验研究对于教育研究具有不可替代的意义，教师在教育研究过程中会不断地产生各种想法，这些想法是否可行，必须经过实验方可得出定论。如果不经过严格的实验，盲目实施，极有可能造成资源的浪费，又与真理背道而驰。例如，有一所中学组织教师到外地考察，教师们觉得考察的学校里一位老师采用的点拨式教学法很有新意，于是决定在本校推广。考察回来后，简单地在一个班中试行一下，觉得效果不错，于是第二个学期在全校范围内推广，然而，学期结束时并没有产生预期的效果。后来分析原因才发现，原来试行推广时学生的学习兴趣起了很大的作用，因为教学方法新颖，引起学生的好奇和好感，激发了学生的学习动机和自豪感。而随着全校推广，学生的好奇心和自豪感消失，学生的学习动机水平下降，导致不能产生预期的教学效果。换言之，教师并没有真正掌握点拨式教学法的本质内涵，也没有严格控制实验开展，从而使其他干扰因素导致了因变量的变化。干扰变量的影响是随机的，当全面展开时，一旦干扰变量的作用消失，那么，就会产生另一种结果。

二、教育实验研究的特征

（一）教育实验是有控制的实验

在进行教育实验研究时，应该进行严格的控制，避免随机产生的干扰因素影响实验的效果。如上述点拨式教学方法实验中，事后分析发现，实验控制存在几个问题：其一，抽样问题。学校在两个班中试行推广实验，一个班为实验班，另一个班为对比班。实验班使用点拨式教学方法，而对比班使用原来的教学方法。两个班学生成绩差不多，但教师感觉有一个班稍好一些，最后决定成绩稍好的班级为实验班。其二，实验环境控制不严。两个班教室相邻，学生课间活动谈话时，实验班学生很自豪地告诉对比班学生，说教师给他们使用新的方法上课，是刚从外校学来的，对比班学生要求教师也使用这种方法上课，教师不同意，结果造成了对比班学生学习兴趣下降。其三，教师控制不当。在实验开始时，教师在实验班明确告知学生，将使用一种新的教学方法开展教学实验，这是从外校学来的先进教学方法，引起了学生的好奇心和作为实验班学生的自豪感（实验班效应）。当对比班学生要求老师也用这种方法上课时，教师明确地告诉学生，他们是对比班，要求学生配合学校的教学实验，这样学生更有意见了，提出让他们班做实验班，另一个班做对比班，教师批评了学生，要求学生服从大局，不能只顾自己，不能过于自私，结果引发了学生不满、委屈等情绪反应。因此，一个好的教育实验一定是具有严格控制的实验，尽可能避免随机因素对教育实验产生干扰，引发实验误差。教育活动是多因素综合影响的共同结果，因此，教育实验只有在严格控制的条件下，才能分清实验因素起的作用。在教育实验中，要控制的因素叫作干扰变量，也叫额外变量，由于这些因素的产生具有随机性，故有时又叫随机变量。

（二）教育实验对自变量进行操作

教育实验的目的是探明某一因素是如何影响另一个因素的。在实验研究方法中，影响的因素叫自变量，被影响的因素叫因变量，实验就是要探讨自变量的变化对因变量产生什么样的影响；如果自变量的不同状态会使因变量产生相应不同的状态，那么就可以说自变量对因变量有着显著的影响。

例如，我们知道，个体的情绪状态会影响其作业成绩。那么，如何验证这一假设性结论呢？在此，情绪状态是自变量，作业成绩是因变量，可以让被试在不同的情绪状态下分别完成作业，再比较其作业成绩；如果在控制干扰因素的条件下，不同情绪状态被试的作业成绩出现了显著差异，那么就可以说明个体的情绪状态影响其作业成绩。据此，研究人员把情绪状态分为三种情形，第一种是正性情绪，表现为高兴、愉快、快乐的情绪状态；第二种是负性情绪，表现为不高兴、委屈、愤怒等情绪状态；第三种是中性情绪，用于代表常态下正常的情绪反应。这种把自变量分为三种状态的过程叫操作自变量，把自变量分成三种情形，每一种情形叫作一种实验水平，或者叫作自变量的一种水平。自变量操作是实验处理的一个重要内容，实验处理是指如何进行自变量操作，分成哪几种水平，并且如何分配这些水平，让被试进行实验。

（三）教育实验对因变量进行精确测量

因变量是指实验中受到某个影响因素的影响而发生改变的因素，是研究者所关心的结果。因此，教育实验中如何采集相关的数据，以准确反映因变量受到影响而发生的变化对于教育实验而言也是十分重要的。在实验过程中，因变量的数据可以通过量表评定以及特殊实验仪器、设备来采集。

例如，在情绪状态对作业成绩的影响实验中，因变量为作业成绩，那么，以何种数据作为作业成绩的指标就显得尤为重要。其一，不能以一般的语文或数学等学科成绩作为其作业成绩，因为可能存在学生已有学习经验的影响；其二，不能选取太容易或太难的学习任务，以免产生“天花板效应”或“地板效应”。研究者最后则会采用译码作业的方式来记录因变量。所谓译码作业，是指让被试将数字译成图形的作业活动。方法是给被试看 9 个简笔画图形，每个图形都对应一个数字，如图8－1所示。然后给被试一张有多行随机数字 1～9 的空表，如图 8－2 所示，译码作业的任务是要求被试将对应的图形填写在数字下方的空表格中。在规定的时间内，统计被试正确的译码数和错误的译码数，统计被试的作业完成水平。

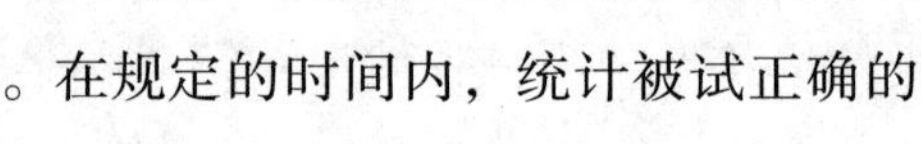

图 8－1　图形与数字对应图

5	3	2	4	7	9	1	6	8

图 8－2　随机数字 1～9 的空表图

在经典的实验中，一般采用被试的正确率和速度作为因变量的指标来进行不同条件下的成绩比较。近年来，随着科学技术的不断进步，数据采集能力不断提高，新的数据不断产生，大大地提高了人类教育研究以及教育对个体心理发展影响的能力。这些技术包括事件相关电位技术、眼动追踪技术、脑血流量分析技术、虚拟现实技术、行为录像数字分析技术等。

但是，不管技术如何进步，都是围绕提高采集可靠因变量数据这一核心目标发展的，在确定因变量数据采集方式时，应考虑以下三个要素。

第一，因变量数据的可靠性。同等条件下多次采集到的数据应该是稳定、一致的，即使变化也在可接受范围内。

第二，因变量数据的准确性。因变量数据应能准确反映自变量不同水平的影响结果，不能或较少地受其他因素的影响。例如，如果作业成绩使用被试某一具体学科或综合学科领域作业的成绩，那么，因变量数据就有可能受到被试学科学习差异的影响，这种影响有可能会掩盖被试情绪条件的作用。可以想象，尽管被试处于消极情绪，但对于其所熟悉的学科，依然能够取得较好的成绩（如果处于愉快情绪水平，成绩可能会更好），这样一来，就难以正确分析情绪状态这个自变量对作业成绩这一因变量的影响。

第三，因变量要尽可能敏感。即因变量数据的采集点要尽可能多。如果某一个因变量只是采用 0 和 1 两个记分点进行记分，那么，就不能很好或更详细地深入分析不同自变量水平形成的差异；如果采用百分制记分，则有可能进行方差分析，使用方差分析可以进行丰富多彩的多因素、多水平的独立效应、交互效应、重复测验效应等多种效应类型分析，从而极大地提高实验研究的深度。因此，在实验设计时，要根据因变量的敏感性，选用适当的采集方法。

（四）教育实验可以有效揭示教育现象的因果关系

确定事件之间的因果关系是进行教育干预或教育影响的重要前提，只有明确了因果关系存在的真实性，才可以操作自变量，测查到因变量的变化。从这个意义上说，实验法与各种调查法有着显著的不同，它显得更为主动，而不是被动地观察、调查。有干预地观察的研究方式可以更好地体现人类的主动性。作为一名教育工作者，不仅要求有较强的观察与调查能力，还应该有较强的实验研究的能力，不断地假设、实验验证，迅速地掌握具体的情况，运用合理的教育技术以提高教育效果。

实验的因果关系分为内在效度和外在效度两种类型。内在效度，也称内推效度，是指自变量与因变量的直接影响程度，一般在严格的实验控制条件下可以测查得到；外在效度，也称外推效度，是指自变量与因变量因果关系在自然或接近自然的条件下的表现和变化。内在效度是确定因果关系存在的基础和前提，如果没有内在效度，即可否定原来假定的可能存在的因果关系；外在效度是自变量与因变量因果关系的应用，如果因果关系在自然或接近自然的水平下还能保持不变或只有小范围的变化，则说明具有较高的外在效度，这样的因果关系具有较大的应用意义，反之就要考虑其他因素的综合影响（交互效应）。

（五）教育实验需要较高的研究成本

虽然实验研究具有不可替代的应用价值，但是与其他研究方法相比，教育实验的成本比较高。例如，问卷调查可能只需要花费问卷设计、印刷费用以及各种差旅费用等；但是，实验研究在同等条件下，还要多出干预条件、活动的费用，有时候为了避免干扰条件的影响，还需要更多的人力、物力和财力进行实验环境的控制。所有这一切，都会使研究成本提高。但是，这种花费是必要的，如果不进行必要的实验而大面积实施，一旦达不到预期的效果，则损失更大。

三、教育实验研究的作用

（一）教育理论形成和发展的重要途径

由于教育实验研究是一种实证性的研究方法，具有明确的归因性，能检验理论的正确性，因此，教育实验研究就成为教育理论形成和发展的重要途径。19 世纪末，美国资本主义经济迅速崛起，脱离儿童和社会实际的传统学校难以适应经济、社会和教育的发展，同时，科学技术的突飞猛进，知识的增长和学科的分化，也对学校教育内容造成冲击，现实呼唤适合美国国情和教育实际的教育理论，用以指导新的教育活动和实践。为顺应这种潮流，杜威等人以实用主义教育哲学为基础，提出了进步主义教育思想，并创办实验学校，直接投身教育实验和教育改革之中，对传统教育思想和实践提出了挑战，最后形成了影响至今的儿童中心教育思想。美国教育史上著名的“八年研究”是美国进步教育协会在1933—1941年进行的一项综合性课程实验。这次课程实验的宗旨是打破学科界限，建立综合课程以适应学生和社会的实际需要，强调因材施教，鼓励学生独立探索。通过八年研究，拉尔夫·泰勒作为这一研究的主持者，创立并形成了一个比较完整的课程编制理论体系，即泰勒原理。“八年研究”作为运用课程研究的成果进行课程改革和实验的典范，在课程论的发展史上发挥了承上启下的作用。

20世纪50年代以来席卷世界的教育改革运动无不是通过教育实验来推动的。教育家赞科夫的“小学教学新体系”理论是经过长达20年的教育实验形成的，这个理论促使苏联将小学学制由4年改为3年。美国斯金纳的程序教学理论、布鲁纳的发现学习理论、布鲁姆的掌握学习理论等都是经过长期的教育实验之后成熟起来的，并有力地推动了美国的教育改革实践。

20世纪80年代以来，我国形成了历史上的第二次教育实验研究的高潮，一度有“教育科学的生命在于教育实验”的认识，还涌现了大量教育教学实验。教师李吉林的小学语文情境教学理论、上海育才中学的“读读、议议、讲讲、练练”八字教学法、北京师范大学教育系裴娣娜主持的主体性教育实验研究、华东师范大学教育系叶澜主持的新基础教育实验研究等，都极大地丰富了我国的教育教学理论。最具影响的是21世纪以来由教育部主导的新一轮基础教育课程改革（实验），它给我国课程理论乃至教育理论带来了深刻的影响，教育观、知识观、课程观、教学观、评价观、教师观等都因此发生了极大的变化。所有这些都充分说明了教育实验研究对教育理论形成和发展的贡献和作用。

（二）联系教育理论和教育实践的中介

通过各种研究途径获得的理论一般不可能直接用于教育实践，它必须首先通过验证，看其对实践是否真正有效，之后才能大面积地推广并指导实践。相比其他研究方法，教育实验研究有其得天独厚的优势。通过其他研究方法获得的结果只能说是理论或假设，究竟能否成为真理，需要通过实验检验。教育理论是教育研究者的教育思想科学化的结果，当把一种教育理论变为教育现实，或者把一种教育理论转化为大规模、大范围的教育实践时，往往需要通过教育实验这一中介。因为教育改革涉及因素众多，特别是其结果将影响一代或几代人的发展，教育改革依据的理论正确与否，实施过程中的条件是什么，需要注意哪些问题等，都需要通过实验验证才能得出可靠和有效的结论，然后才能大范围推广。同时，通过实验还可以检验理论的现实性、可行性及其应用的条件，避免推广中可能出现的问题，减少浪费和损失。所以，教育实践必须以教育实验为前提和基础。如果不通过教育实验这一中介环节，匆匆忙忙地将一种理论或方案大规模地推广开来，很有可能给教育实践带来可怕的后果。

（三）有利于教育质量的提高

由于教育实验研究是在理论指导下，针对教育教学过程中存在的实际问题进行的，它通过对存在的问题进行深入研究，借助已有的理论和经验，提出变革现实的措施，经过实验逐渐找出解决问题的办法、策略和途径，使学生得到较好的发展，从而使教育质量得到提高。具体而言，教育实验与教育实践是天然地联系在一起的。它在发挥理论的认识功能的同时，还能深化教育改革，提高实际的教育质量。一般的教育实践活动，主要是完成教育教学的任务，没有明确的理论假设，对教育教学活动的分析无须严密，不必刻意追求研究变量的效应。但在教育实验研究中，它不仅要完成培养人的活动，还要进行研究，要对整个教育教学活动进行人为的加工，进行一系列被称为实验处理的特殊处理，追求尽可能高的内外效度。

换句话说，教育实验研究将研究与实践融为一体，在开展研究的同时，必须培养学生，顾及教育的实际效果，兼顾研究结论的获得和教育实践效果的取得，不能因为研究而忽视了现实的教育效果。而且对于以学生为对象的教育活动来说，教育实验只能取得好的教育效果，不能因为研究的需要而伤害学生的发展和成长。这是教育实验研究的教育性原则和伦理性原则的要求。所以，教育实验研究有利于教育质量提高。

第二节　教育实验的效度与变量控制

一、教育实验的效度

实验效度是指一个实验的有效性，它是衡量教育实验成败及优劣的关键性质量指标。美国学者坎贝尔和斯坦利把教育实验效度分为内在效度和外在效度两类。

（一）内在效度

内在效度是指实验者操纵的实验变量对因变量所造成的影响的真正程度。影响教育实验内在效度的因素有以下八种。

1. 历史（或同时事件）

除了实验变量之外，一些未经控制的因素会介入周期较长的实验过程中，引起实验结果的变化。例如，教育工作者想实验一种新的数学教学法，显然，实验变量是新的数学教学方法，实验处理后，紧接着测验学生的数学成绩。在实验过程中，部分参加实验的学生同时参加了课外数学兴趣小组学习，这一“同时事件”可能和新的数学教学方法同时发生作用而混淆实验结果，如果学生的数学水平有所提高，也许并非单纯是由新的数学教学方法所致。一般来说，实验的时间越长，实验处理外其他事件影响实验结果的可能性就越大。

2. 成熟

在实验期间，实验对象的身心发生变化也会影响实验变量对因变量的作用。例如，实验对象在实验期间发育得更成熟、更健壮，或出现疲劳、饥饿、分心、厌倦等状态，这些变化都会影响实验结果。若以小学低年级学生作为实验对象，测验的时候，由于学生身心成熟程度低，施测 60 分钟后，其因产生疲劳而成绩下降。在这种情形下，实验变量对因变量的影响程度如何不容易分辨。再如，教育工作者要实验一种新的阅读教学法的效果，在为期一年使用新的阅读教学法的过程中，实验对象因年龄增长而在认知能力方面的自然发展和成熟或词汇的自然增长，都可能干扰实验处理的效果，所以阅读能力的提高就难以单纯地归因于新的阅读教学法。

3．测验

前测的暗示可能对实验因变量产生影响。有些教育实验，为了比较实验前后的情况，往往在实验处理之前进行测验（称“前测”），而前测的经验常常有助于实验处理之后的测验（称“后测”）分数的提高，尤其是在前后测的题型基本相同时。因为实验对象在经过前测之后，会熟悉测验的技巧和题型，所以，即使没有实验处理的效果，前测经验的影响也可能使后测分数提高。

4．工具

测量手段可能对实验因变量产生影响。实验的测量工具（如试卷、仪器等）、测量主持者、评判者（如评卷人员）的不同或不一致，都可能使测量的标准不统一，从而影响测量结果的准确性，使实验处理作用的效果被混淆。例如，如果教育实验的实验班和对比班的测量主持者和评判者分别以不同的标准和测量工具对两个班进行测量，那么这两种测量的结果是不能加以比较的。因为“工具”的差异可能会造成两个班成绩的差异，而两个班成绩的差异又不一定是由实验处理所导致的。

5．统计回归

在有前测与后测的教育实验中，若以极端分数（高或低）的学生为对象，就容易产生统计回归现象，从而使实验结果难以解释。所谓统计回归现象，是指某次测验中成绩特别高或特别低的学生，不管是否接受实验处理，均可能使第二次测量的成绩向团体平均数回归。即高分组的学生在第二次测量时，其分数由于向平均数回归而有降低的趋势，低分组学生的分数却有升高的趋势。例如，我们如果选择一些阅读测验分数极低的学生进行教学实验，经过一段时间的实验后，再以相同或相似的阅读测验测量他们的阅读能力，由于统计回归现象，这些受试者的分数会有升高的趋势；如以阅读测验分数较高的学生作为实验对象，其分数则会有降低的现象。这种统计回归现象很容易混淆实验处理对因变量的效果。

6．差异的选择

所选择的两组或几组实验对象，在受实验处理之前，本来各方面的能力就有所偏差或不同，那么实验结果的差异就不能说是单纯由实验处理造成的。例如，进行英语教学实验，在实验方案实施之前，实验组学生的英语基础就明显地高于对比组的学生，在实施实验方案后，测量的结果如果显示实验组成绩显著高于对比组，这种差异就可能并非完全是由实验处理所造成的，而是由实验组和对比组原来的英语基础的差异所导致。所以，在采用两组或多组的实验中，实验者必须考虑不同组别实验对象在各项特质上是否一样。如果组别之间实验对象的特质不一样，实验效果就有可能是原来实验组之间所存在的差异，而非实验处理的结果。有的教育研究人员在教育实验中往往忽略“差异的选择”这一因素，如有的实验在实验对象的选择问题上不是按随机抽样、均等分组的原则，而是从实验学校中挑最好的班级，为实验班挑选最好的学生，配备最好的教师，这种实验对象的优化选择使得所得到的实验结果一般令人较满意。但把这种满意的结果解释为实验处理所造成的，显然是不科学的。

7．实验对象的流失

实验对象在实验期间的流失，如择校、转学、迁居、退学、死亡等，可能使实验结果难以解释。例如，研究者随机对两组小学一年级新生进行某一新课程的新方法教学实验，假定实验一年期间，不少能力不足的学生从实验组退出，而对比组却无此现象，实验结果如发现实验组成绩优于对比组，此结果很可能不是因实验处理所造成的，而是因实验组多数能力不足的学生中途退出实验。当实验组和对比组有不同比例的实验对象退出实验时，就会导致结果的偏差。

8. 交互作用

交互作用即选择与成熟的交互作用、选择与历史的交互作用等。前述七项因素的彼此交互作用，是影响内在效度的另一个因素。例如，实验者要实验某种心理教育方法的效果，于是分别选择一组心理正常的学生和一组心理异常的学生做实验，两组实验前的条件本来就不同，这是“差异的选择”因素；实验处理后，心理异常组学生发生了自然恢复，心理正常组学生则无变化，这是“成熟”因素。这两种因素的交互作用，干扰了实验的效果。这是“选择与成熟的相互作用”因素影响了实验的内在效度。

（二）外在效度

外在效度是指实验结果的概括性和代表性，具体来说，就是指实验结果是否可推论到实验对象以外的其他受试者或实验情境以外的其他情境。一个实验越能实现这个目的，就表示该实验的外在效度越好。

1. 外在效度影响因素

坎贝尔和斯坦利认为，有四个因素影响实验的外在效度。

（1）测验的反作用或交互作用效果。

测验的反作用是指前测对后测的作用；测验的交互作用是指前测与后测的交互作用。在有前测和后测的实验设计中，前测的经验往往会限制研究结果的推论性。因为实验对象对实验处理具有敏感性，平常情境下未曾注意到的问题或现象，这时变得更加敏感和警觉，以致实验效果可能部分来自前测实验所产生的敏感性。

（2）选择偏差与实验变量的交互作用效果。

当我们选取一些具有独特心理素质的实验对象做实验时，选择偏差与实验变量的交互作用效果就容易产生。因为这些独特的心理素质可能对实验处理造成较佳的反应。例如，如果选择一些具有高智力的学生进行启发式教学和灌输式教学的比较，实验结果发现前种教学法优于后种教学法。但这一结果不能推论到实验以外的一般的学生中去，因为实验对象具有高智力者的独特心理素质（选择偏差），他们也许比低智力学生更能从启发式教学法（实验变量）中获益。如果将这种结果随意推论到智力一般或较低的学生中，显然会造成推论的错误。

（3）实验安排的反作用效果。

实验安排的反作用效果，即“霍桑效应”。所谓霍桑效应，是指1924年在美国西部电器公司的霍桑工厂进行的一项实验研究所产生的效应。该项实验的目的是探索照明以及其他物理变量对工人生产率的影响，实验结果表明实验组的工人对一些不在研究之列的变动有着明显的反应，这些工人由于管理部门的支持和关怀产生了心理上的满足，由于被安排参加这项研究工作而引起其作为实验组成员和居于特殊地位的自我感觉，于是产生工作积极性。这种通过实验人员和实验对象之间的相互作用而诱导出积极变化的情况就叫霍桑效应。

由于实验情境的安排，实验对象知道自己正在被观察或正在参加实验，他们所表现出来的行为自然而然地与他们不知道正在被观察或不是参加实验时有很大不同。这时，他们为投实验者所好，往往改变正常的行为方式，努力表现实验者所期望的行为，以取悦实验者。但他们在非实验情境中的表现，可能与此完全不同。例如，学生知道自己被选择参加一项新的教学方法的实验，因而在实验期间表现出比平时更高的兴趣和动机、更大的学习主动性和积极性，使得实验效果产生很大的改变。由此可见，在实验情境下所得的结果可能和自然情境下的结果大不相同，这就是教育实验结果常不能适用于日常教育情境的原因。

我国开展的教育实验也有这样的现象，如有些实验常常指定实验班和实验教师并大力宣传动员，使参加实验的师生有清晰的实验意识，知道自己在做实验，这样，实验对象自然会情绪高涨、干劲倍增。这样的实验结果不能推论到其他一般的教育情境中去。所以，在教育实验中，我们必须巧妙地选择和安排好教育实验的情境，尽量减少霍桑效应。

（4）多重实验处理的干扰。

当同样的受试者重复接受两种或多种实验处理时，由于前面的处理通常不易完全消失，以致几项实验处理间会产生相互干扰的作用。因此，这种实验的结果只能推论到类似这种重复实验处理的情况。例如，比较集中学习法、分散学习法、整体学习法和部分学习法的效率时，让每位受试者重复采用这四种学习方法。如果发现整体学习法效果最好，研究者并不能将这种结果推论到仅仅接受一种整体学习法的处理情境，因为整体学习法之所以取得良好的效果，可能是因为和其他三种方法共同交互作用。

2. 两种性质的外在效度

美国教育实验研究专家布拉切特和格拉斯（G. H. Bracht 和

G. V. Glass）于1968年发表了《实验的外部效度》①，对实验的外部效度的性质作了区分，提出了两种性质的外在效度，即总体效度和生态效度。

（1）总体效度。总体效度是指实验的结果能推论到何种总体。实验结果可以从实验样本推论到既定总体。例如，从一个特定的学区随机抽取100名小学生进行活动教学的实验。实验结果显示活动教学法比常规教学法效果更佳。这一实验结果一般只能推广到作为样本来源的总体，即那个特定的学区。布拉切特和格拉斯称这一有限群体为“实验切近总体”。如果样本是随机抽样的，实验结果就完全可以推论到“实验切近总体”。有时我们想把实验结果从“实验切近总体”进一步推广到更大的群体，如将上例进一步推广到全国的小学生，“全国小学生”这一更大的群体则被称为“目标总体”。但如果做这样的推广，就需要比较“实验切近总体”与“目标总体”之间的相似程度。如果“切近总体”与“目标总体”的重要特征相似，那么，由“切近总体”推广到“目标总体”也是可以的。

（2）生态效度。生态效度是指一种情境或条件下的实验结果推广到其他情境或条件的程度。如果实验结果受实验情境或条件限制，那么它的推广也要受到同样的限制。要提高生态效度，应注意如下问题：应完整地描述实验所涉及的操作和实验背景；推广实验结果时应考虑实验安排，尽量减小霍桑效应；应考虑变量的代表性；避免相互作用的效果影响，如前测提高实验对象的敏感性，其所获结果就难以推广到无前测的总体；减少测量工具的影响。

---

① 蒋士会，郭少东.试析课程实验中的效度问题[J].沙洋师范高等专科学校学报，2009，10(2)：10－13.

二、教育实验的变量控制

要使实验获得成功，必须事先进行周密的思考和策划，考虑如何控制实验条件、如何安排实验进程，这种谋划活动一般称为实验设计。在实验设计中，最核心的问题就是考虑如何对实验变量进行控制。

教育研究中的变量主要有三大类，即因变量（或称“应变量”“倚变量”）、自变量和无关变量，教育实验的设计也要涉及这三大变量。变量控制，从广义上讲，对自变量的操纵和对无关变量的控制都可叫作变量控制。对自变量的操纵是一种主动支配，即由实验者决定将自变量施加于何人、如何施加；对无关变量的控制是指采用消除、恒定、抵消或平衡等方式限制乃至排除某些条件对实验进程及其结果的影响。从狭义上理解，变量控制仅指对无关变量的控制，而对自变量则使用“操纵”一词。

（一）教育实验因变量的确立

如前所述，因变量与教育目的有关，是实验设计者期望通过自变量的作用而在实验对象身上可能产生的效果。由于教育实验的对象在大多数情况下是学生，因此因变量常常表现在学生身心变化的速度和质量上。教育实验中因变量的确立与分解，有一个从模糊到清晰、从笼统到精细的过程，这个过程可大致描述为三个步骤。

1．制定实验目标，聚集研究焦点

任何一项教育实验，只要稍具规模，总可以产生相当广泛的效果。但为保证研究质量，集中研究力量，又必须在若干可能的效果中有所倾斜，也就是说要确定重点目标。比如，以五年为一周期的小学整体改革实验的总体效果，可概括为“三个一”：一批合格的小学生、一套有效的教育模式、一支高素质的教育管理者和实验教师队伍。一般说来，第一个“一”是最主要的，教育总是以培养人为最根本的目的，有了第一个“一”，后面两个“一”便是必然产生的副产品。而且，人们希望有一套模式、一支队伍，最终也是为了有一批合格的小学毕业生。再就单项实验而言，人们的实验目标也总是集中指向重点问题或热点问题，如“思维品质”“自学能力”“良好个性”等。唯有目标集中，突破和深化才有可能。

2．分解实验目标

作为实验对象的学生，其实质是一个活生生的、由各种素质因素构成的有机个体，但为了便于观察，有必要将各种素质条分缕析。例如，在整体实验中将学生发展质量分为知识、技能、智力、品德、个性和体质六个方面，每一个方面再作细分；又如在某个单项实验中把思维品质分为深刻性、灵活性、独创性、批判性、敏捷性五种，再将它们与语文的听、说、读、写能力，数学的运算、空间想象、逻辑思维能力结合，形成若干个交叉点。这些可称为目标的横向分解。

由于实验的周期长，目标需要一步步地实现。换言之，因变量的变化是逐渐发生的，表现为一种时间序列状态，因此要使实验的方向明确、自变量的作用始终如一，还应当对实验目标作纵向的分解。小学整体实验不仅要在低、中、高三个学段为学生素质发展各方面制定阶段目标，而且每学年（期）、每一教学单元乃至每课时都应给出具体目标；前述思维品质与语文、数学能力的若干交叉点，在中小学不同年级均有不同的表现形式，只有给予具体描述，才可以测量出来，以判断预期目标是否正一步步地实现。

3. 对目标要素进行具体描述

为便于观察和测量，还必须对每一阶段的每一目标要素作定性和定量的描述。例如给小学毕业生知识要素之一的“字词量”作出以下具体描述：①认识常用汉字3000个，其中掌握（即达到“四会”）2500个；②常用词及词组按1（字）：2.5～1：3（词）计。这种描述既为编制评价工具提供准确的依据，也为最后的评定提供参数。当然，有些难以精确描述的要素，也可给出几个粗略的等级标准。

（二）教育实验自变量的选择与操纵

为促成某个因变量的变化，往往有多种方法和途径，何者可作为主动操纵的自变量呢？这首先是怎样选择的问题，而后才是怎样支配的问题。

1. 寻找共变关系，探求因果联系

如前文所述，实验要探求事物之间的因果联系。人们在教育实验中，通常要推测某种教育措施与某种教育效果之间的因果联系，而要认定变量x是变量y的原因，变量y是变量x的结果，首先要查明x与y之间是否存在共变关系，即两个变量同时出现、同时消失或者同时显现的规律性变化。譬如，教材中知识结构体系与学习者认知结构方式，获得知识的过程与认识能力形成，生活常规训练与良好习惯养成，乃至学生座位编排方式与学习效率，等等，都存在这种共变关系。

然而，教育活动的诸多变量之间的内在因果联系并非机械地一一对应，常常是一因多果、多因一果，错综复杂。比如，学习材料和教学方式是形成学生某种认知结构的共同原因，而某种座位排列方式不仅影响学习效率，也影响学生的思想、观念和性格。此时，我们除了要通过控制某些变量来突出某些变量之外，还要致力寻找最典型、最重要的变量，即从各种原因变量中找出最有影响力的变量，从诸种结果变量中找出最值得关注的变量。这就需要对变量进行筛选、改组或创设。

2. 筛选、改组或创设自变量

应该说，教育者所采取的一切措施都对学生的素质养成有着或多或少、或正或负的影响。显然，教育实验要致力寻找积极影响尽量大一些的措施，这里就有比较、筛选的问题。例如，上海青浦区教研室从本地教师众多教学经验中比较筛选出两种有效的教育措施，即尝试指导和效果回授，进而就需要明确两种措施各有什么最典型、最独特的效用；两种措施叠加会不会有更好的效果。于是他们开展了小范围的先期探索，在不同的班级进行叠加和非叠加的实验探索。非叠加实验有两种：①有“尝试指导”而无“效果回授”；②有“效果回授”而无“尝试指导”。实验结果表明，尝试指导有利于学生探索兴趣和思维能力的发展，效果回授有助于学习成绩大幅度提高。只“回授”不“尝试”，成绩虽有提高但不利于能力培养；只“尝试”不“回授”，会使尝试效果得不到巩固，知识技能方面无法落实。两种措施叠加，则可相辅相成，获得最佳效果。

值得注意的是，教育中许多实验的自变量都不是单一的，如布鲁纳的课程结构论加上发现教学法、兰本达的结构发生性材料加上探究—研讨程序、卢仲衡的“三本子”加上自学辅导程序等，都体现了对自变量的改组和创设。

3. 拟订具体措施

这一步实际上是对实验执行者如何操纵自变量作出具体的规范或

提示，诸如如何组织教材、如何控制学习进程、什么时候给予指导等，其目的都是保证自变量对因变量发生预期的影响。例如，在拼写教育实验中，将自变量（单词数量）设计成10个、25个、40个、60个、100个单词，将学生随机分成5个小组，实验人员应事先准备好单词，供各组使用。

（三）教育实验中无关变量的控制

1. 控制无关变量影响的方法

无关变量是指实验变量之外一切可能影响实验结果的变量，包括外部干扰的变量和中介变量。控制无关变量影响的方法有排除法、纳入法、物理法、随机法、配对法、测选法等。

（1）排除法。在实验设计时，预先将可能影响结果的变量排除于实验条件之外，简化自变量。例如，在对比启发式教学法和演讲式教学法的优劣时，如果认为智力因素会影响结果，则只选高智力学生为实验变量（或只选中等智力学生，或只选低智力学生为实验变量）实验对象，这样智力因素对实验结果的影响就被排除了。同样，如果认为性别因素对实验有影响，则可选择单一性别（如只选男生或只选女生为实验变量）实验对象，这样性别因素对实验结果的影响就可排除掉。

排除法能很有效地控制无关变量，但所得的实验结果缺乏普遍的推广性。例如，只选男生为研究对象，将来结果就不适用于女生。因此，在实验设计时，排除法并不常用。

（2）纳入法。把影响实验结果的某种（或某些）因素也当作自变量来处理，并将其纳入实验设计中，成为多因素实验设计。这样，不但可以收到控制之效，还可以进一步了解变量间的交互作用。例如，在对比启发式教学法和演讲式教学法的优劣时，可将智力因素分为高、中、低三个层次纳入设计中，这时,原设计就变为“2(两种教学法)×3（三个层次的智力水平）×2（两种性别）”的三因素实验设计。

（3）物理法。实验情境的控制常用物理控制法。物理控制法就是注意实验情境的物理条件（如温度、湿度、照明度等）是否保持恒定，以及实验的记录是否客观一致等物理性因素的控制。

（4）随机法。随机控制法是将参与实验的受试者以随机分派的方式，分为实验组与控制组或各种不同的实验组。在实际使用时，随机法可分为两个步骤：第一步是用随机的方法将参加实验的所有学生进行均等分组；第二步以随机的方法决定哪一组为实验组，哪一组为控制组。随机控制法，虽然在事实上未必各方面都完全相等，但理论上它们相等的机会却比较多。

（5）配对法。运用配对法的目的主要是使实验组和控制组在一些重要条件上相等或接近，从而控制无关因素对实验结果的影响。具体要求：①根据实验控制的目的和要求，将实验对象中有关条件相等或接近者分配在一起，组成对子。②将对子一组一个分派给实验组和控制组。配对法的关键是配对的特征和条件，因此配对时应考虑以学生的何种特征作为配对的条件。假定实验因素是教法，无关因素可能有智力、基础成绩、非智力因素（态度、积极性等）、性别等，研究者应以欲控制的无关因素为配对条件。诚然，配对的条件越多，则越难配对；但若不全面考虑各种因素，则可能因某些因素不作为配对条件而成为未能控制的无关因素影响实验结果。例如，在八年级200名学生中抽取30名学生分成两组，实验两种新的语文教学方法。拟控制学生的基础成绩及勤奋程度这两个无关因素对实验结果的影响，可用配对法。具体做法：①将200名学生按他们平时的勤奋程度分为上、中、下三类。考查学生的学习勤奋程度可请班主任协助进行。②计算抽样比例，然后按比例计算出每类学生该抽取的大致人数（应为偶数）。③分别在这三类学生中按基础成绩配成对子。将同分者配对，如果同分对未达到每类应抽的对数，则将分数接近者配对。④将各对子分派给两个实验组。分派对子时，要将不同分的对子按成绩高低搭配分派，使两个实验组的基础成绩相等或接近；同时，要考虑两个实验组学生的其他特质（如性别、智力）相同或尽可能接近。

在理论上，配对后的实验组和控制组的实验对象在用以配对的特质方面可达到相似的程度，但在实际上却很难做到完全相等。一是因为配对的变量若超过两个，要找到几个变量同时相等的实验对象是十分困难的；二是因为对于中介变量，如动机、态度等内在的因素，根本无法找到可靠的标准去进行配对。配对法常与前测结合使用，一般先前测后配对。

（6）测选法。测选法是把参加实验的对象于实验处理之前全部测量一下，然后根据测量的结果，予以合理的选择与分配。为了使各组均等而编制或采用的测验，必须合乎实验处理的要求。例如，如果打算用两个组做实验以比较两种数学教学方法的效果，那么所要测量的就是学生原有的数学水平。测量的结果出来后，就按分数高低的顺序排列好，然后按排列顺序上的位置，用高低分搭配的方式把他们均等地分在各组里面。

2. 控制测量工具的方法

根据实验的需要，要科学地选择、编制和使用测量工具。无论是选用现成的测量工具（如“瑞文智力量表”“卡特尔人格量表”等较为公认和权威的测量工具），还是自行编制测量工具，都要有较高的信度和效度，而且要正确使用各种测量工具，想方设法地降低测量的误差。此外，还可以运用物理控制法降低测量工具的误差。

第三节　教育实验研究的过程

一个完整的教育实验程序应包括四个环节：确定实验课题、设计实验方案、实施实验方案、总结和评价实验。

一、确定实验课题

确定实验课题是教育实验研究的第一步。能提出和形成一个有科学意义的实验课题，其本身就具有重大意义。因此，开展教育实验研究首先就要确定实验课题。确定实验课题与研究者的实践经验、科学素养有很大关系，同时要考虑实验课题的必要性和可行性。

（一）提出问题

任何研究都始于问题，教育实验研究也不例外。有了问题，研究才会有目的性和针对性。发现和提出问题有很多途径，可以提出教育实践中迫切需要解决的问题；可以提出教育实践的困惑；可以在经验筛选、调查研究的基础上提出；也可以在教育理论研究的基础上提出；还可以在教育理论和教育实践的结合点上提出。提出问题后，就要查阅大量的有关文献，了解前人是否遇到过同样的问题，哪些问题已经解决了，哪些问题还没有解决，哪些是有争议的问题，等等。然后结合自身的研究，站在较高的层次和背景上进行理性思考，从理论上获得解释和说明，找到问题存在的症结，从而对研究的问题有一个全面、系统的了解。最后确定自己的研究方向，提出解决办法，形成研究课题。

提出问题的关键是提出有价值的问题。有价值的问题决定了研究成果和实验的成功。一般而言，有价值的问题应该是教育理论与实践中迫切需要解决的问题。问题的价值主要体现在三个方面：其一，基础性，即该问题研究所确定的课题对教育科学有关领域的发展具有决定性意义，能为这一领域其他问题的解决奠定基础。其二，创新性，即该问题的研究将对原有的理论框架有突破、更新和再创造。这种创新性绝不是那种单纯从事实中简单归纳或从理论中凭空思辨演绎，而是要改变原有理论的基本概念和原理，突破和超越原有理论并能够解释原有理论所不能解释的现象。其三，变异性，即该问题的研究不仅能引发一系列有内在联系的、逐渐深化发展的研究课题，而且对相邻科学的研究将产生重要影响，有较好的外部价值。

（二）提出实验假设

所谓实验假设，就是指研究者对实验课题的推测性说明或假定，是对实验课题的具体化和操作化表述，是实验课题的进一步展开。实验假设更明确、具体地说明和规定了实验课题，对课题中涉及的变量及其相互作用做出了陈述性表达。

【案例 8.1】

“现代少年”课程实验的假设

在初级中学阶段，以个体青春期身心发展中的主要变化和矛盾为线索，选择并确定相应的内容，采用专门课程的形式，可以比较充分地满足和适应受教育者青春期成长的需求，有助于他们顺利度过青春期，有利于他们形成健康的心理，从而为受教育者的全面发展打下良好的基础。

【案例8.2】

T市W小学“大课程实验”的假设

实验包括学科课、活动课和隐性课在内的大课程，比原来的常规课程在实现目标上效果更好，假说中反映的实验自变量是“大课程”，因变量是前述的实验目标，大课程与实验目标之间可能有一定的因果关系。

理论假设的提出要大胆而合理。所谓“提出理论假设要大胆”，就是要敢于创新，摆脱习惯思维的束缚，敢于提出新见解、新设想。当然这种创新是建立在合理基础上的。所谓“提出理论假设应合理”，就是必须以一定的事实依据，以一定的科学理论为基础，经得起逻辑分析、科学论证。例如，顾泠沅主持的“尝试指导，效果回授”数学教改实验的理论假设是运用“尝试指导，效果回授”的方法进行教学，能够培养学生获得和运用知识的能力，大面积提高中学数学教学质量。林崇德主持的“教学与发展”实验的理论假设是教学应把思维品质发展与培养放在首位，而良好思维品质培养又必须从语文、数学基本能力的训练入手，同时注重非智力因素的作用。这些都是大胆而合理的实验假设。

提出了实验假设，还应使用恰当的方式表述出来。假设一般以命题形式表述，大体有三种方式：条件式陈述，格式为“如果A，则B”；差异式陈述，格式为“A和B之间存在（或不存在）差异”；函数式陈述，格式为“随着A的改变，B则按其规律变化”。无论以何种形式出现，都应确切表达出自变量与因变量之间的关系。比如，中学自学辅导教学实验的实验假设是“采用自学辅导的教材和教学方法能够提高学生的自学能力”，这一假设清晰地陈述了“中学自学辅导教学实验”的研究变量及其关系，使研究的问题更加具体化和可操作化。

二、设计实验方案

设计实验方案是教育实验实施前的准备工作，是研究者对整个实验过程所做的周密、详细的安排。实验方案是教育实验的蓝图和指针，是教育实验最重要、最关键的环节。它确保了实验工作有计划、有步骤地开展。它主要包括分析实验变量、选择实验对象与分组、选择实验设计模式、制订实验研究方案等。

（一）分析实验变量

一项教育实验涉及的变量是很多的，只有明确了实验中的变量组成及其性质，才能正确地操纵实验，并确保实验的顺利开展。教育实验中的变量根据其与研究目的的关系，可以划分为自变量、因变量和无关变量。

自变量是指在实验中由实验者操纵其变化的量。如一项教材实验，准备考查某种教材的效果，则教材就是自变量。因变量是指实验中随自变量变化而变化的量。在教育实验中，一般来说，学生的学习成绩、学习能力等都属于因变量。无关变量是指实验中不是研究者研究的变量，即除自变量和因变量以外的变量。如在“自学辅导教学法与学生学业成绩的关系”这一实验研究中，“自学辅导教学法”是自变量，“学生学业成绩”是因变量，而这二者之外的变量如“学生的知识水平、性别”“教师的教学经验、年龄”等都是无关变量。不同的实验课题，实验的变量组成各不相同，应根据具体课题具体分析。

分析了实验变量后，要对自变量做出准确界定，主要根据实验课题、自变量的意义和特点确定，包括：其一，实验自变量数量的确定。实验自变量的数量与实验课题紧密相关，不同的实验课题，不同的实验目的，其数量就不同。例如，小学语文教学中，要比较集中识字教材和统编教材的优劣。这个教育实验，由于实验因素都是“教材”，因此只有一个实验因素。一次实验可能有一个实验因素，也可能有两个或两个以上实验因素，其数量应根据研究课题与实验目的确定。其二，各实验自变量水平的确定。实验自变量的水平是指每一实验因素所处的状态或等级，即实验自变量这个变量所取的“值”。如采用甲、乙、丙、丁四种教材做实验，则可说教材这个实验自变量有四种水平；如采用35分钟、45分钟、55分钟三种教学时长做实验，则可以说教学时长有三个水平。一般来说，在一项实验中，每一个实验自变量至少应有两个水平，否则就是常量。

在实验方案中，要详细规定自变量的操作要领，明确界定其出现的次数、程度、水平等，因变量的测量指标、测量的手段和方法也要有明确具体的规定，对主要的无关变量也要一一列出。这样才能便于实验者正确地操纵自变量，有效地测量因变量，合理地控制无关变量。

（二）选择实验对象与分组

1. 主试的选择与分组

设计实验方案的一项重要工作就是确定实验人员和实验的被试。主试是实验中实验变量的主要操纵者和执行者，它是实验成功的一个重要因素。实验中，“主试”一般应由专业人员和实验教师组成。对实验教师的挑选，只要他们能理解实验设计的意图，能够按照实验方案中的规定操纵和执行实验，并与研究者积极配合，就可以作为被选对象。应按随机原则将实验教师分配到实验组与对比组。

2. 被试的选择与分组

选择适当的实验对象并把他们分配到适当的实验组中是设计实验方案的重要内容，也是进行实验控制的重要范畴。教育实验的被试通常是指学生。实验中，被试主要通过抽样的方法选择，根据实验内容和研究条件的要求而定。抽样的方法很多，最常用的是随机抽样法和分层抽样法。无论采取随机抽样法还是分层抽样法，被抽取的学生必须满足三个条件：其一，代表性，被选学生应能代表学生总体特征。其二，随机性，学生被选的概率均等，每人都有被选的可能。其三，样本容量适当，若样本过小，不具代表性和随机性；样本过大，又不便统计、计算。当然，代表性、随机性、样本容量适中是进行抽样的依据，采用合理的随机抽样法和分层抽样法是使样本具有代表性、随机性、适度性的根本保障。实验对象选出后，按照“相等”原则进行分组。所谓相等原则，是指每组实验被试在所要控制的因素整体上平均水平相等，以便保持实验组与对比组间的可比性，分组多采取随机分组法、测量选择分组法、匹配分组法等。

（三）选择实验设计模式

为了排除其他因素的影响，实验者必须采取一定的控制措施。比如，使所选定的实验组具有一定的代表性，并使之保持一定的稳定性和封闭性；或者，在实验组之外另设定一个控制组以便排除某些干扰因素。在设置实验组和控制组时，实验组和控制组最好是随机选派，并尽可能使它们的所有特征和条件都相同。比如，在“期望效应的实验研究”中，实验组和控制组的不同之处在于：实验组（被老师认为更出色的20%的学生）接受实验刺激，而控制组（其余80%的学生）则不受实验刺激的影响。

在选择实验组和控制组时，往往采用“匹配”和随机指派两种方法。由于找出两个完全相同的实验对象几乎不可能，所以教育实验研究更多地采用随机指派的方式。比如研究者若要将50名学生分到实验组和控制组，可以将这些学生随意地按顺序排列，然后将号码为奇数的学生分到实验组，将号码为偶数的学生分到控制组。

（四）制定实验研究方案

教育实验研究是使用测量和统计的方式对假设进行验证。研究者在实验开始时往往需要对因变量进行测量（即前测），在实验结束后再对因变量进行测量（即后测）。比较分析两个组前后两次测量结果之间的差别，得出实验刺激的影响。实验刺激的影响 = 实验组前后测的差分 − 控制组前后测的差分。

上述经典的实验研究大体上能够消除实验干扰因素，因而也被称为“标准实验”或“真实验”。

三、实施实验方案

实验方案制定以后，可进入实验的正式实施阶段。在实验过程中，研究人员包括实验教师要认真、严格执行实验方案中的规定，把实验方案落到实处。但若发现方案不周密，也应及时做出调整。在这个阶段，最重要的是要做好实验的管理工作。

教育实验是一项复杂的系统工程，把众多人员组织起来，使他们思想统一、步调一致地行动，是实验取得成功的保证。所以，必须安排好实验的组织管理。其工作主要包括以下方面。

（一）建立、健全组织机构

一项大型的教育实验要设计建立一个由教育行政主管部门、教育研究部门、学校三方共同组成的课题领导小组，并进行分工合作。目前，我国的教育实验中，大多由实验学校的校长亲自抓实验的管理工作，并设立科研处（室）具体负责实验的组织实施。

（二）确定实验的物质条件

实验的组织机构及工作人员一般要制定规章制度，确定实验的时间、场所、范围、材料等。实验时间一般是指从实验开始到实验结束所需的时间，需要根据实验课题的内容、规模来确定。实验场所是指在什么地方进行实验，如学校、班级、小组等，一般需要根据实验的性质，针对单科、单项实验和整体性实验选择不同的实验场所。实验范围是指在多大的地区、多少学校、多少班级进行实验，应根据实验课题的要求和实验的主客观条件而定，一般是先定实验点，进而扩展到实验区、实验网，由小到大，由点到面，逐步扩大。实验材料包括实验仪器、实验量表、直观教具和技术手段、实验表格、实验教材等，这些都要专人负责，准备到位，妥善保管。

（三）建立实验队伍，并组织培训

要建立以实验学校校长和教师为主体的，有教育行政人员、研究人员参与的“三结合”实验队伍，要围绕实验方案，组织学习课题研究的相关理论，提高研究素养。

（四）搜集、整理与分析实验资料

详细、全面地占有资料是实验成功的重要保证。无论何种类型的教育实验，都要用实验、实践事实来说话，这就要求实验人员能有效地运用分析、比较、综合的思维方法，科学地搜集、整理、分析实验资料，包括实施实验之前的文献资料搜集、整理与分析，从而为实验设计提供可靠的理论依据；也包括实验中实验资料的搜集、整理、分析，以保证资料翔实、全面、客观，并对资料进行具体分析，保证实验结论的可靠性。

在实验的实施中还应坚持以下两个基本原则。

第一，教育性原则。实验过程中实验教师操纵的自变量不管是教材、教法，还是管理方式，任何一种变革措施的施行，都不允许危害学生身心的健康发展。教育实验是研究活动与教育活动融为一体的实践活动，研究活动的进行首先必须保证教育性。

第二，客观性原则。实验的实施要严格按照实验方案的规定进行，遵循实验的规范。研究者必须对实验课题、实验对象不抱偏见或成见，排除各种不利的心理效应；对观察和搜集的事实材料、数据要如实记录，按照要求处理材料；绝对不允许篡改实验数据和材料。凡参加实验工作的人员，都要坚持客观性。

四、总结和评价实验

这一阶段的主要工作是对实验的全部资料和数据进行整理和统计，得出实验的结论，对实验做出评价，具体包括资料的整理和处理、得出结论和撰写实验研究报告。

（一）资料的整理和处理

一项实验完成之后得到的资料和数据往往是既丰富又无序的，难以看出其中的规律，因此，必须对它们进行整理和统计处理。整理资料时要按类归档，能定量的尽量定量，做到清晰有序。统计处理数据时，要依据数据的特征采用合适的统计手段，注意它们的适用条件和范围，防止因误用而造成结论错误。

（二）得出结论

得出结论就是根据实验统计数据来说明实验结果。实验的结论可能有多种情况：证实假设、证伪假设、部分证实假设或部分证伪假设。无论出现哪种情况，对于实验者来说都是收获，都达到了实验的认识目的。因为它帮助实验者回答了某个问题，或者为实验者解决某个问题提供了新的思路或办法。

（三）撰写实验研究报告

撰写实验研究报告是教育实验的最后一项工作。它以研究报告的形式把实验的结果公布于众，供他人学习、借鉴和探讨，以期产生社会效应。

实验研究报告是实验研究工作的总结，集中反映了实验研究的过程和结果，是实验研究的经验结晶。实验研究报告直接影响着实验成果的反映。因此，撰写实验研究报告是教育实验研究的重要一环，应该予以足够的重视。实验研究报告要陈述确凿的事实数据、材料、实验过程和结果，既不能夸大其词，也不能弄虚作假，需要谨小慎微。实验研究报告形式要规范，用词要恰当，语言要通俗易懂，表达要精确简练。

本章总结

本章分三节介绍了教育实验研究相关内容。第一节介绍了教育实验研究概述；第二节分析了教育实验的效度与变量控制；第三节阐述了教育实验研究的过程。通过本章内容的学习，大家能够更好地运用教育实验方法进行研究。

推荐阅读材料

1. 杜晓新编著：《心理与教育研究中实验设计与SPSS数据处理》，北京大学出版社，2013年。

2. 盖青：《美国20世纪教育实验研究》，广东教育出版社，2010年。

3. 胡中锋主编：《教育科学研究方法》，清华大学出版社，2011年。

4. 黄建初编著：《走向实证：给教师的教科研建议》，华东师范大学出版社，2021年。

5. 邱皓政：《量化研究与统计分析：SPSS（PASW）数据分析范例解析》，重庆大学出版社，2013年。

5. 易丹辉，李静萍编著：《结构方程模型及其应用》，北京大学出版社，2019年。

6. 朱德全，宋乃庆，彭智勇主编：《基础教育实验研究》，西南师范大学出版社，2001年。

7. 朱永新著，中国教育报刊社·人民教育家研究院组编：《朱永新与新教育实验》，北京师范大学出版社，2021年。

第九章　如何做教育质性研究

质性研究源于文化人类学、社会学、心理学、人类语言学，是在自然情境中以复杂的、独特的、细致的叙述来理解社会和人的过程，它站在被研究者的角度用文字而不是数字来描述和分析现象。质性研究方法自1960年在美国兴起以来，越来越受到社会科学研究者特别是人类学、社会学、社会语言学、教育学以及心理学研究者的重视。

教育质性研究者往往将自己定位为“实征”（empirical）而非“实证”（positivist）研究者。他们的研究并非简单的理论思辨，也不是低水平的经验总结，更不是对已有理论的验证，而是基于一手资料、遵照严谨规范开展的有计划的研究，指向的是创建本土理论。教育质性研究作为一种新的研究方法，在我国教育学界获得认可，并不在于其“新”，而在于其能扎根已有的学术土壤，创造性地回应教育研究的实质性论题，系统地为教育研究者提供“做”研究的范式、方法论和技术。

第一节　教育质性研究概述

一、教育质性研究的定义

由于质性研究这一方法不仅应用于教育领域，还可以应用到社会科学研究的所有领域，因此下面先对质性研究[①]的基本定义作简单介绍。

质性研究可以被认为是“以研究者本人作为研究工具，在自然情境下采用多种资料收集方法（如深度访谈、开放观察、实物分析等），对社会现象进行整体性探究，主要使用归纳法分析资料和形成理论，通过与研究对象互动对其行为和意义建构获得解释性理解的一种活动”[②]。它具有探索社会现象、阐释意义以及发掘深层社会文化结构的作用。质性研究是一个跨学科、超学科的领域，它不是来自一种哲学、一个社会理论或一种研究传统，而是受到很多不同的社会思潮、学术理论和研究方法的影响。

教育质性研究则是采用质性方法对教育现象进行研究的活动。新教师作为研究者进入学校、课堂和其他教育场所，对教育问题进行长期、深入、动态、整体的探究，以了解和理解各类教育实践者的惯常行动和思考、他们对自己行动和思考的解释，以及使他们如此行动、思考的内外部条件和结构性影响。

---

① 质性研究（qualitative research，也被译为“质化研究”）在我国人类学界通常被称为“文化人类学方法”，在社会学界通常被称为“定性研究”。

② 陈向明. 质的研究方法与社会科学研究［M］. 北京：教育科学出版社，2000：12.

二、教育质性研究的特点

具体而言，教育质性研究具有如下特点。

（一）研究传统：遵循自然主义

研究者将自己的前设先“悬置”起来，研究问题和研究设计可根据实际情况而变化。例如，如果研究者打算研究中小学校内的“后进生”现象，他们会进入课堂进行实地观察，看教师是如何对待“后进生”和“非后进生”的，教师对他们的态度有什么不同；并与教师、校长、学生、家长等交谈，了解他们对“后进生”现象的看法。质性研究不像定量研究那样，对事先提出的一些假设进行验证，如“学生的家庭背景与学生的学习成绩之间存在因果关系”，而是深入现场多方调查后才形成自己的研究问题和研究结论。研究者起初可能认为教师的态度对学生的学习有影响，但如果实地调查结果与该设想不符，研究者则放弃该设想。

（二）研究现象：关注教育现象

质性研究结果不追求定量研究意义上的“可重复性”和“可推广性”。如上述对“后进生”现象的研究，研究者可能只选择一所“后进生”现象比较突出的学校进行研究，所获得的结果不一定能“自动地”适用于其他学校。但由于研究相对深入，对“后进生”现象进行了全方位的“深描”，在历史发展和社会结构的交接处探讨了“后进生”的个人体验和意义阐释，因此也有可能提出具有解释力度的结论，能够丰富人们对该现象的理解，通过认同和共鸣获得对研究结果的推广。

（三）研究结论：源于原始资料

质性研究主要通过归纳法（不排除过程中采用演绎法），从被研究者的视角形成分析的概念和主题。质性研究的目的是了解和理解被研究者的惯常社会行动和思维方式，包括他们所使用的概念、语词和分类方式。例如，在对“后进生”现象的研究中，研究者一定要深入学校，从当事人那里收集第一手资料，了解他们用什么概念和语词来描述“后进生”现象。然而，由于研究者有自己的分析视角和学术立场，因此他们对被研究者的行为规则和意义解释的理解经过了自己思维的“过滤”，是一种对对方解释的“再解释”。研究者对“后进生”现象的理解不完全停留在当事人所使用的概念和语词层面，也加入了他们自己的分析和解释，在“文化主位”和“文化客位”之间形成了互动的张力。

（四）研究结果：使用文字表达

随着学术界对研究结果呈现方式多样化的宽容度不断提高，目前越来越多的表达方式也在被使用，如视频、概念图、过程图、戏剧和诗歌等。质性研究的结果也可以用数字来表达，但通常只是用描述性数据作为补充资料，因为质性研究者认为，社会现象非常复杂，不能完全用因果（和相关）关系来表达。例如，在上述对“后进生”现象的研究中，研究者可以使用一定的数据对“后进生”的家庭背景与其学习表现之间的关系进行描述和分析，但研究结果的主体部分会更多地采用文字或图表揭示“后进生”现象产生、发展的过程以及各类相关人员对这个现象的意义解释。而且，质性研究报告的文字需要具有

“感召性”，能够唤起读者的联想与共鸣。

（五）研究过程：重视道德伦理

在研究报告中，质性研究者会详细介绍研究的过程，反思自己的个人身份、立场以及与被研究者之间的关系对研究过程和结果所产生的影响，并且会讨论自己是如何遵循保密原则和自愿原则的，是如何回报被研究者所提供的帮助的。例如，在有关“后进生”研究的报告中，研究者会详细介绍自己使用的方法；反思自己与“后进生”现象有关的经历，自己与被调查的教师和学生（“好学生”“中等生”“后进生”）之间的关系，以及这些关系对研究的过程和结果所产生的影响；研究者还会讨论如果有学生不愿意参加本研究，自己是如何处理的；在写报告时，自己为了保护被研究者是如何采用匿名等方式为其保密的；当被研究者付出大量时间和精力时，自己是如何回报他们的。

第二节　质性研究与量的研究、定性研究的区别

一、质性研究与量的研究的区别

质性研究与量的研究的区别如表 9－1 所示。

表 9－1　质性研究与量的研究的区别

分类	质性研究	量的研究
研究目的	解释	证实
研究内容	过程、整体	事实、局部

（续表）

分类	质性研究	量的研究
研究设计	演化	预定
研究工具	研究者	量表
表达的手段	文字、图片	数据
研究关系	互为主体	主客对立
抽样	目的性	随机
收集资料方式	深度访谈、开放观察、实物分析	问卷调查、封闭观察
分析资料方式	归纳为主	演绎为主
效度检验	相关性、严谨性	真实性
推广度	认同推广、理论推广	可控制性推广
伦理道德问题	重视	无关

二、质性研究与定性研究的区别

定性研究是关于事物性质的研究，是根据研究者的认识和经验确定研究对象是否具有某种性质或某一现象变化的过程和变化的原因。定性研究能够有意义地处理那些难以用定量方法描述的因素，从而从总体上掌握研究对象性质的基本情况。

质性研究与定性研究有着诸多不同之处，主要体现在以下几方面：（1）定性研究的理论基础主要是哲学，其研究传统是一种形而上、思辨的传统；而质性研究的理论基础主要是人种学、现象学、解释学、实证主义理论，具有跨学科、多学科的色彩。（2）定性研究的方法包括历史法、个案法、观察法、调查法、文献资料分析法、经验总结法等；而质性研究除了上述定性研究方法外，还包含实证研究方法。(3) 定性研究注重哲学思辨、逻辑推理，根据个人主观经验，然后用演绎的方法对自己的思考进行验证；质性研究则注重在互动过程中系统收集、分析原始资料的基础上展开讨论。(4) 对于研究的结果，定性研究偏向结论性、抽象性和概括性；质性研究则更加强调研究的过程性、情境性和具体性。(5) 定性研究更多的是研究者个人观点的阐发和个人的建议；质性研究强调在原始资料基础上建构结论或理论。

第三节　教育质性研究的基本步骤

教育质性研究的基本步骤包括提出研究问题，明确研究目的；讨论研究背景，形成概念框架；选择研究对象，讨论研究关系；进入现场，收集资料；分析资料，形成结论；监测与评估研究的质量（效度问题、信度问题、推广度问题和伦理道德问题）；撰写研究报告。这些步骤在实际操作时不是相互孤立的，而是彼此重叠、互相渗透、循环往复、不断演化发展的。在研究的过程中，研究者可以根据需要回到前面的环节，甚至修改研究的问题和研究的设计。其中，监测和评估研究的质量贯穿全程，不只在研究结束时进行。

一、提出研究问题，明确研究目的

教育质性研究比较适合研究描述性问题、意义类问题和过程性问题。描述性问题能够将被研究现象的发生、发展过程以及表现状态记录下来，进行细致的刻画和分析。意义类问题能够对被研究者看待世界的方式、使用的概念和语言以及他们对自己行为和周围发生事情的解释进行研究。过程性问题能够追踪事件发生和发展的过程，深入探讨其中结构要素的变化机制。

在教育质性研究中，研究因果类问题需要特别谨慎。如果直接询问“为什么”，被研究者很容易落入量的研究的窠臼，对研究问题给予一些理性的因果结论，无法发挥质性研究的长处。通常情况下，如果描述性问题探讨得比较深入、细致，即使是处于复杂、流动的情境中，事情发生的原因和结果都能够得到揭示，而且是处于复杂、流动的情境中。因此，研究者没有必要专门条分缕析地研究因果关系。例如，在对“后进生”现象的研究中，如果研究者对“后进生”现象是什么、该现象如何形成和发展的问题进行了深入的探究，其原因也就隐含在其中了。

在提出研究问题的同时，需要明确研究的目的。明确研究目的是使研究者澄清自己的研究意图，了解研究的意义所在，进而提高对研究问题陈述的准确性。一般而言，质性研究的目的可以分为三类，即个人的目的、实用的目的、知识创新的目的。个人的目的指的是研究主要满足研究者个人的好奇和兴趣；实用的目的指的是研究解决现实中的实际问题；知识创新的目的指的是研究增加人类对有关现象的了解和理解，为人类积累知识财富。一个研究问题可能同时具有上述三种目的，也可能只具有其中一两种目的。如在对“后进生”现象的研究中，研究者可能出于对自己孩子成绩落后的关心，才决定研究“后进生”这个问题，那么他的研究目的就是个人的。如果他还希望通过这个研究改变教师和学校领导对“后进生”的看法和做法，那么他的研究目的还包括实用的目的。而如果他研究这个问题是为了提出新的对“后进生”现象的解释，增进人们对这个现象的理解，那么他的研究目的就是知识创新。

二、讨论研究背景，形成概念框架

在质性研究中，研究背景通常包括三方面的内容。

（一）有关研究问题的社会、经济、文化、家庭和个人背景

这个部分主要讨论的是研究者的“问题意识”，即为什么要研究这个问题，具有怎样的现实紧迫性。例如，在有关“后进生”现象的研究中，研究者可能会说明“后进生”现象产生和发展的历史轨迹，目前在我国中小学校内存在的普遍性，对学生身心发展所产生的负面作用，对“后进生”及其家庭所带来的影响，等等。

（二）有关研究问题的文献综述

这个部分主要包括学术界所作的有关研究、已有的解释性理论和资料、仍旧需要填补的漏洞等。通常研究者会先搜寻重要的学术刊物、网站和数据库，了解前人在这个方面已经做了什么研究。再根据文献以及文献与自己研究问题的相关性，决定述评的起始年限和数量。最后根据一定的主题对文献进行归纳，结合自己的研究问题进行有针对性的评价。例如，在有关“后进生”现象的研究中，研究者可能会根据研究界对“后进生”研究的主题和内容进行归类，如“后进生”的性格特征、学习习惯、学业表现、影响因素等。这部分不仅是介绍前人的研究，还需要说明前人的研究存在哪些不足，自己可以如何改进

目前研究的现状。

（三）研究者本人与研究问题有关的经历、经验、看法和预设

这方面的内容对质性研究非常重要。质性研究认为，研究者的个人因素对形成研究问题有着非常重要的影响，需要认真反思。例如，在对“后进生”现象的研究中，研究者可能自己小时候是“后进生”，与这个现象有切身的关系；自己对学校将学生归为不同类别心存不满，认为应该改革；或者期待找到因为“后进生”标签而导致学生不自信的例子，证实自己的预设。在研究开始之前就充分了解自己的前设和前见，有利于研究者轻装上阵，更加澄明地面对研究的现象和被研究者，而不至于无意识地将自己的预设强加给对方。

在对研究的背景进行评述之后，研究者可以在前人研究的基础上，再次陈述自己的研究问题，说明自己的研究与前人的研究处于什么位置，自己的研究可能会有什么创新。在深入讨论研究问题时，需要定义其中的重要概念。例如，在对“后进生”现象的研究中，需要说明什么是“后进生”“中等生”“好学生”，衡量的标准是什么；学校教育、国家的教育制度、社会的评价标准、学校的筛选机制各是什么；参与研究的“教师”来自什么层次的学校（小学、初中、高中）、什么类别的学校（重点、一般、薄弱）、什么学科，是什么性别、什么职称、什么教育背景；“课堂”指的是什么（是否只是一个物理地点，包括教室外的教育教学活动吗）；教师对待“后进生”指的是什么行为，如何归类；等等。

通常，对重要概念的定义可以从两个方面考虑：一是规范性定义，

即在字典、学术著作或官方文件中出现的定义；二是操作性定义，即本研究实施时采用的、可以操作的具体定义。如在“后进生”现象研究中，“后进生”的规范性定义可以是“在学校学习中遇到困难，学业成绩和行为表现都排名靠后的学生”；而它的操作性定义可能是“所研究的红旗小学5年级所有6个班学业成绩排名在各班最后3名的学生，共18人”。

为了更清楚地看到所研究内容各部分之间的关系，还可以设计一个概念框架，用图表将研究内容及其关系更加直观、简洁地勾勒出来。它类似我们旅行前准备的地图，为出发的路线设定了范围和方向。设计该框架的依据可以是前人的研究成果（相关理论）、研究者个人的经验性知识以及研究者所作预调查的结果。如果进入现场后，发现该框架与实际情况不符，则需要适时调整。

三、选择研究对象，讨论研究关系

质性研究的样本通常都比较小，因此不可能使用随机抽样的方法。质性研究使用的是“目的性抽样”的方法，即根据研究的问题和研究的目的选择能够最大限度地回答研究问题的样本。抽样时可以考虑的标准很多，如性别、年龄、职业、职称、学科、社会地位、经济地位、受教育程度、家庭背景、婚姻状态、学业表现等。需要根据研究的问题选择抽样标准，放弃一些不重要的标准，选择最重要的标准，即与研究问题最相关的标准，并对其重要性进行说明。例如，在研究“后进生”现象时，需要考虑的重要标准可能有性别、家庭经济地位、父母受教育程度、教师的专业发展水平、所在班级等。

根据样本的特性，可以选择极端案例抽样（如“后进生”特别多的班级）、最大差异抽样（如“后进生”与“好学生”）、同质抽样（如都是来自单亲家庭的“后进生”）。根据抽样的方式，可以选择滚雪球抽样（即通过第一位“后进生”介绍认识第二位“后进生”，以此类推）、机遇抽样（根据在学校开展活动的机遇寻找“后进生”）、方便抽样（找自己认识的“后进生”或他们的家长）。不同的抽样标准和抽样方法各有利弊，需要根据研究的实际情况和特殊要求选择使用。方便抽样是最不可取的方式，不到万不得已时不应该使用。

确定了研究对象后，研究者需要思考自己的个人因素（包括生理的和社会的）、价值倾向以及与被研究者的关系将对研究产生什么影响。研究者的个人因素通常包括性别、年龄、文化背景、社会地位、受教育程度、个性特点、形象管理等。研究者的价值倾向通常包括研究者从事本研究的角色意识，是学习者、鼓动者，还是研究者；研究者看问题的立场和视角；研究者与研究问题有关的经历。对研究有可能产生影响的研究关系通常包括研究者是局内人还是局外人；研究者的身份是公开的还是隐蔽的；研究者与被研究者是熟人还是陌生人；就被研究的现象而言，研究者是参与者还是非参与者；研究者与对方处于什么关系之中，即对方比研究者地位高，与研究者地位相等，还是比研究者地位低。

在对“后进生”现象的研究中，研究者都是处于高位。作为成人，研究者相对于学生而言，本身就具有更高的地位；而相对于“后进生”，他们的地位就更为明显。另外，如果研究者与学校领导认识，被研究的“后进生”会对研究者心存顾虑，不一定愿意参与研究。而如果研究者对“后进生”不能保持中立的态度，认为他们之所以成为“后进生”，是他们自己的原因，不好好学习，或者认为他们的家庭可能存在某些问题，那么被研究的“后进生”可能会抵制研究者，不予以配合。

四、进入现场，收集资料

进入现场是质性研究中一个非常重要的环节，有可能影响研究的顺利开展。如何介绍自己和自己的研究，如何与被研究者建立并保持互信互惠并有成效的关系，对研究者来说是一个挑战。例如，在对“后进生”现象的研究中，研究者是否需要一开始就告诉“后进生”和教师们自己的研究目的？是否可以先获得对方的信任，然后逐步介绍自己的研究？如果“后进生”的家长不希望自己的孩子参与研究，研究者该怎么办？

收集资料的方法多种多样，各有其优缺点和适用条件，应根据研究问题的性质、被研究者的特点、研究的主客观条件等选择最适当的方法。例如，如果希望了解学生如何看待“后进生”现象，应该采用访谈法；如果希望了解课堂上的师生互动，应该采用观察法；如果希望调查教师是如何备课的，既可以对他们进行访谈，也可以收集他们的教案进行实物分析。质性研究使用得比较多的方法是访谈、观察和实物分析，即使是在实地从事人种志研究时，通常采用的也是这些方法。此外，研究者可以根据被研究者（特别是那些不善于言谈的人）的特点以及研究的需要，使用一些投射技术（如头脑风暴、观看录像后发表评论、词语排序、看图说话、画图表、角色扮演、画问题树等）；也可以使用参与式方法，与被研究者一起做他们正在做的活动。

（一）访谈

质性研究中的访谈通常采取开放和半开放的方式。研究者提出访谈问题之后，先让对方根据自己的理解畅所欲言，然后根据对方提供的信息逐步聚焦，围绕一些重要的主题进行深入的交谈。访谈的结构应为被访者用自己的语言表达自己的想法留有充分的余地。研究者应注意被访者对问题的定义和思维方式，遵循他们的思路，用他们的语言表述来讨论问题。

访谈的形式可以分为正式和非正式两种。在正式访谈中，研究者与受访者约定时间和地点，并在征得受访者同意的前提下对访谈进行录音或录像。在非正式访谈中，研究者与对方一起工作或生活，随时随地进行交谈。

从双方接触的方式看，访谈还可以分为直接和间接两种。前者是双方面对面的交谈，后者则通过电话或网络进行。只要条件许可，优先采用直接的方式，间接的方式通常是不得已而为之，如双方居住地距离太远无法见面，或对方不愿意暴露自己的身份等。

根据受访的人数，访谈还可以分为个别和集体两种方式。前者有利于受访者与访谈者深入沟通，在取得基本信任的基础上展现自己的思想和情感感受。后者有利于受访者之间形成意见交锋，深入探讨问题，并为研究者观察群体互动提供机会；但有可能压抑一些人的观点，形成“群体思维”，并可能妨碍个人情感的表达。例如，如果研究者要“后进生”与“好学生”甚至教师一起座谈，“后进生”可能会比较沉默，不愿意表达自己的真实想法。

访谈前研究者需要做充分的准备工作，如联系受访者，向对方介绍研究课题，与其就访谈次数、时间长短及自愿和保密原则达成协议，以方便对方确定访谈时间和地点。如果对方不同意录像或录音，研究者需要做好笔录准备，并在访谈过后立刻追忆内容，及时补记。

访谈之前还应根据不同的访谈对象设计不同的访谈提纲，要考虑研究的问题和概念框架、研究的目的以及研究对象的可行性。访谈问题不同于研究问题，需要简洁明了、一目了然。访谈提纲主要起提示作用，既需要事先设计，又需要根据访谈的进程灵活调整。访谈时不应该拘泥于提纲中的问题，而应该根据实际情况将访谈提纲中的问题转化为适合实际访谈的问题。

在访谈中，应该尽量提开放型问题，让受访者有充分表达自己的机会。封闭型问题通常在访谈结束时或者在系列访谈的最后一次访谈时使用，目的是向受访者检验研究的结论。为了避免受访者谈话内容过于抽象、概括，思维过于理性化，研究者提的问题应该尽可能具体、清晰，并详细询问事件的细节以及有关人物的反应。研究者应该注意询问被访者个人的意见，以免对方使用宏大的语言而忽略了个人的看法和感受。在访谈过程中，研究者需要根据对方提供的内容适时追问，以挖掘内容背后的深刻含义以及对方无法用语言表达出来的情绪感受。

访谈中研究者的倾听、回应和追问非常重要。积极关注的、共情的倾听能够使对方敞开心扉，深入自己的内心。如果对方谈锋甚健，研究者不要轻易打断他。如果对方保持沉默，研究者需要适当停顿，给对方时间和空间思考或回忆。在倾听的同时，研究者需要作出恰当的回应，表示自己接纳并理解对方，如认可（“您介绍的这些内容正是我希望了解的”“很好，很有意思”）、重复或重组对方所说的话（“你感觉自己在学校缺乏支持，很孤单”）、适度的自我暴露（“我也曾经被认为是一名‘后进生’，我理解你的感受”)。研究者应该避免对对方的看法和感受进行论说和评价（如“你这样想就不对了，学校这么做是为你们好”)。研究者的适时追问能够使访谈自然过渡，并使对方感觉自己很受重视。追问的一个技巧是从受访者前面的话语中选择重要概念形成下一个问题，使访谈的话题流动自然，环环相扣（如“你刚才说‘在学校感觉很孤单’，这种孤单的状态是什么样子？能否举一个例子详细说明?”)。在对方叙述了一段自己的观点或经历后，研究者也可以进行适度的重组，用总结性的语言反馈自己的理解，以获得对方的认可和补充（如果研究者的理解是对的)，或及时纠正(如果对方不认可研究者的理解)。

访谈中研究者经常面临的一个挑战是，如何既让对方自由畅谈，又能将对方的思路定位在自己的研究框架内。其实，这并不等同于研究者态度上的挑衅，只要研究者态度真诚，真正关注对方，并且具有敏锐的思维和共情能力，对方是不会认为研究者态度傲慢的。研究者必须学会既要保持学习者的心态，表明自己对研究的问题确实“无知”；又要做一个“智慧的无知者”，应该对对方的话语进行聪明的回应和追问。

此外，被访者的非语言行为对于了解他们的心理活动也非常重要，在访谈过程中研究者可以同时观察被访者的面部表情和形体动作，不失时机地记录下来，并通过对方所说的话进行相关检验。

（二）观察

观察不仅是一种外显的行为表现，而且是一种内隐的思维活动。所谓“观察”，就是一边看，一边想，“观”其实是一次“又”“见”。

每个人眼里都有不同的世界，对于同样的事物，不同的人可能有不同的解释。因此，在进行实地观察时，研究者需要特别注意反思自己的观察方法和观察视角，了解自己的观察习惯、价值倾向和前设，明确自己的推理依据和过程。

观察可以分为不同的类型。根据研究者的参与程度，质性研究中的观察可以分为参与型观察和非参与型观察。在参与型观察中，研究者是被观察现象的参与者，一边参与活动一边进行观察。其优点是研究者可以深入了解事情的内幕，但弊端是研究者身兼双重角色，难以保持观察的距离和中立性，难度比较大。在非参与型观察中，研究者是旁观者，观察时不参与被观察的活动。其优点是研究者具有观察的时空距离，能够比较从容地进行观察活动，但无法了解被观察者的内部规则甚至所说的话语。

根据观察的公开程度，观察还可以分为公开型观察和隐蔽型观察。在公开型观察中，研究者的观察活动是公开的，被研究者知道自己在被观察。其优点是符合研究的伦理，而弊端是被观察者有可能改变自己的行为。在隐蔽型观察中，研究者的观察活动不被对方所知。其优点是对方的行为会比较自然，而不足是违背了研究伦理。只要条件许可，研究者观察时都应该让对方知情。隐蔽型观察通常是在不得已的情况下才采用（如观察“后进生”的违规违纪行为）。

在观察正式开始之前，需要制订观察计划。计划应该包括观察的内容，例如：①有哪些人在场，他们之间是什么（角色、地位）关系；②当时发生了什么事情，有什么行为表现和话语表达；③行为和事件是何时发生的；④事情在哪里发生，此地有何特点；⑤行为是如何发生的，行为相互之间有何关系；⑥为什么会发生这些事情，有关人员是如何看待这些事情的。此外，还需要对观察的方式进行设计，如打算进行什么类型的观察活动，是公开的还是隐蔽的，是参与的还是非参与的；观察多少次，每次多长时间；在什么位置实施观察，是否需要移动观察点。

同时，需要考虑在观察中如何作记录，具体记录什么，记录的语言应该具体到什么程度，如何为事情命名，如果遇到不认识的事物怎么办，观察者应该采取什么叙述角度进行记录，等等。研究者需要事先设计观察记录表格，并事先设想一些简洁方便的记录方法，以便节省时间。记录可以分为几种类型，如描述记录（日记记录法、逸事记录法、连续记录法）、取样记录（时间取样、事件取样）、行为检核表等。观察过后，研究者需要尽早整理观察记录，及时补充遗漏的内容，对观察内容进行归档整理。

（三）实物分析

实物分析包括对所有可以收集到的文字、图片、音像材料及其他各种物品的分析。这些材料可以是历史文献，也可以是现时记录，如学生的成绩单和作业、教师的评语和教案、学校的规章制度和口号标语等。实物分析比较适合研究已经发生的历史事件，但也可以用来研究当下正在发生的事情。

实物是物化了的文化形态。通过对这些物品进行分析，研究者可以了解这些物品被制作和被使用时的文化意义。例如，是什么人制作了这些物品；他们为什么要制作这些物品；什么人在使用这些物品；他们使用这些物品的意图是什么；这些物品实际上起到了什么作用；制作者与使用者的意图是否相符。

此外，对实物进行分析所获得的研究结果可以用来补充从访谈和观察中所获得的信息，以便研究者从不同渠道对研究结果的效度进行相关检验。研究者可以利用实物分析的结果，检验被研究者在访谈时传达的信息和研究者所观察到的情况是否相符，也可以在访谈时询问观察内容和实物的意义解释。例如，在对“后进生”现象的研究中，研究者可以查阅学生的作业和教师的评语，以便与教师访谈和课堂观察的结果进行比对。

五、分析资料，形成结论

原始资料收集上来以后，需要对其进行分类、归档和编码。传统的做法以手工操作为主，将资料写在卡片上，标上代码，然后分门别类放入档案袋。目前，随着科技的发展，很多计算机软件已被用来处理质性研究的原始资料，大大加快了分析进程。当然，设定分析框架、类别和代码的工作仍旧需要由人来做。

正式开始分析资料之前，研究者需要先认真阅读原始资料，以保证自己熟悉资料的全部内容。在阅读资料时，需要采取一种“投降”的态度，即放弃自己原有的“前设”和“偏见”，尽量将自己完全沉浸在资料所反映的信息中，并反思自己的即兴反应。

分析资料可以采取两种不同的方法：一是分类法，二是情境法。前者是共时性的，按照一定的主题将资料进行归类，如“教师对‘后进生’的看法”“教师对‘后进生’的态度”“教师对‘后进生’的行为”“‘后进生’对自己的看法”“‘好学生’对‘后进生’的看法”“‘中等生’对‘后进生’的看法”等。对资料的归类可以逐级进行，先对资料进行开放的编码，形成一些平行的主题；然后在主题之间建立联系；最后在主题之上提出最重要的主题，作为研究结果的统领性结论或理论。

六、监测与评估研究的质量

衡量质性研究结果的标准是可信、创新、有用、可共鸣。“可信”指的是研究结果具有“真实性”，值得信赖。“创新”指的是研究对现实结果有新意，对研究的现象提出了新的解释。“有用”指的是研究结果能够被运用到对现实问题的解释中，对现实的改进能够提供借鉴。“可共鸣”指的是研究结果能够引起读者的共鸣，通过读者认同而获得外部推广的效果。

质性研究质量的监测和评估通常包括效度问题、信度问题、推广度问题和伦理道德问题。质量的监测和评估应该贯穿研究的全过程，而不只是在研究结束时。

（一）效度问题

有些学者认为在质性研究中可以使用“效度”这一概念，但是不能沿用量的研究的定义和分类；有一些学者认为这个概念不适合质性研究，主张用其他词语来代替，如“真实性”（trustworthiness）和“可靠性”（authenticity）；还有一些学者认为不论是“效度”还是其他类型的概念都不适合质性研究，因为这类概念以事物是独立自主的客观存在为前提，并认为研究者可以识别并验证事物的客观真实。而质性研究认为“客体”不是一个固定不变的实体，它是通过与主体的互动呈现自己的。研究者对事物的理解不是简单的主体对客体的认识，而是主体与客体在一定社会文化环境中的相互重构。在这一过程中，主体逐步获得对客体此时此地的理解。质性研究者真正感兴趣的并不是量的研究中所谓的“客观现实”的“真实性”本身，而是被研究者所看到的“真实”、他们看事物的角度和方法以及研究者和被研究者的互动关系对理解被研究者眼中的“真实”所产生的影响。

尽管学术界对质性研究是否应该使用和如何使用“效度”这一概念意见不一，但绝大多数质性研究者仍旧沿用“效度”这一词语来讨论研究结果的真实性问题。目前存在多种对效度进行分类的方法，较常用的一种是将其分成四类。①描述型效度：对外在现象或事物进行描述的准确度。②解释型效度：研究者了解、理解和再现被研究者对事物赋予的意义的真实程度。③理论型效度：研究所依据的理论以及从研究结果中建立起来的理论是否真实地反映了所研究的现象。④评价型效度:研究者对研究结果所作的价值判断是否准确。

对效度进行检测的具体方法如下：①侦探法，对研究结果中的漏洞一步步进行侦查，找到有关线索，将线索放到一起进行对比，制订最佳处理方案。②证伪法，在建立了初步假设之后，想尽一切办法证明这个假设是不真实的或是不完全真实的，然后修改或排除这一假设，直至找到在现存条件下最为合理的假设。③三角相关检验法，将同一结论用不同的方法、在不同的情境和时间、对样本中不同的人进行检验，尽可能通过不同的渠道对已建立的结论进行检验，以求获得结论的最大真实度。④反馈法，广泛听取同行、同事、朋友和家人的意见，从更多的角度理解和分析研究结果。⑤参与人员检验法，将研究报告交给被研究者，了解他们对研究结果的反应。如果被研究者对结论有不同看法，或者认为研究者误解了他们的言语和行为，研究者应该对结论进行必要的修改。⑥资料佐证法，利用丰富的原始资料为检验初步假设提供充分的依据。⑦比较法，将研究结果与人们心目中或学术界普遍认可的定义进行比较，确定其结论是否成立。

（二）信度问题

大多数质性研究者认为，量的研究意义上的“信度”这一概念不符合质性研究的实际工作情况。质性研究将研究者作为研究的工具，强调研究者个人的背景以及研究者与被研究者之间的关系对研究结果的影响。因此，即使是在同一地点、同一时间就同一问题对同一人群所作的研究，研究的结果也有可能因不同的研究者而有所不同。研究者的职业倾向、价值偏好、信念、性格特征、年龄、性别、经济地位、家庭背景、个人经历以及与被研究者的关系等，都可能导致他们对同一研究问题采取不同的态度和不同的切入方式。更何况，所谓“同一时间”“同一地点”“同一问题”，这些概念都不是绝对的，它们随研究的进程而变化，在与研究者的互动中重新构筑。

不过，也有人认为，如果研究的过程被研究者详细、真实地记录下来，后来的研究者应该是可以“照葫芦画瓢”的。此外，如果研究者队伍由数人组成，相互之间也需要经常检查研究结果的信度问题。

（三）推广度问题

质性研究中的推广度指的是研究结果是否可以推广到类似的人群和情境。质性研究不使用随机抽样的方法，因此不能像量的研究那样将从样本中得到的结果推广到总体。然而，质性研究的目的不是企图通过对样本的研究找到一种可以推而广之的普遍规律，而是对某一社会现象进行深入细致的调查，尽可能真切地分析该现象。由于人类行为越深入本质层面就越具有普遍性，因此可以为处于类似情形的人和事起到一种观照作用。如果这些人和事从研究结果中得到了某种认同，此研究便发挥了一种推广的作用。因此，质性研究主要是通过认同达到推广。此外，研究者在研究结果的基础上建立起来的理论也可以通过阐释其他类似情形而达到推广的效果。

质性研究虽然不具有定量意义上的外部推广功能，但是可以进行“内部推广”。也就是说，可以将在样本中获得的结果推广到样本所包含的情境和时间，将此时此地收集到的信息推广到研究对象所描述的彼时彼地或一个时期。

（四）伦理道德问题

其一，研究者应该遵守自愿原则，给予被研究者选择不参与和不合作的权利，而不应强迫他们参与。其二，研究者必须严格遵守保密原则，不暴露被研究者的身份，特别是当被研究者提供的情况有可能对他们自身产生不利影响时。其三，研究者应该遵守回报原则，对被研究者的帮助表示感谢，但是用何种方式表示感谢目前尚无定论。很多人认为，无论是礼品还是真诚的关切都无法回报被研究者所给予的帮助。但也有很多例子说明，即使没有礼品，很多被研究者也感到研究过程是一个自我发现和探索的机会。其四，研究者还应该考虑如何结束与被研究者的关系。研究在某一时刻必须结束，而研究者和被研究者可能已建立起某种友谊。研究者是应该离开对方不再联系，还是应该与其保持联系？若联系，以什么方式保持联系？保持多久？这些都是需要认真对待的问题。

七、撰写研究报告

质性研究认为，写作不只是研究者单纯记录被研究者故事的一种行为，而是研究者重构被研究者故事的一个过程。写作即思考，写作即权利。质性研究报告特别强调“深描”，提供丰富的原始材料和作者的严谨分析，要求行文细密，以便帮助读者判别研究结果的真实性和复杂性。质性研究报告中的叙事人称目前已经从传统的第三人称转变为第一人称，以方便读者了解研究者是如何从事研究的。研究者对方法和研究关系系统的深刻反省有助于读者了解研究过程，从而对研究的可靠性作出自己的判断。

质性研究报告的风格可以分成五种类型：①现实的故事，尽可能真实地再现当事人看问题的观点，从他们的角度使用他们的语言来描述研究结果。②坦诚的故事，介绍研究者使用的方法和在研究过程中所作的反省和思考，再现访谈情境和对话片段。③印象的故事，详细描写事件发生时的情境与当事人的反应和表情。④批判的故事，从社会文化大环境对研究结果进行更深入、全面的探讨。⑤规范的故事，用研究结果去验证某一理论或研究者自己的某种观念。

质性研究报告可以将类别表述和叙述体结合起来，类别中穿插小段故事或事例，叙述结构按类别层次排列。此外，在研究报告最后部分还可以讨论研究的理论意义和现实意义，指出研究的不足，并提出进一步研究的方向。

本章总结

本章分三节对教育质性研究进行了探讨。第一节介绍了教育质性研究的定义与特点；第二节分析了质性研究与量的研究、定性研究的区别；第三节介绍了教育质性研究的基本步骤，以使读者能更好地运用教育质性研究。

推荐阅读材料

1. 陈向明：《教师如何作质的研究》，教育科学出版社，2001 年。

2. 罗伯特·C. 波格丹，萨莉·诺普·比克伦：《教育研究方法：定性研究的视角》，中国人民大学出版社，钟周等译，2008 年。

3. 诺曼·K. 邓津，伊冯娜·S. 林肯：《质性研究手册 1：方法论基础》，重庆大学出版社，朱志勇等译，2019 年。

4. 伍威·弗里克：《三角互证与混合方法》，格致出版社，郑春萍译，2021 年。

5. 杨新晓，陈殿兵：《构建质的研究：理论、教学与实践》，科学出版社，2016 年。

第十章　如何做教育叙事研究

“用嘴说出的话随风而散，用笔写出的话永不磨灭。”把文学叙事的方法引入教育研究之中，让教育研究以故事的形式呈现出来，推动了教育研究范式的变革和发展。教育叙事研究以其重真实、接地气、原汁原味的特征，重塑了当代教育研究的新形象，给当代教育研究带来了崭新的面貌。教育叙事研究以其贴近灵魂和抵达心灵的力量，给教育工作者带来了专业启迪和无限遐思，切实地促进了教师专业实践的发展。

第一节　教育叙事研究概述

一、教育叙事研究的内涵

教育叙事研究起源于北美国家。早在 1968 年，杰克逊就开始运用叙事方法研究学校现场活动。1980 年，伯克（L. Berk）提出自传是教育研究的首要方法。1988 年，范·马南（Van Maanen）系统探讨了人种志故事的主要叙述形式。在北美，“狐火方案”（Foxfire Project）就是在教育中运用口述史研究的典型案例。

20世纪80年代，加拿大著名教育学者康纳利（F. M. Connelly）和克莱丁宁（D. J. Clandinin）最早把叙事作为研究方法引进教育学研究领域，他们指出："复杂撰写的故事就是叙事"，"在研究中，这些故事的创作有赖于特殊的经验方法和原则"①。他们先后发表了《作为课程计划者的教师：经验的叙事》《经验的故事和叙事研究》《叙事研究：质的研究中的经验与故事》等系列研究成果，标志着教育叙事研究作为一种科学的教育研究方法的形成。伴随着世界教育研究的重要转型，我国教育研究也开始向人文研究范式演进，出现了教育研究的叙事转向。20世纪90年代，教育叙事研究开始在我国兴起，以其独特的人文品性和生活气息，日渐成为我国教育研究的流行话语和重要方法。教育叙事研究发展到今天，需要呈现一种可以吸引普通教师和其他读者的生活化语言风格，需要在其发展过程中以真实性为旨归形成自身的理论。它对教育与日常实践的关系进行理论探讨，促进人们对于教育及其意义的理解。期望灵活运用各种方法和策略，为教育叙事提供多样化叙事文本的基础。②

第一，教育叙事研究作为一种研究形式。教育叙事研究就是把叙事研究方法应用于教育问题的研究之中，对教育叙事文本进行分析的新型研究方法。作为一种理论形式，教育叙事研究就是研究者以故事的形式描述个体或集体的教育生活，在反思教育经验的过程中发掘潜

① CONNELLY F M, CLANDININ D J. Narrative Inquiry [M] //Torsten Husen & Neville Postlevhwaite, eds. The International Encyclopedia of Education. 2nd Edition. Oxford: Pergmon Press, 1994, pp. 4046-4051.

② 丁钢. 声音与经验：教育叙事探究［M］. 北京：教育科学出版社，2020.

藏于人类日常生活之中的思想意义，在此基础上对个体的教育生活和教育实践进行解释性理解。教育叙事研究的本质特征在于关注个体的生活故事，探寻这些生活故事对于特定个体发展的教育意义。

第二，根据研究主体的不同，教育叙事研究可以分为教师的叙事研究与教育学者的叙事研究。教师的叙事研究主要是由教师撰写教育故事，描述教师在日常的课堂教学、教改活动中曾经发生或正在发生的事件，展示教师的个人经验世界及其心灵成长的轨迹，表达教师在教育教学活动中的真情实感，包括教师本人撰写的个人传记、个人经验总结等各类文本。其中，教师自身既是叙说者也是记述者，既是研究者也是研究对象。教育学者的叙事研究是由教育学者撰写的基于研究对象个人生活经历的教育故事，通过搜集和分析各种经验故事、口述、现场观察、日记、访谈、传记、书信等第一手的资料，重新叙说研究对象的教育生活故事，探讨这些故事之于个人的价值和意义，反映研究对象的重要生活经历与生命主题。其中，教师只是叙说者，研究者是记述者。

第三，根据研究方式的不同，教育叙事研究可以分为自传型叙事研究与合作型叙事研究。自传型叙事研究就是教师在故事中追溯自己在教育活动中经历的教育事件、解决的实际问题和积累的个体经验，从个人生活史的角度探寻专业成长的机制和实践知识形成的过程。其中，研究者与叙事主体是相同的，研究者讲述的是自己的教育故事。合作型叙事研究是指研究者与教师建立平等合作的研究关系，研究者通过对话与反思，将教师的教育故事加以分析和重组，探寻教师的生活经历和专业发展的历程。其中，研究者与叙事主体是不同的，研究者讲述的是他人的教育故事。

二、教育叙事研究的作用

（一）沟通教育理论与教育实践

由于教育叙事研究从教师的日常教育生活出发，以课堂生活中的真实事件和问题为研究对象，深深植根于教学实践，因此，教育叙事研究实现了研究旨趣的转向。一方面，它要求理论工作者放弃为研究而研究、为理论而研究的传统路线，改变以确定和发现“真理”为主旨的宏大叙事方式，走入中小学教育教学现场，关注活生生的教育教学经验，讲述普通中小学教师的教育故事，通过教育故事的叙述促进人们对于教育及其意义的理解。另一方面，它赋予了中小学教师研究权和话语权，教师每天都处在真实的教学情境之中，他们对其所处的环境和面临的问题具有深切的感受和潜在的认识能力，他们不仅处于最佳的研究位置，而且拥有最佳的研究机会，他们完全可能而且应该成为研究者，使教学在自我反省和研究的基础上不断改进。教育叙事研究贴近经验和实践本身，是以叙事为基本话语形式，以教师的教学经验和教育故事为主要内容，叙事文本的表述方式灵活多样，这种研究方式很容易被中小学教师掌握，也很容易在中小学推广。

在教育叙事研究中，教师不再是传声筒，不再依靠别人的思想而生活，而是开始学习倾听自己内心深处的声音，站在自己的角度反思和挖掘自我。在教育叙事研究中，教师不再把视野局限于教学内容及传授方法上，而是关注教学内容的价值和意义，了解教学活动在学生身上产生的实际效果。在教育叙事研究中，教师逐渐学会对自己教学行为及整体情境进行思考，能够把来自不同渠道的信息连接理论与实践，从多重角度分析问题，对它们进行批判和反思。

教育叙事研究日渐成为教育研究中的一个重要的话语方式，它有助于在理论工作者与实践者之间构建民主化的研究关系，促进两者之间的平等对话；有助于形成沟通教育理论与教育实践的桥梁，推动教育理论与实践的发展。

（二）有助于研究者面向教育事实本身

教育叙事研究强调面向事实本身，倡导教育研究应回归生活世界，主张用人文科学的方法去说明和解释教育生活中的人和事，从被研究者的视角倾听他们的话语，关注他们的体验。正如胡塞尔指出的："要避免科学的专门化的说话方法，采用素朴的生活世界的说话方式。因为科学的专门化说话方法掩盖了科学起源于生活世界这一事实，使用生活世界的素朴的说话方式有助于从科学的观念化的世界回归到活生生的直接经验的世界中去。"①

面向事实本身的教育叙事研究表现出生活化、情境化和整体化的特征。其一，研究对象的生活化。教育研究不是局限于对某一学术概念或理论体系的建构，而是对师生的个人故事、真实的课堂生活进行深入细致的描述与反思，探讨师生在教育活动中表现出来的各种意识、情感、行为，揭示出教育生活中所隐含的传统、经验、习俗、常识等不言自明的事实及其意义。其二，研究过程的情境化。教育研究不是完全遵从确定假设、验证假设的科学主义研究路线，而是尽可能地通过研究者与被研究者之间的互动，在教育生活中进行长期深入的体验，

① 刘放桐．新编现代西方哲学［M］．北京：人民出版社，2000：324．

在课堂情境中搜集资料，在“看”、在“直观”中把握教育事实本身。其三，研究内容的整体化。教育研究者不是孤立地、线性地分析问题，而是对研究对象进行整体的动态考察，即不仅要了解被研究者及其行为，而且要深入被研究者的教育生活之中，了解被研究者在学校生活中变化发展的历程、学校的社会文化背景及其相互之间的影响，原汁原味地呈现事物本身，立体地勾勒被研究者生活世界中的复杂万象。从这个角度上说，教育叙事研究是一种以“生活”为底蕴的研究活动。

【案例 10.1】

一位“教育博士”教师的故事

郭某，1999 年获得教育学硕士学位后，应聘到 Z 校科研室工作，并任政治教师。2000 年起在职攻读教育学原理专业的博士学位。与其他中学教师相比，她本身具有与众不同的受教育经历和知识结构，那么，她个人的实践理论有何特点，与其他教师相比又有什么不同呢？

故事一：教改筹划

我（郭某）不想糊里糊涂上课，一堂课不要很痛苦地过。我想把课上得让学生喜欢，把课上得“活”起来。可以说，我的教改动机来源于我的教育理论素养。我强调渗透，考虑哪些点可由学生去探究。政治课的改革，教材体系改动不大，我主要从教法上做文章。我考虑教法的依据：一是学科定位，我把政治课当作社会常识课，重视学科的学术性，立足于培养反思批判思维、分析问题能力、创新精神和实践能力；二是课程论依据，主要是杜威的《儿童与课程》、施良方的《课程理论》，明确教师要在学科逻辑与儿童心理逻辑之间做桥梁，学生感兴趣的多讲。有了大的定位，具体的设计应尽量从学生的生活入手。

故事二：三位“小老师”

下午一点是实验1班的课，这个班90%的课由学生主讲，这种上课形式是上学期末学生讨论决定的，每个学生主讲哪部分内容，是自愿认领的。学生备完课，要给我说课，我会从内容和上课方法两方面加以指导和把关。

上课铃响，我在黑板上有力地写下了这节课的课题——“货币和通货膨胀”，然后请主讲的小老师上台。今天主讲的小老师有三位，他们三人互相协调、分工合作：甲负责讲货币部分，乙负责讲通货膨胀，丙最后总结通货膨胀产生的原因。甲第一步请语文课代表朗读课文的第一自然段，第二步请同学谈感想，第三步自己讲，他结合了从大学本科教材中找来的材料讲解，乙帮他板书要点，三人又分工表演小品，演绎货币形成的历史，讲台上同学的精彩表演引得台下同学啧啧赞叹。小品之后，甲又讲了货币的作用……

点　评

郭博士的两个故事属于教师的叙事类型，也是自传型教育叙事。第一个故事围绕教学改革中的教法改进展开，第二个故事则围绕学生角色转换促进学生提升自信和表达能力展开。这种教育叙事方式有助于改进自身的教育教学思路，厘清教育教学规律，提炼教育教学主张，提升教育教学水平。

（三）表达教师的个体实践性知识

在叙事研究中，教师成为研究的主体，拥有开展教育研究的自主权，教育生活和教学故事成为研究的对象，教师的个人经验、生活体验等实践性知识在研究中便拥有了“合法”的地位。教师的实践性知识是一种动态的存在，它伴随着具体的情境建构或者消解，内隐于教师的观念之中，以习惯性思维方式影响和支配教师的教学行为。教育叙事研究是记载和表达教师实践性知识的最佳研究形式，因为叙事研究是以看似零碎的非思辨方式面向教育生活的，致力讲述教师的个人经验和教育故事，它可以是教师“即兴创作”的艺术，可以是教师在非常态教学情境中恰到好处的灵机一动，可以是教师捕捉稍纵即逝的教育时机的“课堂事件”，可以是教师对学生的关爱，也可以是教师对真、善、美的追求。好的教育故事接近经验，也接近理论。这种理论在很大程度上是一种“实际使用的理论”，一种“难以言说的知识”，这种理论包括教师的教育信念、对教学关系的认知、对教学情境的把握、对教学策略的运用以及教学反思等内容，蕴含着教师丰富的情感体验、教育机智及个人的实践性知识，对于教师的教学发挥着价值导向和行为规范的功能。

三、教育叙事研究的内容

（一）教育生活是教育叙事研究的根本指向

如前文所述，教育叙事研究的根本在于教育生活，教育生活可以从以下几个方面来分析。

1. 课堂生活

课堂是复杂多变的。多勒认为，课堂教学的框架有五个重要的特点：其一，多元性，即有多种不同的任务和事件在课堂里发生，课堂里的一件事情可能产生多种结果；其二，同时性，即课堂里的许多事情在同时发生着；其三，即时性，即教师必须在许多事情发生之时做出反应；其四，难以预料的公共课堂气氛，即课堂里的事情通常不会按希望的方式发生，而且，发生在一个学生身上的许多事情，也会被其他学生看到；其五，历时性，即一个班的学生和教师相处几周或几个月后，就会形成共同规范和促进相互了解。这些特点，决定了教师在课堂教学中必须关注更多的细节、更广的视域，必须更敏锐地捕捉学生的情绪与情感表现，必须更迅速地对课堂中的事件做出判断及决定。唯此，才有健康活泼的课堂，才有真实生动的课堂，才有师生在课堂中的成长，才有师生对课堂场景的叙事。

“过去我们常常说学生在课堂中学习着课程，现在则可以说学生其实也是在——而且更确切地说首先是在——课堂社会中亲历着生活，体验着由服从、沉默、反抗、竞争、合作、展示、回避、成功、失败等带来的种种酸甜苦辣、喜怒哀乐”①，“课堂是赋予没有生命的知识以生命活力、给予不太成熟之人以成熟魅力、让不动动起来、让不活活起来、让不灵灵起来的生命放光彩的场所，让已动者、已活灵活现者朝着适宜的方向展现自我的场所。课堂里有苦恼、无奈，有希望与绝望，有奋进和退缩，有欢欣与惆怅。总之，课堂，乃人之生命精华展现的小舞台！”② 于是，课堂生活中教师与学生的故事更多地为教育叙事研究者所关注。事实上，每一位教师的教育故事中，都有一个深深的解不开的情结，是源自自己的课堂，教师的生命体现也更多的是在课堂之上，教育的效果也很大程度上取决于课堂。因此，课堂生活叙事就把我们的目光牵引到了课堂生活场景，课堂上的每一个小小的

---

① 吴康宁. 课堂教学与社会学［M］. 南京：南京大学出版社，1993：3.

② COOD T L，BROPHY J E. 透视课堂［M］. 陶志琼，王凤，邓晓芳，等译. 北京：中国轻工业出版社，2002：译者序。

片段甚至课堂生活的延伸——课外作业、教学日记、学生日记等，极大地丰富了教育叙事研究的内容。

课堂生活叙事使经验更真实地逼近教育生活本身，而课堂教学场景为课堂生活叙事提供了资源，成为我们研究课堂的重要的现实源泉。

2. 日常教学生活

教师本人对课堂生活及课堂教学之外所发生的“生活事件”的叙述，“德育叙事”“管理叙事”，一起构成“生活叙事”。教师也可以将班级管理中发生的某些学生生活事件叙述出来，使之成为一份有教育意义的“班级管理叙事”（或称为“班级管理个案”）。这些虽然不是在课堂上发生的生活，但却对课堂生活产生着非常重要的影响作用，甚至就是课堂生活的延伸。

3. 课程生活

在当前的教育改革的背景下，特别是在课程改革的大背景下，每一位教师都渐渐融进了课程改革的潮流当中。教师对新课改给予的关注可能更多，同样地，课程改革在不同的教师生活中所产生的影响肯定不同。叙事研究不仅可以让教师简单地关注新课程，而且可以让他们从内心深处去认知、去感觉、去体验、去思考新课程。

教师可以叙述与新课改相关的众多问题，如从课程的编制和设计、课程实施、课程的进展、课程的评价等诸多环节入手，通过捕捉自己和学生们处在新课程环境下的感受和变化，来帮助自己更好地驾驭新课程。

4. 个人生活史

个人生活史是一种个人自传式的叙述。叙述自己的成长历程，不必局限在教育环境当中，而且要扩大范围到家庭、社会当中，以更高、更广阔的角度去注视和反思自己走过的道路。不仅要把自己作为他人认识这个世界的观察者，而且要把自己作为自我与他人共同建构自己的生活历史的真实的观察者。

个人生活史的教育叙事，可以提供教师与同事分享专业的感受、经验与体悟，或是在对话交往中产生冲突与矛盾，从而共同合作，一起探寻专业发展的途径与努力目标。

教育叙事可以通过“自我传记”或“合作传记”的方法来叙述自己的个人生活史。通常要回忆以下几个方面的内容。

（1）自己经常使用的教育教学方法。可以通过仔细回忆自己的专业经历，找出自己常用的教育教学方法，以及这些方法能够起作用的条件。“自传”可以从描述具体方法开始，说明运用这些方法的条件和频率，发现运用这些方法背后的考虑、理念，或者说选择这些方法的理由。如果有几种方法，可以比较这些方法的使用背景和条件。

（2）专业生活经历对目前专业行为和专业思想的影响。专业生活也可以包括个人生活、具有特大影响的事件、人物、方法、环境和个人爱好。撰写和研究经常使用的教育教学方法，记录专业生活对目前专业行为和专业思想的影响，由此形成系统的认识能帮助教师归纳自己的教学风格、类型形成和专业发展的脉络。

（3）有趣、难忘的事件，困惑，理想与现实的矛盾，其他教师的看法。每位教师都有有趣、难忘的经历，都会遇到难以解开的专业困惑，每个人都或多或少了解同事对自己的看法和评价。对这些判断、矛盾的分析，也许会让教师获得在专业成长中最宝贵知识。

（4）未来发展的方向。在了解自己的教学风格、类型和专业发展脉络后，教师可以依据这些显性化的知识，对自己的特点、倾向、优势和需要加强的领域有明确的把握，这就提供了制订或修正自身专业发展的计划。

（二）教育故事是教育叙事研究的具体内容

叙事，涉及“事”，有“事”可“叙”，才形成了“叙事”。教育生活是连续的、延绵不断的，而教育叙事研究的内容，很显然不应该是无序或零散的，它总是通过叙述者的眼光向读者呈现出来，因而，“叙事”的“主题”或所叙之事的内在逻辑便成为叙事的意义之所在。这样一来，教育叙事中的呈现方式就离不开两个要素——“事件”和“主题”。

1．事件——教育叙事的内容

叙事所“叙”，其实是“事”，叙事即故事，而故事所讲述的正是人、社会、生活等方面的某个突发事件，它是日常生活中的一个波折、一个跌宕、一段令人难忘的往事、一段激情难却的回忆。它使叙事成为可能。

教育叙事的核心是“事件”。“事件”的叙述，使教师在过去的教育活动中所经历的事件得以再现，使那些曾经在教师记忆中被遮蔽的印象得以重现，使个体的教育经验得以与他人共享，使教育事件成为教育活动中最有价值的存在。因此，教师的叙事研究所叙之事就是教师的故事，是教师在日常生活、课堂教学、研究实践等活动中曾经发生或正在发生的事件。它是真实的、情境性的。其中，可能包含着丰富的内心体验，可能蕴藏着细腻的情感变化，可能反映潜在的缄默知识，可能预示着远大的理想追求……正因如此，对于教育叙事来说，事件才尤为珍贵，才具有不仅是第一手研究资料的价值，更是心灵轨迹实录的意义。

教育叙事所叙之事多是发生在课堂上、教室里、教学中、校园内，多与教师或学生有关，教师与学生的生命由于这些事件的串构具有了共同的记忆，这些事件也使教师与学生在教育中的活动具有了高度的相关性和不可分离性。教育就是师生共同展开的活动，叙事就是对师生这些活动的描述。而叙述就是研究，教育叙事就是对这些教育事件的研究。因此，“研究就是一种关注的行为：我们想知道什么是生存最基本的东西，关注就是关心我们所爱的人，与之分享我们的一切，我们渴望真正了解我们所爱的人”①。由于对这些教育事件的叙述与研究，教师或学生的生命才被人们关注，教育才得以与他人分享那些教师或学生生命里宝贵的珍藏。

2. 主题——教育叙事的意义

叙事的目的不在于单纯地叙述，而在于通过叙述，揭示某个主题，探索其中的意义。这些主题是事件的焦点，是概念的内涵，是教育故事的意义逻辑，是叙述文本的意义所在。它通过某种内在的结构呈现出来，为叙述展示了价值存在，使叙述具有了意义。

“叙事的关键因素是事件的句法，是事件发生的链接、嵌入或交替形式，而不是叙事句法呈现的符号媒介的形式或物质属性”②。而这又是按照某种主题链接、嵌入的。“主题是对意义的需求或渴望”“主题是我们可以获取事物意义的意识”“主题是对事物保持一种开放性”“主题是创造、发现和揭示意义的过程”。“主题就像一颗颗星星，构

① 范梅南. 生活体验研究：人文科学视野中的教育学［M］. 宋广文，译. 北京：教育科学出版社，2003：10.

② 赫尔曼. 新叙事学［M］. 马海良，译. 北京：北京大学出版社，2002：21.

成了我们生活于其中的意义的星空，靠着主题之光，我们能遨游并探索这个星空”①。

教育叙事并不是各种教育事件的随意链接，而是依照研究者的理解，循着某个主题构成的。通过对主题的串联和建构，散见于教育活动中的片段事件具有了描述和解读的价值，偶尔掠过教师脑海中的零乱想法便具有了理性和逻辑的意义。因此，所谓“讲故事”，就是要求一个故事有结构、有道理、有意义、有价值。它以事件为依托，却以主题感动人心；它以师生们熟悉的教育活动为开端，却又把熟悉的教育事件“陌生化”；它蕴含着丰富的教育主题，却又在含而不露的叙述中让读者自己去寻找到那些隐匿的道理。正因如此，主题对于叙事来说具有了灵魂的意义。

“一篇成功的现象学描述会让我们频频点头，因为我们发现它所描述的体验我们曾经拥有或可能拥有过。换句话说，一个成功的现象学描述是对生活经验的收集和回忆——它被生活体验所佐证，反过来，又佐证生活的体验”②。对教育事件所蕴含主题的揭示，其意义正在于它能引起人们的共鸣，唤起人们的共同感受，从而给人们的心灵带来影响或震撼，产生激荡灵魂的作用。

（三）教育反思是教育叙事研究的基本路径

如果只是单纯地叙事，教育叙事便会失去其存在的魅力，教育叙

① 范梅南. 生活体验研究：人文科学视野中的教育学［M］. 宋广文，译. 北京：教育科学出版社，2003：115－116，119.

② 范梅南. 生活体验研究：人文科学视野中的教育学［M］. 宋广文，译. 北京：教育科学出版社，2003：33－34.

事之所以可以作为一种教育研究方法为广大的教育研究者所接受、认可并加以广泛应用，之所以可以让我们重新对发生在我们身边的教育日常事件给予关注，并能够引发我们的理性思考，就在于它在教育叙事的过程中凸显了“研究”的特性。教育叙事的过程中，叙事只是一种方法和手段，并不是终极的目的追求。教育叙事是直接指向于研究的，也正是因为如此，叙事在教育研究领域中才散发出其无尽的魅力，而研究，首先是从反思开始的。

1. 教育反思的实质

所谓反思，即指教育研究主体以教育生活为思考对象，对教育主体在职业生活中所表现出来的行为以及由行为所产生的结果进行不断审视和分析的过程。就其本质而言，反思是基于理论和实践之间的对话，即以自己已有的教育理论来检视和审思自己的教育实践，所以说，反思也是沟通理论和实践的桥梁，同时是“理想的我”与“现实的我”之间的对话。

反思，从改变开始。如果没有改变，反思则无从谈起。教育叙事研究中的反思，可以让研究主体和教育主体打破自己常规的教学生活和节奏，通过在叙事过程中的回味和咀嚼，以一种“他者”的眼光来观照自己最习以为常的教育生活和教育实践，从而触动自己以为“理所当然”的理念，使我们的教育发生改变。“天真的教学意味着，我们总能正确地理解自己在做什么，我们总能理解自己所具有的影响。天真的教学还意味着，我们总是设想自己的教学行动所具有的意义和重要性与学生们所领会到的完全一致。往好处想，这种教学是天真的，往坏处想，这种教学将会导致悲观主义、内疚和懒散。由于我们从来不可能对自己的动机和意图完全了解，由于我们经常会错误地理解别人对我们行动的感受，那么对我们的实践采取非批判性的立场将会导致我们的人生充满挫折。”① 也正是基于这样的认识，我们需要在叙事的过程中随时有一种反思和批判的精神。

反思，以对话为核心。对话是指反省、思考、探索和解决教育教学过程中的各方面问题，对话使叙事具有了研究的性质。教育反思过程中的对话有两种形式：一是自我对话。心理学家弗洛伊德在他的精神分析理论中，把一个人的“我”分成了本我、自我和超我，并认为，人的心路历程就是人的这三个“我”之间相互矛盾、相互冲突、相互斗争的过程。而自我对话的实质是在这三个“我”之间展开的过程，这种对话在诸多的“我”之间进行，今天的“我”与过去的“我”、理想的“我”与现实的“我”、作为被观察对象的“我”与作为观察者的“我”、作为行动主体的“我”与作为理性思考的“我”，每一次的对话意味着一种自我诘难和自我批判，每一次的对话也意味着一种自我的完善和提升。二是群体间的对话。个体的自我反思依赖于群体的支持，它不仅要求反思主体有一种主动、负责、真诚的心态，更需要教育主体之间的信任、合作的精神。因此，教育叙事研究过程中的反思，还应该建立在多主体之间对话的基础之上，通过对话，彼此达到内心的敞亮，实现思想上的交流、彼此经验的共享以及意义上的生成。

2. 教育反思的内容

教育反思不是空洞无物的苦思冥想，它是立足于教育理论和实践

---

① BROOKFIELD S D. 批判反思型教师 ABC［M］. 张伟，译. 北京：中国轻工业出版社，2002：1.

领域中的教育现象、教育问题及教育规律等展开的研究活动。

教育是人们一直在思考着的活动，也是人们一直在感受着、体验着的活动。其一，教育是存在于我们现实生活中的一种社会事实；其二，在事实层面之外，还隐含着每一个教育主体的价值认可。我们可以看出教育反思的内容恰恰包含着这两个层面的内容，一是教育事实层面的反思，它一般回答的是“事实上如何”的问题，即对教育实践活动中的现象、活动的本真面目加以叙述式的反思，对教育事实层面的反思，要求叙述者要尊重事实本身，尽可能摒弃自己的主观臆断，客观地叙述当时发生的事件；二是教育价值层面的反思，它回答的是“何以如此”的问题，教育叙事研究需要在事实呈现的基础之上，探寻隐藏在事实背后的教育价值体系，通过叙述去探寻教育主体所持有的价值观念，进而去反思这一观念是否合理，明晰我们应该确立的价值标准。

第二节　教育叙事研究的实施

教师叙事研究的实施流程：确定研究问题—选择研究对象—进入研究现场—收集研究资料—整理分析资料—撰写研究报告。

一、确定研究问题

确定研究问题是进行研究的前提。教师的叙事研究虽然已明确了总的框架是教师研究，但是，教师研究的范围仍然很广泛，教育观念、教育机智、素质结构、日常生活、体态行为、课堂教学等都可能成为研究的问题。教师的叙事研究更注重以“小叙事”来繁荣“大生活”，更关注微观层面细小的普通的教育事件，更强调对教育中特殊现象的描述和体察，因而，研究问题须在一开始便确定下来，以便下一步研究的顺利进行。

教师叙事研究的问题应是有意义的问题。“所谓‘有意义的问题’，起码有两重含义，一是我们研究者对该问题确实不了解，希望通过此项研究获得答案；二是该问题所涉及的地点、时间、人物和事件在现实生活中确实存在，对被研究者来说具有实际意义，是他们真正关心的问题”①。只有当研究者确定了问题后，教育叙事研究才有了适当的边界，教师叙事研究也才有了适度的范围。

二、选择研究对象

选择研究对象是研究得以进行的保证。事实上，研究者与研究对象的“共情”能力是质的研究对研究者提出的一个重要标准，由于这样的研究充满对教师的关怀、对教师过去及现在的生活故事的关注、对教师课堂教学与教育实践的感受，因而它需要研究者与被研究者的互动与合作。其一，研究者要有敏感的心灵，能够细致入微地把握研究环境和研究对象，才能赢得研究对象的信任和合作；其二，研究者对研究本身要有足够的热情，真正成为“热情学术”的探究者；其三，研究者的研究活动要得到被研究者的认同、理解与合作，双方应有从研究中共同进步的要求。没有这样的前提，叙事研究就无法获得真实的第一手资料，研究也就无法顺利进行。

选择研究对象是抽样的需要，样本的选择不仅与要研究的典型问

① 陈向明．教师如何作质的研究［M］．北京：教育科学出版社，2001：22.

题相关，也与研究者与被研究者的关系相关。年龄、性别、个性、地位等都对研究者与被研究者的关系有一定的影响。因此，选择好的合作伙伴，真正实现研究者与被研究者的互动是教育叙事研究的重要一步。

三、进入研究现场

研究现场是研究者观察、了解研究对象的真实环境。由于教师的工作、生活环境主要是在校园、教室、课堂上以及学生中，因此，进入研究现场就意味着走进教师活动的时空，与教师同呼吸、共生活。没有这样的现场研究，就难以获得“原汁原味”的现场资料，就无法把握教师的行为、教师的观念产生的深层原因；没有对教师生活的现场观察，就无法理解教师常规做法的动因与背景。因此，研究现场是教育叙事研究获取真实资料的直接来源。

进入研究现场的方式是多种多样的：可以在自然状态下轻松地融入，也可以创设特殊的情境快速地融入；可以直接通过他人的介绍而走进现场，也可以间接地在观察中逐渐走进现场……但是无论什么方式，都必须征得研究对象的同意，得到研究对象的许可，这不仅是研究过程中道德伦理的要求，也是叙事研究与研究对象多方面合作的要求。

四、收集研究资料

在研究现场收集资料的过程，也是清理研究者的纷繁思路，使研究更加清晰明确的过程，还是促使研究逐步走向深入的过程。收集研究资料的方式主要有以下几种。

（一）观察

在叙事研究的过程中，一般采用实地参与式观察，研究者与被研究者一起生活、工作，在密切的相互接触和直接体验中倾听和观察他们的言行。这种观察的情境比较自然，观察者不仅能够对当地的社会文化现象得到比较具体的感性认识，而且可以深入被观察者文化的内部，了解他们对自己行为意义的解释。观察可了解局内人的行为规范和意义建构，观察以“谁、什么、何时、何地、如何、为什么”为重要内容。

对于叙事研究者来说，观察是在自然状态下进行的，在课堂中、教学间、操场上、机房里进行的观察为研究者研究教师提供了来自视、听、嗅、触、味相关器官感觉或眼、耳、身、脑等多种渠道获得的经验，它是形象的、灵动的、感性的、活泼的，它为关于教师的叙事研究带来了真实感、情境感、现场感、鲜活感，叙事研究也因此具有不竭的活力。

（二）谈话和研究访谈

谈话与研究访谈不是一个意义上的概念。谈话是指研究对象与他人的一种口头交流方式，谈话是一种纯自然状态下的意义呈现。关注谈话可以挖掘更多的内在意义和价值。

研究访谈是指研究者目的明确地预设一些问题，通过一些策略性的提问获得更多的有价值的资料。访谈是质性研究的重要方法，其中深度访谈是进入研究对象内心深处的一种最佳的方式。

所谓深度访谈，一般被认为是半结构式访谈，它有两个重要特点：

其一，事实内容是访谈者和被访者的共同产物；其二，要深入事实内部，深入事实内部也是深度访谈最为重要的目的。从意义的角度看待深度访谈的实质，它指的是“对被访者在访谈时赋予自己的话语的意义以及被访者赋予访谈情境（包括被访者当时的衣着、神情、行动和环境）的意义的探究”①。简言之，深度访谈是访谈者和被访者的建构共同意义的互动过程。

米什勒认为访谈是一种交谈行动，是受访者与访谈者共同建构意义的过程。受访者并不是将已经存在脑中的记忆如实地呈现，而是用一种他认为访员可以理解的、叙说故事的方式，去重构他的经验和历史。受访者与访员的先验理解（pre-understanding）在叙说与问答的过程中得到沟通与反省，以共同创建一个彼此都能理解的资料。所以访谈是一个互动的过程，它不是将在访谈之前就已经存在的客观事实挖掘出来，而是不断地在互动过程中创造新的意义。双方在教室、走廊、办公室、小树林围绕着专门问题进行的访谈，又使研究者在观察中获得的外部感受得以深化，使外显的行为得到意义解释，使研究由表及里、由外至内，将叙事研究推向更深处。同时，通过沟通和交流，融洽了研究者与被研究者彼此之间的关系，形成了较好的现场气氛；通过访谈，研究者走进研究对象的生活世界，与其共享其生活经验，获得对研究对象解释性的理解。

【案例 10.2】

研究者与研究对象的互动交流

在整个研究过程中，我最难忘记的是与我的研究对象的交流过程。

---

① 杨善华，孙飞宇．作为意义探究的深度访谈［J］．社会学研究，2005（5）：57.

每一次的聆听与倾诉，都需要我竭尽全力地把握我的每一个研究对象的特点，据此来调整我的访谈方式和技巧。有时候，我发觉自己不仅是作为一位研究者出现在他们的面前，我还会无法自制地将自己融入他们的情境中去，与他们共同感受教学中的苦与乐。其中对于Z，我进行了较为深入的跟踪研究，从第一天凌晨在这样一座海滨小城的车站与她相识，一直到离开北海的那一天，我几乎与Z形影不离。为了多层面地认识和了解她，我们与她的领导、同事、老师、朋友、家人等进行了十次访谈，在与她交往的日子里，在一次次用心倾听的过程中，我的心不可抑制地一次次被触动。特别是在最后一天的晚上，我们裹着棉被，在寂静的夜色中听她娓娓讲述着自己的成长历程时，我们更加感受到了一种生命的震荡。随着我们交谈的深入，她不自觉地给我们说起了她和她的学生们的故事，当她如泉而涌的泪水使得我们与她相伴而泣的那一刹那，我们与她的心才真正相融、相通，也仿佛就是在那一瞬间，我才真正明白了什么样的爱叫作师爱。

观察力求客观，尽量悬置研究者先前已有的主观偏见，避免“先见”或“前设”对研究的干扰；访谈力求开放，使被访者在研究者设计的系列开放性问题中轻松思考并回答问题。观察和访谈主要是为获取尽可能多的信息，因而，研究者一方面要具有敏锐的观察力，能够捕捉有意义的事件作为所叙之事；另一方面要具有亲和力，能够较快地为研究对象所接受，使访谈顺利进行。这显然与研究者个人的性格、气质、能力密切相关。

（三）实物收集

实物收集可从如下方面进行：一是正式的官方的资料，包括一些与研究相关的年鉴和编年史，各种有效证件以及相关的报纸、杂志，可以帮我们了解被研究者特定的身份和法律地位，为我们提供一些二手资料；二是照片、个人档案、纪念品等，它能反映研究对象的成长历史，唤醒沉睡在时间深处的历史记忆；三是日记或教学日记，它可以再现当时的教育情境下研究者的心灵世界；四是书信，它可以帮助我们了解研究对象在与他人交流的过程中最渴望展示的经验；五是自传或传记，它可以揭示研究对象或研究者对已经存在的故事的解释和演绎，从而折射存在于故事当中的人的心态。

五、整理分析资料

“资料有它自己的生命，只有当我们与它处在一起达到一定的时间，并与它有足够的互动以后，它才会相信我们，才会向我们展现自己的真实面貌”①。教师的叙事研究离不开对所收集事件的整理分析，而整理分析资料就是与这些事件的生命进行对话的过程。每一次清理资料、阅读资料的过程，都是研究者对这些事件的进一步感受，会令研究者产生对事件的新理解与新体悟，进而产生新的意义解释。所以，资料的整理与分析是叙事研究中极为重要的环节。

整理分析资料特别要注意避免研究者原有偏见的影响。研究者要尊重事实，尊重研究对象的声音，要让资料自己说话。当然，每位研究者都会拥有自己的价值判断体系，都会有自己对事件的看法，但是，叙事研究强调的是对事件本身的分析，是基于资料事实进行的符合材料实际的分析，切不可脱离资料另起炉灶，或是撇开事实主观臆测，

① 陈向明. 教师如何作质的研究 [M]. 北京：教育科学出版社，2001：164.

否则，研究就偏离了叙事研究规范的要求。

六、撰写研究报告

研究报告是在前面大量工作的基础上进行的总结性归纳。它既包含研究者对所观察到的“事”的故事性描述，也包含研究者对“事”的论述性分析，这两者并行不悖，相辅相成，构成研究报告中细腻的情感氛围和浓郁的叙事风格。“质性研究的报告书写，反映了研究者对研究伦理（即研究者的自省位置，被研究者的声音以及研究者对阅读人的关注）以及研究者对研究‘过程’的重视，也因而往往呈现出与量化研究之研究报告不同的写作方式。对于尝试质性研究的学生而言，如何撰写研究报告也成为新的难题。虽然质性研究的撰写并无一套模式（protocol）可循，但是质性研究所特有之‘叙说’分析的介绍和一些质性研究者的‘指引’，应有助于质性研究学者的报告写成”①。教育叙事研究所分析的根基便来源于事件，论述过程也是对事件的论述。叙事研究强调细致的描述和深刻的分析，写作采取人类学的深描，工笔画般的繁复、翔实的叙事方式，力图在具体的、偶然的、多变的现场中去透析种种关系，去解释滑翔在事实表面的实证研究所看到的“想象的事实”“数字臆造的事实”“你所期望的事实”之后的“社会隐蔽”。这使教师生活故事得以更丰富地呈现，也因此在教育研究中具有不可替代的意义。

叙事研究报告既要详尽描述，又要整体分析，特别要创设出一种“现场感”，把教育生活淋漓尽致地展现在读者面前，从而使教育主体

① 张红霞. 教育科学研究方法［M］. 北京：教育科学出版社，2009：420.

的生活故事焕发出理性的光辉、智慧的魅力，使生活世界走向人文的殿堂，得到灵魂的升华。

【案例 10. 3】

课的叙述与反思

我记得那节课是一节对话复习课。为了把复习课上得有新意、有生机，同时能够让学生更好地复习所学的知识、巩固语言知识、在情境中应用知识，我精心地备课，并且制作了 PPT 课件。我搜寻了孩子们喜欢的人物——罗纳尔多、姚明、王军霞的图片，制作了相关的动画场景，来复习谈论人物的句型和对话。我选择了深受孩子们喜爱的快餐食品图片、商品琳琅满目的超市图片、鲜美的水果和蔬菜图片，创设了购物和谈论饮食喜好的对话场景和段落。孩子们确实非常喜欢这种鲜活的复习方式。每一张图片展示出来，都会赢得一阵赞赏的欢呼。自然地，孩子们的注意力被课堂吸引了。

有一个杨同学，他非常腼腆，独自低头在写写画画。我想提醒他注意，使他可以很好地参与到教学活动中来。恰好在对话中出现了一个词——nice。句子是这样说的：What about some strawberries? They are red and nice.（来点儿草莓怎么样？它们色泽鲜红，而且味道棒极了。）在这里 nice 是可口、鲜美、很棒的意思，是个褒义词。我不想打断教学思路，也不想有很剧烈的举措，于是我说：I find Mr. Yang is a nice boy. He'll be a good actor.（我发现杨先生是一个很棒的男孩，他将来会是一位出色的演员。）然后我说：成名了记得给我们签名。学生们都会意地笑了。他自己也意识到了自己的状态，有点儿不好意思地笑了笑，很快注意力转移到学习上来。课堂得以自然流畅地进行下去，我很高兴，算是很自然地帮助这位同学把涣散的注意力集中了起来。我认为事情就此过去了。暗自舒了一口长气。

下课铃声响过。我在收拾教具。教室里的状况吸引了我的注意力——一群学生，大概七八个人，拿着各色的笔记本，快乐地欢呼着："签名，签名……"奔杨同学而去！而杨同学被包围在一群人当中，表情有点儿腼腆，不过还没忘记照顾我：赵老师，我先给您签！那憨憨的样子，惹得我不由地笑了。

两天后，还有学生在我面前说起：老师，Mr. Yang 帅什么啊！原来事情还没有结束啊！

事后我有如下思考。

思考一：我使用的言语是否真的恰当？如果换作一位性格内向的学生，也许会认为老师是在讽刺挖苦他吧？好在我的语言动作中的善意和融洽的课堂氛围遏制了语言因素中的不良信息的挥发和显现。

思考二：或许我的处理方式本身就干扰了其他学生的注意力，让他们在不知不觉中，对杨同学分外注意。

让人欣慰的是，课堂的教学实效很好，多数学生在对话表演中表现出色，而且课堂参与率也高。学生们的整体认知水平，使他们清醒地认识到了事情的真相，而且很平和地接纳了我的处理方式。吸引学生的注意力能使学生较好地学习知识，习得方法，形成有效的学习策略，养成清醒的自我调控习惯。

思考三：该同学的问题，实际上代表了一个人数广泛的学生群体的问题。

这些问题提醒我在备课和课堂教学过程中应该注意：

1. 课堂教学要求明确、简洁、具体。确保学生在参与课堂活动之前可以完全明白活动的内容。

2. 在英语教学中，要特别培养学生的语言表达能力。在创设情景方面，提供鲜明的场景和语言素材；在表演、阅读和书写表达方面，培养表达能力，提供语言感受机会；增加阅读量，逐步培养阅读能力。

3. 在课堂教学过程中，教师始终要有清醒的调控意识。冷静地对待和处理教学中出现的状况。尊重学生，理智施教。当然，最好和学生的家长取得联系，和家长一起来教育学生。用科学的方法，培养和帮助学生取得学业进步。

再见到那位杨同学的时候，我会特别记起那些和他状况相似的学生们，我会记得：作为教师，只要我用心，我就可以帮助他们在人生艰苦的成长中战胜不期而至的种种困难。我就少了一分埋怨他们“不开窍”的浮躁，多了一分科学的理性思考和不可回避的责任。我会感谢他们在他们人生的旅程中，对我的教诲的接纳和信任；感谢他们和我一起创造课堂，感受彼此的成长。

点　评

课的叙述和反思以笔者在备课和课堂教学中杨同学的变化叙述和对应问题的反思为主要线索。这种叙事过程能够更真实、深入地反映研究的全过程和作者的思考，记录了教师教学生涯和成长历程，也是形成教学案例和提升专业能力的过程。

本章总结

本章分两节对教育叙事进行了概述。第一节介绍了教育叙事研究的内涵、作用及内容；第二节重点描述了教育叙事研究实施的基本程序，即确定研究问题—选择研究对象—进入研究现场—收集研究资料—整理分析资料—撰写研究报告。

推荐阅读材料

1. 丁钢：《声音与经验：教育叙事探究》，教育科学出版社，2020 年。

2. 丁钢主编：《叙事探究——焦点话题与应用领域》，北京师范大学出版社，鞠玉翠等译，2012 年。

3. 刘良华：《叙事教育学》，华东师范大学出版社，2011 年。

4. 刘维良，王淑娟：《校长成长之路：从教育叙事看校长的胜任特征》，华东师范大学出版社，2018 年。

5. 王凯：《教育叙事：从教育研究方法到教师专业发展方式》，《比较教育研究》，2005 年第 6 期。

第十一章　如何做教育个案研究

随着教育科学研究的发展和深入，质性研究方法越来越受到广泛关注。个案研究法作为一种重要的质性研究方法，最初起源于医学诊治病案和侦破学中的刑事案例，后逐渐被推广和应用于心理学，并日益成为教育科学研究中一种非常重要的研究方法。

第一节　个案研究概述

一、个案研究的起源和定义

个案研究（case study）又称个案调查，早在20世纪初，个案研究就已成为主流研究工具，使用这种方法最多的是美国的芝加哥学派。20世纪20年代，质性研究与量的研究之间的辩论日益激烈。与科学的统计法相比，个案研究因为没有客观的数据支持而给人以不科学的感觉。1935年以后，个案研究的使用频率越来越低，取而代之的是科学的量化方法。20世纪50年代，定量研究已经成为主流的研究方法。然而，到20世纪60年代，研究人员开始意识到量化方法的局限性，于是，个案研究又重新得到人们的重视。近年来，随着社会科学各领域研究的发展，质性研究因其特殊的功能和优势在西方社会科学界被逐渐接受和应用，并获得了较大发展。个案研究法作为一种重要的质性研究方法，其应用范围相当广泛，涉及教育学、心理学、社会学、人类学、医学及工商业等各个领域。随着质性研究方法逐渐形成了自己的体系，个案研究也逐渐规范化、科学化。

关于个案研究的定义，不同的研究者持有不完全相同的认识。有学者认为个案研究是指对特定现象的检查，这里的特定现象可以是一个计划、一个事件、一个人、一个机构、一个社会团体。也有学者认为个案是一个有界限的封闭系统，它指的是一个界限明确的对象而非泛指某种过程。例如，一位教师、一名学生可以是个案，一个革新方案、一所学校也可以是个案，但是一位教师的教学不能作为个案，因为它不是有界限的封闭系统。还有学者认为个案研究是一种经验主义的探究，它研究的是现实生活背景中的即时现象。在这样一种研究情境中，研究现象本身与其背景之间的界限不明显。因此，需要运用大量事例证据来展开研究。

综合上述观点，个案研究就是对单一的研究对象或现象进行深入而具体的研究的方法。个案研究是一种经验性的研究，而不是一种纯理论性的研究。个案研究的意义在于回答“为什么”和“怎么样”的问题，而不是回答“应该是什么”的问题。具体到教育科学研究领域，个案研究就是广泛搜集个例的资料，彻底了解个例现状及发展历程，对单一研究对象的典型特征进行深入而缜密的全面研究分析，确定问题症结，进而提出修改建议的一种研究方法，这里的个例既可以是一个人、一种课程、一个机构，也可以是一个事件或一个过程等。

二、个案研究的特征

个案研究的特征很多，概括起来有以下七个常见的特征。

（一）小样本

个案研究需要集中、深入地对特定的单位进行分析，通常情况下所需的样本比调查研究小很多。如一个教学中使用的电脑模拟可以被视为 $N=1$（N 指代样本的个数）。如果对大量参与者进行广泛的分析，有可能会以牺牲详细的描述为代价，从而降低个案研究的有效性。

（二）背景的细节化

个案研究的目的是通过对“正在进行的事件”进行极详细的背景化分析，给读者一种“身临其境”的感觉。研究者仔细地描述这一“事件”，用通用的术语对其进行定义并指出其特殊性。如在上面的例子中，“正在进行的事件”可能是教师在一个关于分子间力的教学片段中教授如何使用电脑模拟；轮滑活动则是教师和学生在特定环境中的交互活动的情境与事件。

（三）自然背景

在个案研究中，研究者通常选择一个对行为、组织或事件没有很大影响的场合并对其进行系统的研究。个案研究非常适合复杂背景下的研究，因为它能将复杂的背景转变为简单的因果关系。如科翰（Khan）对“学生和教师如何使用电脑模拟来理解自然科学概念和培养探究技能”进行的个案研究中，没有对教室中发生的事件进行控制，学生和教师之间的互动在没有研究者干预的情况下自然展开。

（四）有界限

个案研究需要对一个特定的时空界限进行细致的描述，对时间和地点的关注能够为研究的结构和关系提供背景。如教室是一个空间固定的正式机构场合，拥有制定好的计划表、共同的期待以及规定的课程。这些界限使得教室的研究者们能够通过限制个案的内部和外部来形成关键的假设。

（五）暂时性假设和建构新的假设

在个案研究中，研究者能生成暂时性假设（working hypothesis），并在个案研究的数据收集和分析中发现或建构新的假设。研究的实体或现象出现在研究过程中，根据研究进程变化，研究可能得出新的假设。如 2002 年科翰对自己所做的关于教师、学生和电脑模拟的研究中的偶然发现仍然保持开放的态度。在这个特殊的个案研究中，科翰没有检验原先的假设，而是得出了几个关于教师、学生和电脑之间互动的新假设。

（六）数据来源的多样性

个案研究通常使用多种数据来源，使得几种调查线索汇聚，有助于相互印证，所得的研究发现更精确、更令人信服。如在关于教室设计的研究中，2007 年科翰收集了各种各样的数据，包括测量学生理解能力的测试数据，对教师和学生的访谈数据以及教师、学生和电脑互动的观察数据。

（七）可延伸性

个案研究能够通过增加读者的经验来丰富以及进一步转变读者对于某个现象的理解。个案研究者通过分析复杂的社会互动来发现或建构那些形成某个现象的“不可分割”的要素。在个案研究中，研究者致力对背景中的关系进行合并和明确，希望这些背景和关系能够引起读者的共鸣。如“辅读学校课外活动实施的个案研究”将轮滑活动的开展与整体智力落后儿童课外活动的实施相结合，探索其特点与规律。

第二节　个案研究指引

一、确立研究问题，制订研究计划

个案研究计划的制订是研究设计的首要和重要一环。新教师先要确定研究的起点，明确为什么要研究；再明确准备研究什么、怎样研究等具体操作内容；最后要确定研究成果形式，做好其他相关准备工作。

（一）确立研究问题

首先，确定研究问题的性质。教育研究问题大多来自教育实践，是在实践中产生并亟待解决的问题。问题确定得如何，关系到研究工作的价值和成功，可以从以下三个方面对问题的性质加以考虑：其一，价值性原则，即研究问题是否在理论和教育实践上有价值；其二，科学性原则，即研究问题是否有一定的科学理论为依据；其三，可行性原则，即研究问题是否具备客观条件、主观条件等。个案研究比较适合研究那些需要探求原因、改善模式的问题。陈向明在“关于我国中部农村儿童辍学问题”的个案研究中指出，已有的“定量的方法不能在微观层面进行深入细致的描述和分析”，“没有再现辍学学生的心理状态和意义建构方式”，“没有对辍学的具体情境和过程进行探讨”①。因此，只有在详尽分析研究问题的基础上，才能选择个案研究法。

其次，研究问题的内容应以研究课题即研究题目的形式明确地反映出来。研究题目应具体地展示个案研究的对象、研究的问题和研究的方法。例如，对小学高年级偏科学生自信心培养的个案研究、农村小学素质教育的现状及影响因素的个案研究。

最后，确立研究问题后，需要进一步明确研究假设。确定假设的目的就是将研究的注意点凝聚起来。比如，当研究的主题是校长的领导能力时，研究者可能关注校长是如何开展学校工作、提高领导效能的，学校的突出成绩和校长的领导能力是否有显著相关性。但是，这些不是真正的研究假设，研究假设应该是该校长的领导方式具有合理的、不同于理论的特殊之处，直接导致领导效能的提高。

（二）制订研究计划

研究计划中要阐述研究背景、目的和意义，即明确是在什么样的情况下提出研究问题，此研究为什么要进行，研究的价值是什么，要解决什么问题。以陈向明的“王小刚为什么不上学了”这一个案研究

---

① 陈向明．王小刚为什么不上学了：一位辍学生的个案调查［J］．教育研究与实验，1996（1）：35－45．

为例，研究者开篇很详尽地阐述了辍学研究的背景，以及该课题的来源和研究目的。①

研究计划中还需包括研究对象的界定和选择、研究范围的限定，对总体范围的界定关系研究成果的适用范围。为了使研究成果具有普遍的指导意义，应充分考虑研究对象的代表性、典型性，以保证研究结果能说明某一地区、某一情境或某一对象的一般规律。课题在什么范围内进行，在研究计划中应做出限定。同样，课题的关键概念要给予界定，研究的角度也应明确，且具备可操作性，便于他人理解研究结果和评价其合理性。

二、进入研究现场和研究文献搜集资料

在个案研究中，研究者本人就是研究工具。进入研究现场搜集资料是研究者参与研究过程最重要的环节，这对研究者本身的素质提出较高的要求。由于研究方法的灵活性和研究过程的深入性，一方面要求研究者具备开放的研究态度，对研究方向、研究路径和研究结果持“模糊性”的认识。为了保证研究的信度，面对真实情境的个案研究对象，必须保持一种旁观的态度。另一方面，要求研究者搜集资料的过程中要时刻保持较高的敏感性。因为个案研究的对象处于现实复杂的环境中，相关变量的变化可能会对研究结果产生影响，准确把握其中重要而有价值的线索，对于研究者来说不是一项容易的任务。所以，研究者必须要有敏感性，即对研究环境的认知和变化保持敏感，对搜

① 陈向明．王小刚为什么不上学了：一位辍学生的个案调查［J］．教育研究与实验，1996（1）：35－45．

集到的资料的性质和意义保持敏感，对研究者自身可能存在的偏见及这种偏见对研究可能产生的影响保持敏感。

（一）获得信任，进入现场

这是开展个案研究的前提和必要步骤。如果研究对象是某个事件，则必须取得当事人的信任与合作。进入研究现场的第一印象能影响研究者与研究对象或实地参与者之间的关系。获准进入研究现场需要注意的问题主要包括：其一，选择实地环境中最先与你接触的人；其二，选择最佳交流方式来提出你的要求，如用电话、电子邮件交谈或面谈；其三，决定怎样表达你的要求，如强调参与者为研究做出贡献的机会或强调给实地参与者带来的个人利益；其四，准备好回答问题，并对得到许可前或得到许可后所出现的有关事情进行表述。

进入现场后，能否取得研究对象的信任关键取决于研究者与研究对象的感情。在全面了解研究对象的同时，也要使研究对象充分了解研究者、研究目的和研究意义，努力消除研究对象的顾虑，特别是调查内容涉及隐私时，要建立起平等互利、互信互助的合作局面。此外，研究者还必须接触许多与主要研究对象有关的其他个人或团体，尽量不遗漏任何一个可能提供有价值信息的个体。

（二）文献研究

在个案研究中，文献本身是重要的资料，而且可以通过文献确认和增加获得资料的途径。在教育科学研究中，搜集个案资料的文献主要有三类，即个人基本资料、学校相关记录、家庭和社会背景。其中，学校相关记录特别是档案记录，是比较规范和严肃的文献来源，主要包括各种变化进展的情况登记表，成绩记录，能力、兴趣、人格、智商等测验结果，操行评语，奖惩情况，教师和学生的评价等。档案的精确度较高，是信度较高的文献，但是研究者也不能简单地把它们与“正确”画等号。在充分考虑档案材料权威性的同时，特别是依据档案记录得出一些关键性结论的时候，最好结合其他文献资料共同讨论。家庭和社会背景资料主要涉及个人生活内容，如父母的教育程度、职业、社会地位、家庭管教方式、家人与个案的关系等，其中涉及一些隐私性内容，要在获得充分信任的基础上，采取灵活的方式取得。

文献还包括会议记录、报纸、简报、正式的研究报告等。以陈向明的“王小刚为什么不上学了”这一个案研究为例。作者在研究之前就查阅了大量相关文献，例如，国家教育发展研究中心编写的《义务教育效益研究：未入学、辍学、留级现象剖析》、国家教委颁布的《1992年全国教育事业发展统计公报》、艾一平等撰写的论文《中国部分边疆民族地区辍学情况调查》、李印芳等撰写的论文《农村中小学辍学现象面面观》等①。

三、分析研究资料

与其他质的研究方法类似，个案研究法中分析资料这一环节是最难进行程序化操作的。由于搜集资料的方法多样，因此分析研究资料时也综合采用多种方法，如定量与定性相结合的统计分析、分类编码等。

---

① 陈向明. 王小刚为什么不上学了：一位辍学生的个案调查［J］. 教育研究与实验，1996（1）：35－45.

（一）资料的归并和整理

资料的归并是指将搜集的资料按照一定的逻辑组织起来、形成分组的活动。搜集的资料可能是零散的、条理不清的，通过分组就可以使信息逻辑化，使任务简单化。第一步，对资料进行初步整理，包括对每一次观察或访谈后的记录进行通读、调整，把当时记录得不太清楚的或者没有来得及记录下来的信息补全，确保资料的准确性和完整性。第二步，对原始资料进行再次整理。第三步，在整体把握资料的基础上，寻找适当的分析单位，通过分组，使资料更加逻辑化和条理化，形成分析的工具与框架。第四步，借助确立的概念和分析工具，对原始资料进行量化处理或质的分析。

（二）资料编码

编码是指用分析的概念或数字、符号对记录的文字资料进行标注。例如，我们搜集了一个人物的年谱，以年谱为分析的文本，那么，首先要对各种事实进行编码。比如，该人物在 5 岁时母亲去世，我们可以在旁边标注“早年丧亲”这样一个概念，以表明这件事情的性质；也可以把他从出生到 6 岁这一阶段，标上“童年期”；还可以把影响他成长的各种事件或环境因素，标上“家庭因素”“学校因素”“社区因素”等。编码的方式很多，主要根据研究的课题来设计，常见的有过程编码、活动编码、策略编码等。

（三）量化处理与解释信息

量化处理是指运用统计方法，对经过编码分类的资料进行加总、求平均、求百分比，以及进行差异检验等。解释信息即分析所搜集到的资料与正在研究的课题的相关程度。相关度的确定一般有两种标准：一是所获信息的内部效度。这主要由研究方法与结果是否令人信服、研究程序是否得当、研究过程是否带有偏见等因素决定。如果确定所搜集的信息是肯定的，那么该信息源具有较高的内部效度；反之，则该信息源不具有较高的内部效度。二是所获信息的外部效度。这主要是关于研究结构的概括化程度、结论有无推广价值等因素。只有内部效度，没有外部效度，说明这些资料即使有价值，也与所研究的问题关联不大；反之，只有外部效度，没有内部效度，那么这些资料形同虚设，甚至会影响个案研究的进行。

第三节　个案研究方法

根据研究对象、目的、内容的不同，新教师从事教育个案研究可采用追因法、追踪法、作品分析法、临床法、教育会诊法等具体的研究方法。

一、追因法

追因是个案研究中经常使用的一种研究方法。追因法与实验法的因果顺序恰好相反：实验法是先确立原因，然后根据原因探究结果；追因法则是先有结果，然后根据结果去追究现象产生的原因。

追因法是先接受已经存在的事实，然后根据事实推论出此事实的原因。例如，某学校某班级某学科的教学质量特别高，某“学习后进生”最近有较大变化、学科成绩提高得很快等，这些都是已存在的事实，我们可以把它们确立为研究的问题。研究人员对这些事实进行研究，探讨这些事实发生的原因实际上就是一个追因的过程，所使用的研究方法就是追因法。

二、追踪法

追踪法就是在一个较长时间内，连续跟踪研究单个的人或事，详细搜集各种相关资料，揭示其发展变化的情况和趋势的研究方法。追踪研究短则几天、数月，长则几年或更长的时间。中国科学院心理研究所曾运用追踪法对智力超常儿童进行研究，证实了这些孩子绝大多数受过良好的早期教育，遗传素质只是为这些孩子的超常发展提供了一种可能，良好的教育和环境影响才是促进这种可能性变为现实性的重要因素。这项研究为我国进行婴幼儿早期教育提供了一定的科学依据。

追踪法尤其适用于以下三种情况的个案研究。

第一，探究单个研究对象发展的连续性。追踪法一般对相同的对象做连续不断的研究，每个人或每件事情自身都是不断发展变化的，可进行纵向比较，研究者可以从中了解其发展的连续性。

第二，探究单个研究对象发展的稳定性。例如，研究智力测验分数的稳定性时，可以从婴幼儿时期开始测量，然后每隔一定的时间再测量，直到青年期为止。这样就可以看出个体的智力发展水平是否具有稳定性。

第三，探索早期教育对后续阶段教育的影响。例如，研究者可以选择一些接受良好早期教育的孩子，从小学一年级开始进行追踪研究，对他们的德、智、体等方面发展情况进行全面的综合考察，从而分析他们多方面的发展与早期教育的关系。

三、作品分析法

作品分析法又称活动产品分析法，是指通过对研究对象的活动产品，如作业、书稿、日志、教案、总结、自传、绘画、工艺作品等的分析，了解研究对象的能力、倾向、技能及熟练程度、情感状态和知识范围，从而对个案状况做出准确判断的方法。运用这种方法时，不仅要研究作品，而且要研究作品制作过程本身以及有关的各种心理活动状况。如我们通过对学生绘画作品的研究，可以发现他们的心理特征。分析学生的绘画还可以在一定程度上判断其智力水平。研究表明，智力落后的学龄儿童所画的图画，其内容通常是原始的，而且惊人地千篇一律。儿童的绘画鲜明地表现出儿童对周围环境的态度。他们的态度既影响主题的选择，也影响绘画方式。当前国际上流行的心理分析与治疗中所使用的“沙盘游戏”，通过对来访者沙盘作品的分析，判断其心理状态和心理特质，就是运用了作品分析法。

作品分析法作为个案研究的一种方法，往往需要与实验法结合使用，设置对照组，观察作品制作的实际过程，这样便可以获得更加科学合理的结论。

四、临床法

临床法也叫临床谈话法，往往通过谈话的形式进行。这一方法适用于问题儿童和正常儿童的研究。前者旨在解决个案的问题，后者旨在由特殊个案发现儿童发展的一般规律。临床谈话的方式可以是口头谈话，也可以是问卷谈话。谈话者可以根据具体情况决定选择何种谈话方式。对于临床上的复杂个案问题，可使用两种谈话方法进行综合判断和分析。口头谈话是会谈双方的一种互动过程。需要注意的是，教师找学生谈话时，一定要先解除学生的紧张、戒备心理，创造轻松自如的谈话氛围。教师要以平等的身份参与谈话，不能居高临下，要变学生被动应答为主动回答。同时，教师提问时要封闭性问题和开放性问题交替进行。在做问卷调查时，教师要向学生说明做问卷的具体要求和注意事项，要严格按照标准对问卷进行评分。

五、教育会诊法

教育会诊法是指召集有关教育专家学者（尤其是教师集体）通过讨论，就个案（学生的行为）进行鉴定，做出对研究对象比较客观、公正的结论的一种研究方法。其特点是具有集体性、公正性、简便性。它适用于问题学生和正常学生的研究。会诊主要针对学生思想品质及学习方面的问题。

苏联教育家巴班斯基认为教育会诊通常包括六个环节：①明确会诊目的；②确定会诊参加者；③由班主任和任课教师详细说明对某一学生的看法，并列举理由；④组织集体讨论，广泛交换意见；⑤为该生做出鉴定，提出有针对性的教育措施；⑥根据学生的鉴定材料，教师对集体或个人的教育工作进行自我反省，加强自身修养，提高教育教学水平。教育会诊可以提供有关学生行为方面比较全面、客观的信息，同时也是提高教师素质的过程，是一种深受广大教师喜爱的教育个案研究方法。

第四节 个案研究报告

撰写研究报告是个案研究中的一个重要阶段。新教师写个案研究报告要遵循一定的规则来充分地呈现数据和分析。写作过程自身以一种“思考”甚至“知道”的形式出现，来传播所收集的知识，因此非常关键。

一、个案研究报告的构成

写个案研究报告的目的是简化复杂的研究成果，使读者能够轻松得出结论。个案研究报告有很多种形式，如一章一个案，写一个故事，按时间顺序叙述，将报告分出层次性标题或章节来陈述研究问题的每个方面。像其他所有的评估结果一样，个案研究报告也应该呈现研究的理由和方法以及支持性的信息（如研究中使用的工具和相关的指导规则）。个案研究报告可能独立呈现，也可能包括在更大的评估报告中。

典型的个案研究报告是一长篇叙述性的文章，为了避免没有固定的结构、难写难读的情况发生，可以将研究建立在一个清晰的概念框架上，也可以用一系列开放式问题以问答形式取代叙述性的个案研究报告。这样研究报告就变得容易写，读者也可以很容易就找到所需的信息或是浏览整篇报告。如果个案间的分析是研究的主要目标，有可能就没有必要对单个个案进行报告。在这种情况下，研究报告就包括对每个个案的总结以及个案间的分析。

个案研究报告包括如下部分中所有或者关键环节：研究目的和理

论背景的陈述；研究主题；主要研究问题；对个案的具体描述以及如何进行取样和个案选择；研究的背景和个案历史（旨在告诉读者研究地点或对象是如何确定的以及研究者与研究对象之间的关系）；研究的持续时间；用来保护参与者身份和隐私的知情同意书（比较理想的是能够说明参与者在某种程度上可以从参与中获益）；数据收集和分析的方法；研究发现（对数据的总结性陈述、对研究问题的清晰回答，以及围绕个案的深入讨论等）；使用引用与节选对数据进行解释，构建完整的、概念性的分析和解读；对可能影响数据解读的因素进行讨论；个案研究与更广泛的理论和实践议题之间的联系。

二、个案研究报告的规范

沙龙·梅里厄姆（Sharon Merriam）认为“个案研究没有标准的格式”，个案研究报告呈多样化的特点，至今依然如此。

总体来说，个案研究报告仍应遵循一些基本的研究报告的写作规则：第一，连贯性。对观点按照一定的顺序进行陈述，报告从头到尾要体现词、概念和主题发展的持续性，这可以通过使用一些过渡性的词汇来实现，如“然后”“因此”“然而”等。第二，表达清晰。研究者要明确在研究报告里应该呈现什么，避免俚语、语句冗长等。此外，还有一些具体的写作规范参见《美国心理协会写作手册》。除此之外，个案研究报告还应该遵循两个规范：其一，研究者应该更积极地使用第一人称（如使用“我”而不是“研究者”）和主动时态（如“我采访了老师们”而不是“老师们被研究者采访了”），这样有助于研究者确立自身在研究中的地位，积极地参与研究；其二，个案研究要使用化名，要对参与者的身份及信息保密。

撰写个案研究报告时，研究者需要在写作的创新性和结构性之间寻求平衡。同时，个案研究报告还应注意以下几个问题：其一，个案要有代表性。所选取的个案应该能够反映真实的生活，也可以是过去研究中没有涉及的；其二，个案要具有理论意义（体现某一个著名的理论）或者实践意义（用于指导现实生活）；其三，个案研究报告要完整；其四，个案研究报告应该充分考虑多方的观点；其五，个案研究报告要有充分的事实根据。

三、个案研究报告写作的案例分析

下面以《武汉市江岸区辅读学校课外活动实施的个案研究：以轮滑活动为例》的研究报告为例，对个案研究报告的写作进行具体的分析。案例研究者将研究报告分为四个部分：第一部分为问题的提出（即介绍），包括研究背景的描述、目的陈述、研究的主要问题、关键术语的定义；第二部分为研究方法，包括研究对象的选取及其人口学特征、收集数据的方法、研究的过程等；第三部分为研究结果，对分析后的数据进行系统、有层次的陈述；第四部分为讨论与结论，对研究结果进行推理与概括，探讨其与现有文献之间的关联，获取有价值的结论。下面依次对四个部分进行介绍。

（一）第一部分：问题的提出

第一部分开篇介绍了研究开展的原因与背景。课外活动不仅具有教育作用，而且是促进学生全面发展的重要形式。关于普通学校课外活动的研究日益得到关注，但关于辅读学校课外活动的研究却很少。课外活动的开展可以提升智力障碍儿童生活自理能力和独立性。通过适合身心发展特点的教育和训练，智力障碍儿童能在德、智、体等方面获得全面发展。更重要的是，课外活动也是促进智力障碍儿童智力发展的手段。因此，针对辅读学校课外活动进行研究具有较高的理论与实践价值。

接下来对研究目的进行了陈述。本研究有三个目标：（1）以轮滑活动为例，研究江岸区辅读学校开展课外活动的状况，调查开展轮滑活动的作用、影响因素以及开展效果；（2）探索辅读学校开设课外活动的特点与规律；（3）对辅读学校课外活动的开展提供一些参考建议。

第一个目标与文题对应，是本研究的主要目标和基本目标；第二个目标和第三个目标分别显示了本研究的理论意义和实践意义。

在论述研究的背景与目标的过程中，研究者对课外活动及我国智力障碍儿童教育的基本概念与研究成果进行了简要的综述，确定了本研究相关概念的操作性定义，明确了本研究的主题与话语范畴。

（二）第二部分：研究方法

第二部分先介绍了本研究的主要研究方法为个案研究，并且具体描述了数据的收集过程，即联系研究对象（选定相关辅读学校、班级、教师和学生），明确研究对象的背景信息，确定访谈提纲与观察的方法，对其进行细化。然后，研究者对访谈与观察记录进行转录，并通过编码的方式建立相关的类别并解读。

（三）第三部分：研究结果

第三部分主要对研究的结果进行客观、系统的陈述。研究者利用对教师的访谈以及观察所获得的数据陈述了辅读学校轮滑活动的实施状况，主要包括开展轮滑活动的作用、影响因素及开展效果、存在的问题等方面的基本情况。

（四）第四部分：讨论与结论

第四部分对研究发现进行了讨论。研究者发现：辅读学校的课外活动除了报告开始时提到的培养学生的主体意识、促进学生全面发展以及促进学生智力发展的作用以外，还有康复或辅助康复的作用。轮滑活动的影响因素显示，辅读学校课外活动的影响因素也应包括物的因素和人的因素。但是，目前我国辅读学校正处于起步阶段，资金、师资、设备、校园环境等方面都存在很多不足，因此与普通学校相比，辅读学校开展课外活动缺乏足够的资金、师资、设备等的支持。轮滑活动取得了显著的效果，主要体现在学生积极接受和参与轮滑活动，大部分学生可以独立进行轮滑以及因轮滑而较大地改善了平衡能力、意志力以及注意力。由此可以看出，与普通学校一样，辅读学校课外活动对学生产生了一定程度的影响。

可见，研究者不仅描述了轮滑活动的基本情况，并通过与现有文献的比较，发现了辅读学校开展课外活动的一些特点与规律。其一，开展课外活动是一个尝试的过程。以前举办过的腰鼓活动的失败使得辅读学校领导和教师意识到，课外活动应该考虑学生的实际情况，因此才有了后来从特奥会得到启示而开展轮滑活动的决定。其二，课外活动的开展具有主观性。目前，由于还没有现行的参考标准，辅读学校的课外活动还处于探索阶段。因此，在开展课外活动的过程中，领导决定所要开展的课外活动要有很强的主观性。其三，辅读学校开展课外活动具有明显的优势和劣势。与普通学校相比，辅读学校开展课外活动的主要优势在于教育对象的特殊性。辅读学校的教育对象主要是智力障碍儿童，这就意味着辅读学校没有升学方面的压力，有相对充足的时间和精力来开展课外活动。但是，与普通学校相比，辅读学校开设课外活动的主要劣势在于资源不足。

在研究报告的最后，研究者对辅读学校开展课外活动提出了一些建议。例如，应制定课外活动的评价标准，重视教师的作用；拓展课外活动的范围，争取家长的支持；关注学生的个体差异性，培养学生的自我决定能力；等等。

从整体上来说，本报告是比较完整的，基本呈现了个案研究报告所需的部分，并符合个案研究报告的基本规范。但本研究也存在不足，即应结合我国特有的教育体制与社会文化作更深入的解读与概括。

本章总结

本章分四节阐述了教育个案研究。第一节从个案研究的起源、定义及特征对个案研究进行了界定；第二节指引了如何进行个案研究；第三节介绍了个案研究的五种方法，即追因法、追踪法、作品分析法、临床法和教育会诊法；第四节介绍了个案研究报告的构成及其规范，并通过案例分析了如何进行个案研究报告的写作。

推荐阅读材料

1. 陈大伟：《教育案例写作与研究》，教育科学出版社，2012 年。

2. 胡小勇，冯智慧主编：《在线教研实用指南》，广东教育出版社，2020 年。

3. 马云鹏等编著：《<义务教育教学课程标准（2022 年版）>案例式解读. 小学》，华东师范大学出版社，2022 年。

4. 罗伯特 · K. 殷：《案例研究：设计与方法（第 5 版）》，重庆大学出版社，周海涛，史少杰译，2017 年。

5. 加里 · 托马斯：《如何进行个案研究（第二版）》，中国人民大学出版社，方纲译，2021 年。

6. 王攀峰：《教科书研究方法论》，广东教育出版社，2019 年。

7. 叶澜主编：《中国基础教育改革发展研究》，中国人民大学出版社，2009 年。

8. 约翰 · 吉尔林：《案例研究：原理与实践》，重庆大学出版社，黄海涛等译，2017 年。

第十二章　如何做教育历史研究

教育是历史的产物。教育历史研究作为教育研究的重要方法之一，是唯一一个主要关注过去的研究方法。在教育科学研究中，历史研究法具有广泛的应用领域。因为一切教育现象，无论过去、现在还是将来，都有一个发生、发展的过程，每一项教育研究活动都试图清晰地揭示教育发展的规律性和实质。因而，并不只是在研究教育历史时才运用历史研究法，在教育科学研究中，历史研究法具有独特的应用价值和突出的地位。

第一节　教育历史研究概述

一、教育历史研究的含义

“教育历史”一词，按逻辑概念分析，其本身存在着种属关系。“历史”是它的属概念，确定了它的外延；“教育”是它的种差，限定了它的内涵。如此便决定了教育历史研究既是教育科学的历史延伸，又是历史总学科中的一个重要研究领域。从研究内容上看，教育历史研究从属于教育科学，但从研究方法和认识结构上看，则更多的与历史科学有关且具有跨学科的性质。可以说，教育历史研究是介于教育科学和历史科学之间的边缘性研究领域，这也决定了教育历史研究具有不同于其他教育科学研究方法的独特之处。

（一）什么是教育历史研究

“教育历史研究”很容易被人理解为主要针对教育史的研究方法。本章就整个教育科学研究中如何运用历史法进行讨论，当然也包括直接对教育历史的研究部分，故全称应为“教育科学的历史研究法”，简称“教育历史研究”。不过，以往其也有“历史的研究”“历史研究法”或“历史法”等更简明的表述。

教育历史研究就是对过去的教育史实以及人们的回忆和思考进行历史的研究，具体而言，就是在分析、鉴别教育史料的基础上，通过对人类已有教育理论和教育实践的系统分析和理论认识，揭示教育发生发展规律和趋势的一种研究方法。

这里所谓的教育理论，主要是指各国历代政府的教育宗旨，教育家的教育主张、理论、学说、理想以及时代的教育思潮和流派等。所谓的教育实践，主要包括各个国家不同历史时期的教育政策和法令，教育制度、考试制度、教育实施状况以及教育者的生活等。

事实上，教育理论和教育实践是密切联系、相互作用的。教育理论是对教育实践的总结，是教育实践在理论上的反映；而教育实践又要受教育理论的指导和影响。这种教育理论与教育实践的转换多数以某种形式表现出来，并作为教育历史研究的主要对象。

（二）历史法和文献法的异同

在具体运用教育科学研究方法的过程中，人们常常认为文献研究法等同于历史研究法。文献研究法是通过收集、分析和研究各种现存的有关文献资料，以形成对事实的科学认识的研究方法。文献研究法和历史研究法都需要广泛查阅文献资料；历史研究法必须运用文献研究法来研究历史文献，但文献研究法绝不限于历史研究领域，历史研究法也不仅限于查阅历史文献。不过，历史研究法和文献研究法的确有许多相近之处，故而有人把文献法称为“历史文献法”。也有学者认为，“历史研究就是为了澄清历史中的事实或为了吸取历史经验和教训来判断今后要走的路而采用的以历史资料为分析对象的文献研究方法。”

二、教育历史研究的重要性

人们越是关注现实，就越需要了解历史，历史会以其特有的方式启迪人们创造的智慧和热情。而若要按照更高的目标和要求改造现实、指导当今的社会实践，人们又会迫不及待地从历史的发展中寻找“历史的启示”。正如恩格斯所说，当今世界发生的“新的事实迫使人们对以往的全部历史作一番新的研究”[①]。伯顿·克拉克说：“如果你想要知道你要去哪儿，它帮助你了解你曾去过哪儿。”[②]

---

① 中共中央马克思恩格斯列宁斯大林著作编译局．马克思恩格斯选集：第三卷［M］．北京：人民出版社，1995：423.

② 克拉克．高等教育新论：多学科的研究［M］．2版．王承绪，徐辉，等译．杭州：浙江教育出版社，2001：2.

（一）教育历史研究是继承、发展和借鉴前人成果的需要

在漫长的历史发展中，人类积累了许多行之有效的教育经验，在教育理论和教育实践上取得了辉煌的成就。不论其成功与失败，对于后代都是宝贵的财富，挖掘、整理和继承这些丰富的教育遗产，既是我们的历史责任，对于当前教育改革和教育发展也具有特别重大的现实意义。进一步弘扬各民族优良的教育传统，可以启迪现今人们的创造性智慧，提高教育工作者的洞察力和鉴别能力，避免重犯历史的错误。一些人不懂得教育历史，他们所认为的是革新创造的东西，其实早已有了；说是当前改革的“新观念”，其实是历史上很古老的知识；更有一些所谓的教育改革“新方法”，事实上过去已有成功的经验。所以，进行教育改革不能不了解教育历史，学习和研究教育历史是进行教育改革研究的前提与条件。可见，教育历史研究不只是对过去的事实和思想作一番回顾，它还能增长人的智慧，启发人们积极地进行理性思维，增强创造能力，提高理论研究水平。鲁迅先生说：“无论是学文学的、学科学的，他应先看一部关于历史的简明而可靠的书”①，正所谓“治学先治史”。

（二）教育历史研究是教育学发展的基础和前提

今日的教育学是对昨日教育发展历史的概括和总结，而今日的教育学又将在明日变成教育历史，因此有人将其形象地比喻为：“教育

① 鲁迅．且介亭杂文·随便翻翻［M］．上海：三闲书屋，1937：168．

学是教育史的最后一章”。可见，教育史学和教育学有着极为密切的联系。教育史学对探索教育学的理论，促进其成熟和发展，直至最终构筑成科学的、有特色的教育理论体系，都发挥着重要的作用。教育史学家滕大春说：“研究物质变化的自然科学，如物理学、化学等，要在实验室中进行；作为社会科学的教育科学则不尽然，虽则许多比较具体的课题可以通过实验取得答案，但许多具有理论性、根本性和久远性的重大课题，是无法着手实验研究的。要论证或判断这种课题，就须借助历史发展的往事来反思和解决了。”① 美国教育家杜威就把教育史看作教育科学的实验园地。而当教育学既吸取了历史的理论精华，又吸收了当代研究的新成果，达到了相当高的理论水平时，它反过来又会成为教育史学研究的理论指导。

（三）教育历史研究有助于提升教育工作者的素养

在了解“过去的教育”方面，进行历史研究几乎是唯一的方法。但近年来，教育历史研究不为人们所重视，呈现日趋边缘化的趋势，“致学者数典忘祖，妄自菲薄，更无所谓识古以通今矣，实为一大憾事”。反映在教育研究中，现今无论是本科毕业论文还是研究生学位论文，甚至是学者的著述和课题研究，在研究方法上使用频率较高和较受青睐的是调查法和实验法等，历史法使用得很少，很多论文数万言不见一句古文或相关史料的引述，这反映出教育工作者的历史意识和运用历史方法的研究能力令人担忧。其实，通过深入研究教育历史，把前人包括外国人在教育学上发展的终点作为进一步研究的起点，将

---

① 滕大春．外国教育通史：第二卷［M］．济南：山东教育出版社，2005：1.

有助于增强教育理论工作者分析问题和解决问题的能力，最大限度地提高教育科学研究的层次和水平；有助于增强教育实际工作者的历史使命感和责任感,改革创新,开拓发展,提高教育质量,提升办学效益。

第二节 教育历史研究的特点

教育历史研究与其他教育研究方法的区别主要体现在：研究者主体与作为被研究客体的历史事件、历史现象和历史过程之间，不是相对同步的协调关系，而是一种非共存的历史性关系。客体不是作为现实世界的客体，而是已经凝结、稳定了的过去，教育历史研究是研究已经发生了的、不可逆转的方法。主体只能在其所处的时代环境中以现实为起点去认识、思考过去所发生的事件。教育历史研究具有以下几个鲜明的特点。

一、历史性

教育历史研究最大的特点莫过于其历史性，而其历史性集中体现在教育历史研究所面对的研究对象上。众所周知，教育历史研究的主要研究对象就是过去发生的教育事件，教育历史研究的独特价值也正体现在通过对过去发生的教育事件的系统研究，揭示教育发生、发展、演变的客观规律，从而有效地指导今天的教育发展，即“古为今用”“以史为鉴”。另外，在对过去发生的教育事件进行研究时，往往依据的是历史事件发生、发展的历史线索，如对教育现象的历时性考察，就可以以某种社会历史阶段的划分为依据进行考察，假设以整个人类社会具有代表性的几种生产方式为线索，就可以分别去考察狩猎采集社会、农业社会、工业社会和信息社会的教育，透过几个不同历史阶段教育的发展去探究教育现象发展的规律和特点。正如恩格斯所言："历史从哪里开始，思想进程也应从哪里开始。"① 而这也充分体现了教育历史研究的历史性特点。

二、以逻辑分析为主

所谓逻辑分析，就是从纯粹的、抽象理论的形态上解释对象的本质，通过概念、判断、推理等思维形式，研究事物发展过程的矛盾运动，解释历史规律并形成科学的理论体系。由于教育历史研究面对的研究对象是历史上存留下来的各类史料，有学者将"历史"划分为实在的历史、记录的历史、陈述的历史、戏说的历史四种相关而不相同的形态，并且认为，记录的历史与实在的历史之间的匹配关系可以归纳为四种情形：高度吻合、大体相符、不太准确、完全错误。无论属于哪一种情况，这些资料都可以为揭示某些历史真相提供可靠的研究素材，但只有对这些史料进行分析、判断、归纳、推理、抽象等，才能获得对发生在过去的教育事件合乎逻辑的理解和判断，也只有经过严密的逻辑分析，才能揭示教育发展演变的历史规律，甚至能对前人零散的记载、处于萌芽状态的模糊不清的认识进行系统化整理和理论的再提升。当然，教育历史研究以逻辑分析为主，并不是排斥其他科学方法的合理使用，因此，在具体研究过程中，必要时辅以其他方法，这是提高教育历史研究质量的保证。

---

① 史密斯. 马克思理论体系中世界市场的地位[J]. 政治经济学评论,2005(2):162－182.

三、主体性

现代认识论研究表明，任何认识都离不开认识主体，都无法避免主体的介入，历史认识也绝不可能脱离认识主体而独立存在，不可能排斥历史认识过程中的主体性倾向。历史认识的主体性是指历史认识的属人特性，它是主体在历史认识活动中自觉或不自觉地将自身因素投入认识过程，融合或凝结于认识结果之中而使认识不可避免地带有的主体属性。历史研究是形成历史认识的主要方式之一，研究者的主体性自然会对研究产生影响，教育历史研究具有主体性的特点，主要体现在以下几个方面。

首先，如阿诺德·汤因比所言："无论研究人类世界还是研究非人类的自然界，人们都要受制于自身思想的局限。"① 在教育历史研究中，虽然我们应该努力追求研究的客观性，但作为研究主体的研究者，从具体的研究选题、搜集资料到对历史资料的分析、历史撰述的表达和结构，都深受研究者主体意识的影响，构成一个主体意识结构基本的、稳固不变的认识因素，如哲学观点、政治立场、知识基础、生活经验、情感、性格气质。这些主体性因素会对研究结果产生十分明显的影响。

其次，教育历史研究离不开思想、观点，这是历史研究具有主体性的原因之一。如王家范所言，研究历史有两个基本条件不可或缺：一是材料，要熟悉过去与现在有关"人"与"社会"互动的经验材

① 汤因比. 历史研究［M］. 刘北成，郭小凌，译. 上海：上海人民出版社，2006：423.

料，掌握检索和辨伪史料的技术；二是思想，要有自己的体验和心得，能言人所未言，道人所未道。而要产生有价值的观点、思想，自然免不了需要研究者做出某种判断或取舍，主体性自然而然寓于其中。

最后，教育历史研究中搜集到的各类史料，其本身就已经深深地刻上了前人主体性的烙印。历史学家伊曼纽尔·沃勒斯坦曾说：原始文献是为了当时的直接目的而写的，前人在撰述历史资料时，就已经根据当时的目的进行了某些带有主体性的取舍。因此，卡尔精辟地总结道："我们所接触到的历史事实，从来不是'纯粹的历史事实'，因为历史事实不以，也不能以纯粹的形式存在；历史事实总是通过记录者的头脑折射出来的。"①。综上所述，虽然教育历史研究十分强调客观性、价值中立，但其主体性也是不可避免的。

四、具体性

首先，在进行教育历史研究时，研究对象的概念要确定，不能模棱两可、含糊不清。比如，要考察我国学校的发展历史，对"学校"具体而明确的界定是研究的关键——它是指引入班级授课制后的现代学校，还是包括我国古代以来其他类型的学校形式。不同的界定将会对研究的范围、结果等产生巨大的影响。

其次，教育历史研究的展开，是建立在丰富而具体的各种史料的基础之上的，无论这些史料是来源于史书，还是各类档案文卷，抑或是考古出土的文物，它们都是关于历史事件的具体记录。

最后，教育历史研究中，对于各类史料的分析，不能离开具体的

① 陈启能，倪为国．书写历史：第一辑［M］．上海：上海三联书店，2003：24．

历史背景。这是因为每个教育历史事件的发生，都与当时的社会政治、经济、文化、教育等有着千丝万缕的联系，这些因素交织形成的具体、特殊的历史背景，是我们认识某个教育历史事件的发生、发展所不能脱离的。

五、综合性

列宁曾说："要真正认识事物，就必须把握、研究它的一切方面，一切联系和'中介'。"① 教育历史研究，要想获得对教育历史事实的准确认识，揭示研究对象发展过程中的一切历史形式、全部丰富的内容以及各种相关因素，从而探寻其基本的发展规律，就必须全方位地进行综合。一方面，必须对以各种方式、途径获取的丰富的史料进行综合，形成对研究对象更加全面的认识；另一方面，如上文所言，教育历史事件的发生、发展，离不开特定的社会、文化等背景，因此，在教育历史研究中，还必须综合教育、社会、文化等因素，对研究对象进行全面的研究。

第三节　教育历史研究的步骤

教育历史研究作为一种特定的研究方法，其核心是操作的程序与步骤。因此，在这里着重考察历史研究法的步骤。从大的方面来说，新教师应用历史研究法开展教育研究应遵循其统一流程，主要由史料的搜集与整理、史料的鉴别、史料的分析三个基本环节构成。下面，

① 列宁．列宁全集：第38卷［M］．北京：人民出版社，1986：240.

我们逐一进行介绍。

一、史料的搜集与整理

（一）对史料的类型学考察

历史是过去发生的事情，一去不复返。人们既无法使历史重演，也无法回到过去的年代身临其境地去感受和体验当时的事件。因此，人们如果想了解和研究自己的过去，只能凭借前人留下的各种“痕迹”。正是凭借这些“痕迹”，我们才可以追溯先人活动的足迹，认识人类教育实践的各个发展阶段，进而探讨其发生和发展的规律。所以，我们通常说的史料，就是指人类社会历史在发展过程中遗留下来的，能帮助我们认识、解释和重构历史过程的痕迹。

一般来说，人类的历史愈悠久，它所遗留下来的各种痕迹就愈多，史料的范围就愈广阔，可供我们认识和研究历史的史料也就愈丰富。根据史料的存在形式，其一般可分为实物史料、文献史料和口述史料三大类。

1. 实物史料

实物史料是人类历史在发展过程中被保存或遗留下来的前人活动的场所和前人创造发明的有形物品，大体上可分为两种：一是遗址，即前人活动的各种场所，如居址、村落、作坊等各种建筑设施。我国陕西蓝田遗址、西安半坡遗址以及世界著名的意大利庞贝古城遗址等都属此类。二是墓葬，即古人的墓穴。墓葬作为实物史料，有它特殊的意义。一个保存良好的墓葬，不仅有古人的遗体，还往往有许多随葬物品，有的甚至还埋有大量的壁画、简册和古代文献，因此能真实、生动地再现当时的社会生产生活面貌。我国1973年在湖南长沙发掘的马王堆汉墓即属此类。

2. 文献史料

文献史料可以说是数量最多、内容最庞杂、使用最普遍的基本史料类型，在历史研究中具有举足轻重的地位。从史料的呈现方式来看，文献史料可以分为文字史料和图像史料。所谓文字史料，是指用语言文字的方式表达书写者对史实的事实认定与意义认知的史料。所谓图像史料，是指用图画的方式表达书写者对史实的事实认定与意义认知的史料。对于文字史料，在既往的历史研究中，人们给予了极大的重视。但是，对于图像史料，人们的重视程度却远远不够。事实上，图像史料在历史研究中，具有文字史料不可替代的价值。如果我们在历史研究中能够综合运用文字史料与图像史料，将能够书写出更为完整、复杂、生动的历史，给读者以更多的裨益。

3. 口述史料

口述史料是指由历史研究者通过访谈手段得来的、供研究使用的口耳相传的史料。早在古代，口述史料就曾被中外史学家广泛使用过。只是到了近代，随着兰克学派和实证主义史学对文献史料的崇拜，口述史料才受到前所未有的冷落。不过，随着20世纪前期西方新史学的异军突起，口述史料又重新引起史学家的高度重视，并以此为基础创立了一个新的历史学流派——口述史学。自20世纪80年代初，中国学者开始零零碎碎地介绍西方国家的口述史学理论与方法，部分学者也展开了初步的研究实践。但总的来看，这项工作进行得并不理想。不过，可以预见，随着中国史学工作者对口述史料的价值、口述史学的理论与方法的认识不断提升，中国的口述史料研究在不远的将来必定能够走向精深、邃密、圆熟。

（二）史料搜集的多元路径

史料数量丰富，种类繁多，一个人不可能也没必要读遍所有史料，因此，掌握一些基本的搜集史料的方法是非常必要的。常用的史料搜集方法有以下几种：

1．充分利用各种文史工具书

工具书是专供解释疑难或翻检资料的书籍，犹如过河的桥梁，是治史者的得力助手。借助工具书提供的资料线索，可以有效、快捷地寻找需要的史料。文史工具书种类繁多，按其功用，大致有如下几类：一是用于解答疑难的字典、词典类，重要的工具书如《中国历史大辞典》《世界历史辞典》《康熙字典》《辞源》《辞海》等，从中可以便利地查到专业知识或资料。二是为搜集史料指引线索的目录、索引类。目录是目和录的合称，目指篇名或书名，录指对目的说明和编次，也称叙录或书录。把篇名（或书名）与说明和编次组合在一起就是目录。我国从汉代起就注重对当时流行及以前保留下来的书进行整理记录，编成目录，以后历代传衍，留下了丰富的书目遗产。有关中国古代史的书目最常见的有“二十五史”中的《汉书·艺文志》《隋书·经籍志》《明史·艺文志》《清史稿·艺文志》。《四库全书总目提要》是一部官修大型工具书，该书共收书3000余种，存目6000余种，分经、史、子、集四部，下分44类，类下再分子目录。部有大序，类有小序，每书各附提要，可查阅关于某书的内容、价值、版本及材料的真伪、作者简历等，是研究古代学术门径的重要工具书。《中国丛书综录》是我国规模最大的丛书目录，集中收录了国内41所图书馆收藏的古籍丛书2797种，书名子目录7万余条，包括古籍38891种，为查询书目藏书之所提供了方便。索引可以提供所需要的专题研究论文题目，确定研究选题方向，确定资料来源。重要的索引书目如《中国史学论文索引》《八十年来史学书目（1900—1980）》《二十五史纪传人名索引》《十三经索引》《全国报刊索引》等。年鉴类工具书如《中国历史学年鉴》，也具有很强的索引功能，可以有效查出某一年内史学研究动态、信息和资料统计。三是类书等史料汇编。类书是通过摘录各种书上有关的材料并依照内容分门别类地编排以备检索的书籍，如唐代的《艺文类聚》、宋代的《太平御览》和《册府元龟》、明代的《永乐大典》、清代的《古今图书集成》等。

2. 分类搜集法

根据研究的课题，分类搜集史料是历史研究中常用的搜集史料的方法。这种方法也可反其道而行之，即确定研究方向以后，着手广泛搜集史料，然后将史料分类排比，形成具体课题，得出结论。梁启超颇重视分类搜集法，他说："大抵史料之为物，往往有单举一事，觉其无足轻重，及汇集同类若干事比而视之，则一时代的状况可以跳活表现"①。梁启超在考察古代中西交通的道路和学术文化相互影响时，曾运用了这个方法。他从许多传说记载中搜集了中国僧人西去印度的姓名可考者107人，姓名失考者80人。再将这187人分时代、籍贯、学业成就、经行路线做种种统计，最后得出"六朝唐时中国人留学印度之风甚胜"的结论，纠正了常人只知中国人西去印度的前有法显、后有玄奘的片面认识。

---

① 梁启超. 中国历史研究法［M］. 上海：华东师范大学出版社，1995.

3. 追踪搜寻法

追踪搜寻法指的是研究者为搜求某事史料而览读某书时，发现某书提到与该项史事密切相关的另一些史事，或在注引中提到了与该项史事有关的另一些书名或篇名，便追踪寻读有关的史著，循此一直到未见新的踪迹方休。例如，为搜求有关屈原的史实，读《史记·屈原贾生列传》，得知屈原曾为楚怀王左司徒，并与张仪的活动有关，便追踪寻读有关楚怀王和张仪的史书。

4. 通过平时读书与阅读报刊搜集史料

史料的搜集按照目的性与时空性，分为两种情况：一种是在确定选题后，遵循题目对号入座地搜集专门史料，希冀在较短的时间内解决史料的搜集问题；另一种是立足于自己的研究方向和长远目标，广泛搜集与此有关的各种史料。后一种即属经常性地搜集史料，它需日积月累，甚至要穷毕生之力。很多史学家正是凭此取得了很大成绩，如著名史学家吕思勉读书 50 余年，包括通读《二十四史》三遍，写成 80 余万字的札记。吕思勉去世后，其门人将其札记加以整理，出版《吕思勉读史札记》。

5. 通过调查、采访收集口碑史料

第二次世界大战以后，西方颇盛行“口述史学之法”，这是一种通过有计划的访谈和录音，取得某一特定问题的第一手口述，经过对照和筛选进行历史研究的方法。口述史学方法也是搜集史料的基本方法之一。其实，通过调查、采访收集口碑史料的研究方法在我国也有悠久的历史。《史记》里面就有不少材料来自碑刻资料、历史文物资料及民间的“谶语”与神话传说。《史记》内容丰富、生动，人物有血有肉，栩栩如生，读来备感亲切，这与司马迁注意实地调查、采访，收集了丰富史料不无关系。至于研究现当代教育史，对事件当事人进行调查、采访尤其重要。

（三）史料的整理

搜集而来的史料只是初始的原材料，零乱而又分散，时间关系也十分混乱，不便于引用，需要进一步加工整理。就其要者而言，可以按性质分门别类和按时间先后顺序加以整理。

1．按性质分门别类的整理

按性质分门别类的整理即把从各种书中搜集来的史料，不依其来源，而以其性质加以分类。例如，先立定经济、政治、文化三大类，然后把各种来源不同的史料，分别归纳到这三个类别之中。这样的分类，消除了史料来源的界限，突出了史料的性质。

但这样的分类，只是突出了史料的一般性质，尚不足以揭示史料的多样性，因此对史料还需细致分类。比如经济一类，可再分为农业、手工业、商业；农业又可再分为土地的所有关系、耕种方法、技术、水利、地租、赋役等。这样，大类之中再分小类，小类之中再分更小的类别，一直分到不可再分为止。经过这样的分门别类，既显出了史料的一致性，又显出了它们的特殊性。

2．按时间先后顺序的整理

经过分类整理后的史料，已经按史料的不同性质进行了一次条分缕析的梳理工作，但这只是完成了史料整理工作的一个方面。史料来自不同的书籍，除反映的史事本身有先后之别，对该史事的评述也有前后之分，所以搜集来的史料的时代关系经常是十分混乱的。如果不加整理，极易发生张冠李戴的错误，出现用后期的史料来说明前期的历史现象，或把古人的转述误为当事人的记述而使用。因此，在完成史料的分类整理以后，还应当进行史料分节，即把每一类的史料，按其所表示的史实之先后，加以再编排。如此一来，所突出的便不仅是史料的性质，而且是它们依次发展的过程了。在时间分节的时候，种种问题就会突显出来：或有若干条史料完全雷同，或有若干条史料稍有差异，或有若干条史料截然相反。对于这些史料，我们又要加以类集，使它们各为一群。凡雷同者，要找出它们的前后关系，舍弃后者；凡稍有差异或截然相反的史料，要进行一番考证和辨伪，找出它们有差异或相反的原因，清除讹误的部分。

总之，对史料的整理，既要将其分门别类，使之一清二楚；也要按时间先后顺序再次编排，使之前后呼应，一脉相承。这种以性质为纬线，以时间为经线，把纪事本末与编年的方法融为一体而组织起来的史料，以后使用起来自然就方便多了。

二、史料的鉴别

（一）史料鉴别的必要性

将搜集起来的史料加以整理以后，固然方便了史料的利用，但仍然不能马上就用。史料很可能真伪错杂，互相抵牾，需要加以辨别，去伪存真，以保证史料的真实性。郭沫若说得好：“无论做任何研究，材料的鉴别是最必要的基础阶段。材料不足，固然大成问题；而材料的真伪或时代如未规定清楚，那比缺乏材料还更加危险。因为材料缺乏，顶多得不出结论而已；而材料不正确，便会得出错误结论。这样的结论，比没有更要有害。”[①] 可见，史料真实是历史研究的基本前提。鉴别史料的真伪，是历史研究不可缺少的最基本的环节。史学认识成果是否正确，有没有坚实的基础，首先就在于有没有鉴别史料的真伪。史料的鉴别（或称考证），归纳起来不外两种：一是外考证，即史书的辨伪与文句的校勘；二是内考证，即对史实的真实性加以鉴别。

（二）文献辨伪

为了寻求文献之真，一代又一代辨伪学家在继承前人辨伪方法的同时，不断提出新的辨伪方法，逐渐形成了行之有效的辨伪方法体系。经深入探究，我们发现，前人辨别文献真伪，主要从文献作者、文本内容两个方面入手。

从作者的角度辨伪，主要考查书籍与作者的思想、行迹、生卒年代等方面的矛盾，进而发现问题，做出判断。如柳宗元认为《晏子春秋》是一部伪书，其根据是《晏子春秋》中有很多墨子的思想，诸如尚同、兼爱、非攻等。这些思想和言论与晏子的思想有很大差别。

辨别文献的真伪，文本内容是最重要的部分。中国古代的文献学家在辨别伪书时，在这方面积累了丰富的经验，运用了很多行之有效的方法。具体来说，主要从文体、文章风格、语词、史实、称谓、制度、地理沿革等内容来辨别文献的真伪。如刘知几认为，《李陵集》中的《与苏武书》系伪作。其根据是《李陵集》中的《与苏武书》，

---

① 郭沫若. 郭沫若全集·历史编：第2卷［M］. 北京：人民出版社，1982：112－115.

“词采壮丽，音句流靡。观其文体，不类西汉人”，这便是从文体的时代特点的角度来辨伪。又如颜之推认为，《本草》一书相传为神农所述，但书中出现豫章、朱崖、赵国、常山、奉高、真定、临淄、冯翊等后世郡县名，显然为后人伪造。这便是从地理沿革错位的角度进行辨伪。

（三）史料校勘

所谓校勘，就是核对勘误的意思，指用不同古书版本和有关的文献资料对某一本书进行校对勘误，目的在于校订古书中存在的字词、语句上的错误。如何做校勘工作呢？著名史学家陈垣在其《校勘学释例》中提出了“校法四则”，可供我们参考和采用。

第一，对校法。这是校勘中最简单、稳当的方法，即以同书的祖本与别本对读，遇有不同之处，则注于其旁。此法目的在校异同，不校是非，故其短处在不负责任，虽祖本或别本有讹，亦照录之。而其长处则在不参己见，得此校本，可知祖本或别本之本来面目。故凡校一书，必须先用对校法，然后用其他校法。

第二，本校法。即以本书前后互证，选摘异同处，进行比较判定，以求其中谬误之处。此法在得到祖本或别本之前，最适宜采用。

第三，他校法。即以他书校本书。凡是本书采自前人版本的，可用前人之书校定；如本书曾为后人引用，可用后人之书校定；其史料如同时被两本或两本以上的书所载，可同时用转载之书校之。他校法涉及书的范围较广，耗费功力也较多，但有时非此法不能证明其讹误。

第四，理校法。这是根据书文的体例和遣词造句的特色，对书的内容加以校勘的一种方法。如郦道元的《水经注》一书，原本中

“经”和“注”混在一起，很难释读。戴震潜心研究该书体例和行文特色，归纳出区分“经”和“注”的若干原则，终于使该书易于释读。当无古本可据，或书本互异，因而无所适从时，只能运用此法。

以上所举四种方法，第一、二种是以本书的不同版本或本书内部进行校勘，故也称“内校法”；第三种是以要校对的书以外的各种有关较为可靠的记载来校勘，故又称“外校法”；第四种方法是在以上三种方法均不能校正的情况下，根据上下文并联系当时各种历史发展的背景和线索，运用逻辑思维来考证的一种方法，这对校勘者的学识有很高的要求。

（四）史实考证

历代流传下来的历史典籍中，记载的史实与历史事实之间经常存在着不同程度的背离关系，出现伪事。对于伪事，显然不是如辨伪、校勘的外考证工作所能解决的。鉴别史实的真伪，要求透过现象认识本质，进行一番内考证工作。

考证伪事的方法很多，其中基本的有如下几种：

第一，求源法。考证史实，就要追寻事情的来源。一般说来，同样内容的事情，就要有选择地用时代最早的记载。相对来说，原始史料比较准确，史实比较真实；以后辗转传抄的第二、三手资料，容易出错，史实也因而模糊不清，甚至面目全非。陈垣先生就很重视求源法。他曾在大学开设“史源学”课，教导学生追寻史源。这一举动可谓意味深长。

第二，反证法。即举出有力的反证，以判断是非。梁启超把反证法形象地比喻为“以矛陷盾”。如《唐书·玄奘篇》称玄奘57岁卒，

《玄奘塔铭》则记为69岁。经考证，有人发现玄奘于唐高宗显庆二年（657年）九月三十日上表之事，内有“六十之年，飒焉已至”之语，证明玄奘卒年应在60岁以上，则《唐书·玄奘篇》所记可能有误。

第三，旁证法。即利用本书以外的资料作为依据，对某一史实加以他证或补证，达到考订史实的目的。考据当中有“孤证不立”的原则，如果一个历史论断只有一项证据支持，而没有旁证，则该项论断不能成立。例如《尚书·无逸篇》有殷代高宗“亮阴三年不言”的记载。孔子把这句话解释为殷代实行“三年守丧制”。此说历代相沿，无人提出疑问。但郭沫若发现，把“亮阴”解释为“居庐守丧”缺乏根据，“三年不言”也不合情理，由此对旧解提出怀疑。郭沫若搜集和参考甲骨文中的有关资料，皆无相关旁证，反而发现了与旧说矛盾的记载，得出“亮阴三年不言”不能证明殷代实行“三年守丧制”的结论。他又根据医学知识断定，“三年不言”应是一种不言症。郭沫若的论断最后从甲骨文卜辞“今夕王言”“今夕王乃言”中得到了进一步的证明。这里，郭沫若便是用旁证法对长期未予质疑的结论提出了大胆的挑战。

第四，理证法。前代史实未必皆有记载，或原本有记载而现在亡佚或销毁，或找不到任何证据，需要以学理作为判定是非的标准，这就是理证法。梁启超又称之为“高度的推论法”，其主要是正确运用逻辑推理，达到考证史实真伪的目的。

总之，考证史实要有严肃认真、实事求是的态度。真假不分，望文生义，牵强附会，曲解材料，是历史研究的大忌。

（五）口述史料的鉴别

由于人的记忆偏差，受访者在陈述过往的历史事实时，往往会存在这样或那样的信息失真的状况。另外，受访者常常会把自己现在的价值观、思维方式、情感体验投射到过去，当成自己以前的价值观、思维方式、情感体验，这也会造成回忆中事实的扭曲。因此，口述史料的真实性问题是每一个研究者都必须面对的问题。

口述史料的鉴别，通常采用的手段有两种：其一，不同的历史证人的互证。对于同一历史事件，寻找站在不同立场上的事件参与者，让他们分别阐述自己对于事件的背景、过程、结果的记忆。然后，研究者把不同立场的回忆材料进行对照，把那些具有一致性的事实确认成为真的史实。印度学者布塔利亚·乌瓦什的《沉默的另一面》便是运用这一手段鉴别口述史料的典范之作。其二，口述史料与文献的互证。运用公家与私人文献，将之与口述者所述的史实进行对照，往往能够确定口述史料中哪些史实为真，哪些史实是假的。唐德刚的《胡适口述自传》便是运用这一手段鉴别口述史料的典范之作。

（六）实物史料的鉴别

实物史料是否产生于其所标示的年代，最常用的鉴别方法是碳十四年代测定法。其基本原理是，宇宙射线在大气中能够产生放射性碳十四，并能与氧结合成二氧化碳后进入所有活体组织。其间，先为植物吸收，后为动物纳入。只要植物或动物活着，它们就会持续不断地吸收碳十四，并在机体内保持一定的水平。而当有机体死亡后，即会停止纳入碳十四，其组织内的碳十四随即以 5730 年的半衰期开始衰变并逐渐消失。因此，对于任何含碳物质，只要测定其剩下的放射性碳十四的含量，就可推断其生成的具体年代。根据这一原理，使用碳十四测定仪，取少量测量物的样品进行测量，就可确定实物史料产生的具体年代。

三、史料的分析

（一）史料分析的两大任务

常言道，什么钥匙开什么锁。反过来说,不同的锁需要用不同钥匙才能打开。在科学研究中也有同样的道理:不同的研究任务需要运用不同的研究方法。也就是说,科学研究方法是由科学研究的任务决定的。

那么，科学研究的任务是什么呢？概括地说，一切基础科学的研究任务可以归结为“确定事实”和“解释事实”这两件事。“确定事实”就是要弄清楚“是什么”，也就是要弄清楚“what”；“解释事实”就是要弄清楚“为什么”，也就是要弄清楚“why”。历史研究也是这样。人们研究或思考历史，总是首先要“确定事实”，接着就要“解释事实”。

（二）史料分析的方法

确定事实和解释事实是两种不同的任务，由此决定历史研究需要使用两类不同的方法，即确定事实的方法和解释事实的方法。确定事实的方法是一些技术性的方法，而解释事实的方法，实际上就是一些解释历史事实的指导原则，或叫作导向性方法。

1. 技术性方法

简单说来，技术性方法就是确定历史事实的方法。诸如，怎样搜集、考订和辨别史料，怎样对史料、史实进行分类、排比，怎样进行严密的逻辑推理而避免混乱的推理，怎样把一些现代科学方法和技术手段（如统计分析和信息技术）运用于历史事实的确定，怎样把历史研究的成果写成适应不同主题和不同读者需要的历史著述等。解决这些技术性、技巧性问题的方法，就是技术性方法。

历史科学运用的各种技术性方法，本质上都是形式逻辑的归纳法和演绎法。因此，这里着重对归纳法和演绎法进行介绍，而不再涉及各种具体的技术性方法。

①归纳法。归纳法是由众多的个别事实归纳出“一般性”结论的方法。其基本形式：

S_1是 P，

S_2是 P，

S_3是 P，

…………

S_n是 P，

因此，所有 S 都是 P。

在历史研究中运用归纳法的简单实例：

中国西周时期的教育具有伦理化的特点；

中国宋代的教育具有伦理化的特点；

中国清代的教育具有伦理化的特点；

…………

因此，中国传统教育具有伦理化的特点。

②演绎法。演绎法是由“一般性”的前提推导出个别性判断的方法，其基本形式：

如果 P，则 Q，

非 Q，

所以非 P。

在历史研究中运用演绎法的简单实例：

如果一切从野蛮向文明过渡时代的民族都实行军事民主制，

黄帝、尧、舜时代的中华先民未见实行军事民主制，

因此，黄帝、尧、舜时代的中华先民不是处在从野蛮向文明过渡时代。

以上所列，都是归纳法和演绎法最基本的形式。由这些基本形式可以推衍出其他许多形式。实际上，几乎所有的逻辑推理形式，其基本的内核都是上述归纳法和演绎法的基本形式。

2．导向性方法

如果说技术性方法是帮助研究者“确定事实”的方法，导向性方法就是帮助研究者“解释事实”的方法。怎样解释事实呢？常见的解释方式不外乎两种。一是用统计、归纳性的经验规律作解释，其解释形式是，因为有某经验规律，所以有某事实出现。二是不用统计、归纳性的经验规律去解释，而是用“人之常情”或“常理”（truism）去解释。具体介绍如下：

第一，用经验规律作解释的方法。为什么这里不用普遍规律而要用经验规律呢？因为历史著述不可能没有某种规律性的假设，但这些规律性的假设不是自然科学式的普遍规律，而只是对经验世界的归纳性概括。对此，亨普尔说：“尤其是像‘因此’‘所以’‘由此’‘因

为'‘当然'‘显然'这类术语，往往表示某种普遍规律的不言而喻的预先假定：它们用于连接初始条件和待解释事件；但是只有预先假定了一些合适的普遍规律，才会出现待解释事件‘自然'地是已被表明的条件的‘结果'的现象。例如，请看这个陈述：沙尘暴区（dust bowl）的农民迁徙到加利福尼亚，‘因为'持续的干旱和沙暴使他们的生存环境日益恶化，并且因为在他们看来，加利福尼亚提供了好得多的生活环境。这个解释依赖于某些诸如人口总是倾向于移居到提供了更好的生活环境的地区那样的普遍假设。"①

亨普尔还认为，即使用"理性人"的"理智"做解释，那样的解释也"必须包括进一步的假设，其内容主要是：当时（主体）是有理性的主体，而且愿意去做既定条件所允许的事情"。因此，解释依赖于这样一种经验概括的真实性："一个理性主体，在条件 C 下，一定（或有很大的可能）做 X"。因此，他认为，这实际上也是在某种"普遍规律"假设之下所做的解释。②

可见，亨普尔说的"普遍规律"实际上只是一些运用归纳逻辑归纳出来的经验规律，而不是真正的普遍规律。这种解释方法是由科学主义的社会历史观转化而来的科学主义的导向性方法。

第二，用"常理"解释的方法。所谓用"常理"解释的方法，就是用"贪欲""权势欲""利害权衡""良心"之类的"人之常情"来解释历史人物的行为。柯林武德对这种解释方法做过理论阐释。他说：历史学家不需要也不可能（除非他不再是一位历史学家）在寻找事件

① C. G. 亨普尔，黄爱华. 普遍规律在历史中的作用[J]. 哲学译丛，1987（4）：48－53.
② C. G. 亨普尔，黄爱华. 普遍规律在历史中的作用［J］. 哲学译丛，1987（4）：62.

的原因和规律方面与科学家竞赛。对历史学家来说，所要发现的对象并不是单纯的事件，而是其中所表现的思想，发现了那种思想就已经是理解它了。举例说，假设一个人正在阅读《狄奥多修斯法典》，而且他面前有着皇帝的某一敕令。仅仅阅读这些文字并且翻译它们，并不等于懂得它们的历史意义。为了做到这一点，他就必须看清楚这个皇帝正在企图应付的那种局势，而且他必须看它就像皇帝看它那样。然后他必须为他自己看出这样一种局势设想如何加以应付，就好像那个皇帝所处的局势就是他自己所处的一样；他必须看到各种可能的选择以及选定这种而不是另一种的理由。这样，他就必须经历皇帝在决定这一特殊办法时所经历的过程。因此，他就是在他自己的心灵中重演那个皇帝的经验，而且只有在他做到这一点的时候，他才对那个敕令的意义具有真正的历史认识。①

可见，柯林武德在这里所说的是这样一种方法：面对特定的历史情境，以设身处地、以心换心的方式，进行模拟式的体验、思考，从而对之做出合理的解释。这种导向性方法背后的社会历史观就是把历史过程视为历史行为者的思想、目的、动机的自然延伸、展现的过程。

---

① 柯林武德．历史的观念［M］．何兆武，张文杰，译．北京：中国社会科学出版社，1986：242－245．

本章总结

本章分三节对教育历史研究进行了阐述。第一节概述了教育历史研究的含义及其重要性；第二节阐明了教育历史研究法的特点，即历史性、以逻辑分析为主、主体性、具体性和综合性；第三节介绍了教育历史研究的步骤，分别为史料的搜集与整理、史料的鉴别以及史料的分析。

推荐阅读材料

1. 孙杰：《共和国教育学 70 年（教育史学卷）》，北京师范大学出版社，2020 年。

2. 孙培青主编：《中国教育史（第四版）》，华东师范大学出版社，2019 年。

3. 孙益等：《外国教育史研究》，福建教育出版社，2020 年。

4. 滕大春著，贺国庆等编：《教育史研究与教育规律探索》，人民教育出版社，2019 年。

5. 杨彪主编：《国际历史教育比较研究》，社会科学文献出版社，2020 年。

6. 郑金洲：《教师如何做研究（第二版）》，华东师范大学出版社，2012 年。

7. 中国教育科学研究院：《中国共产党教育方针百年历史研究》，教育教学出版社，中共党史出版社，2021 年。

第十三章　如何做教育行动研究

“没有行动的研究，是空洞的理想；没有行动的研究，是盲目的活动。”“行动”与“研究”理应紧密结合。然而，在现实中，“行动”和“研究”却常常被用以指称不同的人及其从事的不同性质的活动。“行动”主要是指实践者、实际工作者的实践活动和实际工作，“研究”则主要是指受过专门训练的专业工作者、学者专家对人的社会活动和社会科学的探索。由此可见，“学术研究”与“实际工作”之间存在着明显距离。为弥合“行动”与“研究”之间的距离，行动研究应运而生，并已成为社会科学领域中十分重要的一种研究方法。将行动研究的理念应用于教育领域，即教育行动研究，它现已成为教育研究方法体系中不可或缺的一部分。

第一节　教育行动研究概述

一、教育行动研究的内涵

教育行动研究是在社会情境（包括教育情境）中自我反省探究的

一种形式，参与者包括教师、学生、校长等，其目的在于促进教育实践的合理性，帮助研究者了解实践工作，使情境（或组织内）的实践工作能够付诸实施且有成效。

教育行动研究是一种适于小范围内教育改革的探索性的研究活动，是在教育教学实践中由教育实际工作者与教育专家合作，针对实践中存在的问题提出改进计划，通过实施、验证、修正而获得研究结果的一种教育研究方法，其目的不在于建立理论、归纳规律，而是针对教育活动和教育实践中的问题，在行动研究中不断地探索、改进和解决教育实际问题。

二、教育行动研究的特征

教育行动研究有以下几个显著的特征。

第一，研究主体是教育实践工作者，特别是中小学教育者。教育行动研究把教育行动与研究结合起来，教师作为教育实践工作者，也是教育行动研究的主体，在教育行动研究中完美地兼任“职业者”与“研究者”的双重角色。

第二，研究目的以解决问题、改进实践为主，特别是解决本校、本年级、本班、本学科、本岗位当前存在的各种问题。教育行动研究打破了传统研究在研究目的上的局限性，它的目的不是建构系统的学术理论，而是改进行动、改进实践，解决教育实际工作者所遇到的教育教学问题。研究的目的具有实用性，问题的解决具有即时性。首要目标应是提高教育教学质量和效益，改进教育教学工作。这既是第一线教师开展教育科研的根本动力，也是教育科学研究的根本目的。

第三，研究过程注重研究与行动相结合，研究过程即自己的工作过程。教育行动研究的环境就是教育实际工作者所在的工作情境，并非经过特别安排或控制的场景。教育行动研究的研究过程就是教育实际工作者解决问题的过程，边行动边研究，边研究边行动，教育行动研究者必须亲历教育发生的现场，从常态下学校的教育实践中发现问题、分析问题、研究问题、取得成果，并在实践中应用成果、检验成果。教育行动研究是一种源于行动、研究行动、服务行动的研究。

第四，研究以“共同合作”的方式进行，重视研究中的沟通与互动。教育行动研究是一种合作研究，重视教师、理论工作者、专家和工作伙伴以及学生和家长的合作，需要教师和理论工作者、专家、学校行政领导、工作伙伴、学生乃至学生家长、督导、政府官员等人的合作。通过沟通排除障碍，形成平等、互信、互补、共生的关系，建立学习共同体、反思共同体、研究共同体、实践共同体。

三、教育行动研究的发展历程

20 世纪 30 年代末，美国约翰·考利尔最早提出并使用“行动研究”的词汇；德裔美国社会心理学家库尔特·勒温将行动研究引入社会科学研究领域；哥伦比亚大学师范学院的贺拉斯曼–林肯研究所的研究人员则将行动研究应用在教育研究领域中。后来，在芝加哥大学柯雷教授的推动下有了进一步的发展，他在 1953 年出版的《改进学校措施的行动研究》一书中指出，“所有教育上的研究工作，经由应用研究结果的人来担任，其研究结果才不致白费”。在勒温、柯雷等人的倡导下，教育行动研究在 20 世纪 50 年代的美国曾盛极一时。20 世纪 70 年代可以说是教育行动研究在英国大放异彩的时期，以斯腾豪斯、埃利奥特为代表人物。到 20 世纪 80 年代，随着凯米斯、格兰迪、卡尔等人远赴澳大利亚，教育行动研究在新一代代表人物发展之下不仅扩展了影响的地理区域（扩展至整个北美地区，还包括欧洲大陆国家，如德国等），而且融入了反思取向，吸收了社会批判理论的相关思想，转而强调教师自我发展、自我反思、自我解放的精神。

国内学者对教育行动研究的介绍与评价可以分为三个阶段。1982—1987年为起始阶段，此后几年一度沉默。20世纪90年代初期为兴盛阶段，其间发表了大量的有关行动研究的文章。1998年至今为反思阶段，此时行动研究开始在“方法论”的层面得到发展而不局限于只作为“方法”进行介绍。在人们逐渐认识到教育实验研究或以自然科学方法为指导的教育研究的局限性，开始自觉寻找新的发展路径，特别是当下的教育研究方法越来越远离中小学一线工作者的实践而普遍受到质疑的时候，教育行动研究从20世纪90年代以来，在我国得到了蓬勃发展。其中，华东师范大学陈桂生主持的“大学-小学教师合作研究”，明确采用教育行动研究，受到了国内教育研究者的关注①。其基本理念：①到中小学去研究教育；②从活生生的实践中汲取教育的元素；③以教师为合作研究的主体；④教育行动改善的过程与教师对教育行动的反思过程交错；⑤课题设计与操作程序力求简便，成果表述力求真实；⑥研究组合，自愿参加。

四、教育行动研究的类型

教育行动研究分为独立进行的行动研究和协同性的行动研究两种类型。

① 周钧．行动研究在我国的发展：回顾与反思［J］．天津师范大学学报（基础教育版），2012（1）：1－5．

（一）独立进行的行动研究

行动研究之首要目的在于改善实践，而不在于理论知识的生产。行动研究的进行不在于有严格的书面研究计划、细致的研究方案和按部就班的实施过程，它存在于行动者日常的专业生活中，在以“参与”“改进”“系统”“公开”为特征的过程中。对教师而言，独立的行动研究在实施上有很大的便利性，在教育教学过程中发现问题便可通过行动研究加以解决。

不过，独立进行的行动研究对行动者能力要求比较高，需要行动者有较高的进取动机，有较强的批判反思能力，对问题具有较高的敏感性，能够在自己习以为常的专业生活中发现问题，并有较强的分析问题和解决问题的能力。

（二）协同性的行动研究

教育实践者个人的经验、知识和能力对于日益变迁的教育环境和提高教育质量的诉求来说毕竟是有限的，当教师想超越个人的经验对自己的教育活动进行多角度、深入的探究时就需要前人或他人的智慧。此时，进行协同性的行动研究就显得更具深入性和全面性。

协同性的行动研究是重视团队的组成，重视团体成员间彼此的合作。协同性的行动研究是将每个参与者都视为研究主体，彼此成为“互为主体”的研究关系。研究者既是行动者，亦是反思者，彼此之间是合作伙伴关系。

单个教师的行动研究的特点是规模小，研究问题范围窄，易于实施，但力量单薄，难以从事深入的、细致的、说服力强的研究。而协作性的行动研究恰恰解决了这个问题，通过研究者的彼此沟通和互助协作，可以发挥多个教师的集体智慧和力量。目前，学校范围内的协同性行动研究是专业研究人员、教师、政府部门、学校行政领导等组成的较为成熟的研究队伍所从事的研究，这种协同性的行动研究有专业人员参与，有较强的理论指导，研究力量强，能充分地发挥领导、教师、研究人员的作用，是较为理想的行动研究。

第二节　教育行动研究的程序

教育行动研究是一个完整的单元，“计划”“行动”“考察”“反思”四个环节都是必不可少的。这四个环节循环，构成了一个闭合回路，每一次反思都意味着教育实践的改善和提升。

一、计划

计划应以所发现的大量事实和调查研究为前提。行动研究的计划包括总体计划和每一个具体行动步骤的设计方案。

计划阶段主要完成的任务是明确问题、分析问题和制订计划三个方面。教育行动研究中，确定研究问题是首要的问题。行动研究者必须在研究之前，确定研究的问题与方向。行动研究的问题，可以在教育教学的疑难中寻找，也可以从具体的教育教学场景中发现，还可以从与同伴、学生、家长的交流反馈中获得。此外，教师的自我反思、自我阅读、自我批判也是研究问题产生的来源之一。

在行动研究之前，教师可以试图问自己如下几个问题，以确定自己的行动方向：①我所关注的问题是什么？它属于什么领域？此问题具有何种性质？对它的判定已经聚焦了吗？对问题的界定是否合理？②此问题产生的背景是什么？与我所处的工作环境有何关系？它是一个特殊问题还是一个一般问题？③我为何会对此问题产生兴趣？此问题的重要性如何？④我对此问题能做些什么？其可行性与预期目标是什么？⑤我能搜集到什么样的证据资料来帮助我了解或判断此问题？⑥如何搜集到这些证据资料？⑦如何能确认我对此问题的判断是正确的？⑧我对此问题已有了什么样的价值判断或倾向？这种判断或倾向对问题解决会产生怎样的影响？我的立场有何限制？⑨对问题的研究有何有利因素和不利因素？如何应对这些因素的影响？

通过这一系列的追问，研究者对所面临的问题本身进行确认，一是尽可能明确问题的种类、范围、性质、形成过程及可能影响；二是对问题做出界定和分析；三是为解决这一问题提出总体的计划。总体计划应包含计划实施后预期达到的目标、对课堂教学试图改变的因素、行动的步骤与时间安排、本研究涉及的人。

二、行动

行动研究，贵在行动。其典型的特征就是“为行动而研究/对行动的研究/在行动中研究”。行动即实施行动计划。实施包括行动和对行动的观察两方面，其核心步骤是将计划付诸行动。

行动研究具有情境性和实践性，行动计划的执行和实施具有灵活性和弹性。因此，教师在进行教育行动研究的过程中要注意尽可能严格按照计划进行行动与实践，同时要充分考虑现实因素的变化，根据实际情况做出必要的调整。此外，在实施计划过程中要随时对行动与实践的情况进行认真的观察和详细的记录，时刻注意收集行动研究过程中的信息和资料，便于后续研究环节的顺利开展。

三、考察

教育活动受到实际环境中多种因素的影响和制约，许多因素不能事先确定和预测，因此考察环节在行动研究中占据十分重要的地位。

考察的内容有如下三方面：①行动与实践的背景因素以及行动过程中的影响因素。背景资料是分析计划设想的有效性的基础性材料。②行动过程的严密性、规范性。过程资料是判断效果是不是由方案带来的和怎样带来的观察依据。③行动的结果。结果资料是分析方案带来什么样的效果的直接依据。

四、反思

反思是行动研究第一个循环周期的结束，也是过渡到另一个循环周期的中介，包括整理描述、评价解释、写研究报告三个层次。

反思是行动研究的关键环节，是教师对自己教学合理性、有效性的追求，是教师自身发展的重要手段。针对反思这一环节，可以从以下七个方面进行思考：问题界定是否明确；行动的操作定义是否清楚；研究计划是否周详；研究者是否按计划执行；资料收集与记录是否详尽无误；研究的信度与效度如何；资料的分析与解释是否慎重、恰当。

行动中的观察和反思是极其重要的。反思，既是一个行动的结束，又是另一个新的行动的开始。反思一般涉及两个方面：一是对整个教育行动研究过程的系统反思；二是对教育行动研究过程和结果进行评价，并对现有的现象和原因做出分析和解释，找出计划和结果之间的差距，继而确定原有的研究问题，考虑计划是否在下一步需要做出修正以及需要做出哪些修正。教师在行动研究的过程中如果能够对自己的教学进行持续不断的系统反思，那么就具备了研究型教师的基本素质。

行动研究者反思凭借的素材和资料主要有如下几个方面：①叙述性记录，指教学或其他教育问题现场的摘记、教学（反思）札记、行动研究札记（教师研究日志）等。②实习导师、视导人员或其他同事的交互观察教学或视导记录。③相关文件，包括学生学习与作业、公文、会议资料、教师的职业档案与评价资料等。④课程或会议活动或研讨活动的观察笔记。⑤问卷、访谈、调查工具所得到的意见。⑥分析工具（如检核表）、具有前后测功能的测验结果。⑦对个别教师或团体的深度访谈。⑧录音、录像分析。⑨观察笔记与访谈记录的讨论等。⑩课堂观察、学生问卷、学生访谈、教师讨论记录、研究者教学反思等。

行动研究的四个步骤首尾相连，形成了闭合回路，构成完整的过程，每一次的反思，意味着下一轮研究的开始。也正因为如此，行动研究直指具体的实践问题，为改进实践而开展研究，呈螺旋上升的态势。

第三节　行动研究的适用范围与特性

一、行动研究的适用范围

行动研究主要适用于教育实际问题而不是理论问题的研究，适用于中小规模而不是宏观的实际研究。其针对教育的实际情境而进行，从实际中来又回到实际中去。

行动研究具体适用范围：课堂教学研究将改革措施实施于教学过程；对课程进行中小规模的改革研究；教师职业技能训练，提供新的技术和方法；学校管理评价；对已确诊的问题所施行的改革措施，如困难学生的教育措施、不良心理行为的矫正、环境因素的变革；等等。

二、行动研究的优点和局限性

（一）行动研究的优点

第一，具有适应性和灵活性。行动研究简便易行，适合没有接受过严格教育测量和教育实验训练的中小学教师采用。

第二，具有评价的持续性和反馈的及时性。行动研究强调评价的持续性，即诊断性评价、形成性评价、总结性评价贯穿整个研究过程。

第三，具有较强的实践性和参与性。教育研究与教育实践紧密联系。

第四，可综合使用多种研究方法。在较成功的行动研究中，可汇集多种研究方法。

（二）行动研究的局限性

第一，行动研究是一种非正规性的研究活动，不讲究科学的严密性，在实际研究中不可能严密地控制条件，因此其结果的准确性、可靠性有限。

第二，行动研究的主要目标服从于改善行动，而不是发展知识或理论，因此它对教育理论体系之建构的贡献是有限的。

本章总结

本章分三节对教育行动研究进行了阐述。第一节阐明了教育行动研究的内涵、特征、发展历程及类型；第二节介绍了教育行动研究的程序，即计划—行动—考察—反思四个环节；第三节阐述了行动研究的适用范围及其优点和局限性。

推荐阅读材料

1. 陈桂生：《到中小学去研究教育——教师行动研究的探求（第三版）》，华东师范大学出版社，2016 年。

2. 胡庆芳等：《倾听课堂：教师行动研究例析》，教育科学出版社，2016 年。

3. 李冲锋：《教师如何做课题》，华东师范大学出版社，2013 年。

4. 玛丽·路易丝·霍莉等：《教师行动研究（第 3 版）》，中国人民大学出版社，祝莉丽等译，2014 年。

5. 严先元，谭文丽编著：《教师怎样做教育行动研究》，东北师范大学出版社，2020 年。

第十四章　如何做比较教育研究

比较是指将两种或两种以上的同类事物或有密切联系的事物进行对比，确定事物之间的相似性与差异性。比较是认识、探究事物的一种基本方法。比较方法是教育研究的基本方法之一，比较教育研究一般是指主要采用比较方法进行的教育研究。在当代，比较教育研究形成了较为严格但又相对灵活的研究程序，分析单位不断拓宽，注重研究对象和资料数据的可比性。比较教育研究需要运用多种方法，各种方法互为补充，以对所研究的教育问题获得更加全面、准确和深入的理解，增强研究的政策和实践价值。

第一节　比较教育研究概述

比较方法是教育研究方法的一个重要组成部分，与教育研究的哲学方法、历史方法、科学方法等其他方法一起构成了教育研究的基本方法。而主要使用比较方法进行的教育研究，一般称为比较教育研究。

一、比较教育研究的含义

比较教育研究运用比较方法观察、思考和认识教育现象，具有深厚的历史渊源。对我国古代思想家老子等人的思想进行对比，对比较教育方法论建设具有深刻的启迪意义。孔子周游列国，马可·波罗（Marco Polo）游历东方，都以本土教育作为参照，对异域教育进行了自觉的思考，也进行了不同程度的比较性分析，对比较教育方法论建设具有深刻的启迪意义。

但是，将比较方法运用于教育研究，乃至将其发展成系统的比较教育研究方法，主要是由于近两个世纪以来人们从其他学科或研究领域获得了启示。19世纪初，比较方法在解剖学、植物学和语言学研究中得到运用，促进了这些学科的发展，有力地提升了这些学科的研究水平。至19世纪中叶，比较研究受到了热烈的探讨，比较教育成为其中的一个分支研究领域。

19世纪末，法国社会学家涂尔干（Emile Durkheim）努力寻找一种在某种程度上接近自然科学中的实验并可用于社会学科的方法，他认为这种方法就是比较，并将这种方法界定为“间接的实验方法”。涂尔干认为，当现象可以被观察者人工制造出来时，最适合的方法就是实验；反之，事实的制造是不可能做到的，因而人们只能在事实自然而然地产生时将它们放在一起比较，这时所使用的方法是间接的实验，也就是比较方法。根据他的理解，可以从比较“相伴差异”或“共存差异”中找到最适合社会学研究的工具。涂尔干强调了比较法在社会学科研究中的价值，指出“比较社会学并不是社会学的一个特殊分支，就它不再是描述性社会学且渴望对事实进行说明而论，它就是社会学本身”[①]。后来的一些学者如迪韦尔热（M. Duverger）发展了涂尔干的这一思想，主张实验方法对研究社会现象的意义是非常有限的，而认为比较在社会科学中所起的作用，相当于实验在物理学和生物学中所起的作用。

教育现象是一种复杂、特殊的社会现象，要深入、准确地认识它，就需要采取包括比较方法在内的多种研究方法。由于比较方法对于教育研究具有重要的价值和作用，故它逐渐发展为教育研究的基本方法之一。使用比较方法进行的教育研究一般称为“比较教育研究”，它们与通常所称的“比较教育”既有联系又有区别。如英国比较教育学者霍尔斯（W. D. Halls）指出，比较教育已经发展成一个包括比较（教育）研究、外国教育、国际教育和发展教育四个主要组成部分的综合性研究领域。比较教育研究相当于霍尔斯所指的“比较教育”中的第一部分。

比较方法是比较教育研究的基本方法，但并不是比较教育研究所特有的方法。教育研究的其他分支学科或研究领域都需要运用比较方法，如课程与教学研究、教育政策研究、教育史研究等，都可以采用并确实采用了比较方法，或者综合运用比较方法与其他方法。当然，关于比较教育研究方法的知识主要是由比较教育学者发展起来的。在过去的两个世纪里，特别是 20 世纪 60 年代以来，比较教育研究获得了迅速的发展，涌现了众多比较教育学者和大批有代表性的论著，许多研究方法在比较教育研究中得到了应用和发展，研究方法和工具方

---

① CUMMINGS, WILLIAM K. The institutions of education: compare, compare, compare! [J]. Comparative Education Review, 1999, 43 (4): 413 -437.

法也不断完善。

二、比较教育研究的目的和意义

许多人群和机构都关心比较教育研究。对不同的人群和机构来说，比较教育研究具有不同的目的和意义。学者从事比较教育研究是为了促进对教育的理解：一方面是为了理解在不同的环境下有哪些力量在影响教育，另一方面是为了理解教育对社会发展和其他方面发展所起的作用。联合国教科文组织（United Nations Educational，Scientific and Cultural Organization，UNESCO）、世界银行（World Bank）、经济合作与发展组织（Organization for Economic Co-operation and Development）等国际组织开展比较教育研究，是为了向各国政府和其他机构提出更好的建议。各国教育政策制定者关注和研究其他地方的教育制度，是为了寻找实现社会、经济等方面目标的途径。另外，家长和教育实践工作者也关心对教育的比较。家长比较各种学校和教育制度，主要是为了选择最适合子女教育的学校；学校校长和教师等教育实践工作者进行比较教育，则是为了改进本校的教育和管理。当然，家长和教育实践工作者进行的比较教育还不算比较教育研究。

比较教育研究的目的是什么？这种研究具有什么样的意义？这两个问题密切相关，可以说是一枚硬币的两面。对于比较教育研究的目的和意义，学术界存在不同的理解。例如，澳大利亚学者特雷舍韦（A. R. Trethewey）指出，比较教育研究除了知道并理解其他社会及其教育制度这一合理的目标之外，至少还具有四个有价值的目的[①]：①更好地理解本国的教育；②推动国内外的教育发展、改进或服务；③形成关于教育的一般知识、理论和原则；④促进国际理解和合作，以及解决国际性的教育问题和其他问题。归纳起来，主要有以下两种观点。

（一）丰富对教育现象的认识，科学解释教育问题

一些学者认为，比较教育研究是一种理论研究，比较的目的在于追求知识。美国比较教育学者贝雷迪（George Z. F. Bereday）就是持该观点的一位代表性人物。20 世纪 60 年代，贝雷迪在《教育中的比较方法》（*Comparative Method in Education*）一书中指出："像其他一些比较研究一样，比较教育的主要存在理由是其知识特性。人们研究外国教育制度只是因为他们想获得知识，因为人类总是受好奇心的驱使而追求知识……获取知识，是比较教育证明自己有价值与其他学术领域共存的唯一理由。"[②] 德国比较教育学者施奈德（Friedrich Schneider）、美国比较教育学者康德尔（Issac L. Kandel）和英国比较教育学者霍姆斯（Brian Holmes）对于比较教育研究的目的和意义各有自己的独特认识，但他们的基本观点与贝雷迪是相似的，都认为比较教育研究主要是为了追求知识。康德尔指出，比较教育研究不是为了把一国的教育

---

① 1976 年，特雷舍韦出版了《比较教育引论》（*Introducing Comparative Education*），在该书中，他用一章的篇幅（41－54 页）探讨了比较教育研究中一些易犯的错误，其中的一个标题是"标准的统一性"，特雷舍韦在这里论述了可比性的问题。

② BEREDAY，GEORGE Z F. Comparative method in education [M]. New York：Holt，Rinehart and Winston，Inc.，1964：5.

制度移植到另一个国家，事实上教育制度要适应新的环境并不容易，比较教育研究的主要意义在于形成思想和原则，而这些思想和原则可能会形成普遍的国家教育哲学。施奈德认为，比较教育研究的目的主要是研究教育的内在演进规律，解释国家教育制度中存在的遵循某种结构秩序的发展的内在力量。总的来说，这些学者认为比较教育研究的主要目的在于丰富对教育现象的认识，深入、准确地解释教育问题，以增进关于教育的知识。

（二）借鉴外来教育经验，改进本土教育实践

另外一些学者认为，比较教育研究基本上是一种应用研究，具有实践性和应用性的特点，其主要目的在于为教育决策和教育实践提供依据。英国学者埃德蒙·金（Edmund J. King）始终认为，比较教育研究是“政策的助手”。在1965年发表的《比较教育的目的》（*The Purpose of Comparative Education*）一文中，他指出：“自有比较教育起，我们就以某种方式关心它的用途。……在（20世纪）60年代，我们所有工作的内在目的都是有益于学校制度的改善，并因此有益于人类社会的改善。”金的观点代表了大多数比较教育学者的意见。

贝雷迪和金从比较不同国家教育制度的角度提出了运用比较方法研究教育的目的，实际上这种观点也适用于一般的比较教育研究。不论以何种教育现象作为比较对象，也不论从何种角度比较教育现象，主要都是出于增进知识或实际价值的目的。需要指出的是，这两种观点并不冲突，许多比较教育研究都采取折中的方式，既是为了更好地认识教育现象，也是为了改进教育实践。贝雷迪本人就提出，比较教育研究不能仅停留在增进认识上，还应该转向实际运用，因为这种研

究的实际价值有可能改善人类社会服务。我国学者王承绪、顾明远教授也持相近观点，他们指出比较教育研究的目的在于找出教育发展的一般规律和特殊规律，为本国或地区的教育改革提供借鉴。

在当代，比较教育研究旨在增进知识与旨在改进教育实践的观点逐渐趋于融合，出现了一些既增进教育学术知识又推动教育实践的比较教育研究范例。例如，英国学者亚历山大（Robin J. Alexander）从文化的角度对法国、俄罗斯、印度、美国和英国的初等教育进行的比较研究，既是为了增进人们对教育与文化之间相互作用的理解，也是为了提升英国的教育质量。

三、比较教育研究的主要方法

下面简单介绍一下比较教育研究的主要方法。

第一，描述研究法。描述研究法就是通过收集文献和资料，对研究对象进行考察，核实所收集资料的真实性；阅读文献和资料，并进行筛选、分类和整理；通过描写、叙述的手段进行详尽的概括、评价和比较。

第二，统计分析法。它又分为描述统计法和推断统计法。描述统计法就是将所获得的数据资料，用统计图表进行分类，找出它们大概的分布形态，再计算数据资料的特征数，如集中量数、差异数和相关量数；推断统计法就是利用样本的资料对总体进行估计和假设检验，它包括总体估计和假设检验两方面的内容。

第三，历史研究法。历史研究法是运用历史资料，按照历史发展的顺序对过去事件进行研究的方法，亦称纵向研究法，是比较研究法的一种形式。在政治学领域中，它着重对以往的政治制度、政治思想、政治文化等进行研究。其最早的倡导者是萨德勒，他把教育置于社会发展的历史背景中予以分析和比较，他将历史研究法分为描述—解释—比较—抽象四个阶段。

第四，因素分析法。它是一种强调从解析、研究形成外国制度和教育实际的各种因素入手，进而揭示不同国家或地区教育发展的共同性、差异性以及一般规律的一种方法，侧重于教育发展的各种因素和变量，如自然环境、生产力水平、人口状况、政治经济制度。

第五，阶段分析法。它关注教育现象与其他现象的广泛联系，主张把其他社会科学用于比较教育研究领域。贝雷迪四阶段的比较分析法为描述—解释—并置—比较。

第六，假说验证法。假说验证法就是把自然科学研究中的假设、实验测定、研究分析、验证等一般程序运用到比较教育研究中而创立的一种新的量化分析法。假说是推论现象之间的相互关系的陈述，是比较教育研究的核心。它的操作程序为提出问题，确定假说；明确概论，量化指标；选择个案进行例证；收集和处理资料；分析数据和验证假说。

第七，问题研究法。问题研究法就是通过问题的方式分析各国共同的教育问题，其具有科学性，成为教育改革的工具，使对教育的精确预测成为可能，使比较教育学具有准自然科学以及预测科学的性质。问题研究法的四个阶段为问题的选择和分析—政策建议的形成—相关因素的识别—预测。

第八，教育洞察法。教育洞察法就是以问题设想为依据来收集资料进行研究，强调理性、智慧、思想、分析的方法。它的分析框架为背景—概念—结构或制度—操作—决策和执行。

第二节 比较教育研究的类型、过程与重要文献

一、比较教育研究的类型

由于比较是一种多层次、多形式的复杂的认识活动，加上事物之间的关系具有复杂性，因此，比较教育研究有多种类型。

（一）纵向比较研究和横向比较研究

依据研究对象历史发展和相互联系可分为纵向比较研究和横向比较研究。

1. 纵向比较研究

纵向比较研究是以时间为轴，通过对同一事物在不同时期的状况进行比较，从而揭示其发展变化规律的一种比较研究类型。纵向研究强调对一个事物在一段时期内发生变化过程的关注，并通过对这一过程的观测、记录和归纳，明白事物发展变化的来龙去脉，提高人们对事物当前状况必然性的理解。这类比较能够使我们不仅从相对稳定的状态来研究事物，而且可以从发展变化的状态来研究事物。

纵向比较研究适合于宏观教育问题的研究。如有学者对古代中外学校制度的发展道路进行的比较研究，就是通过对中外学校制度的初始、转折、定型和趋势的历史发展脉络进行梳理和比较，总结出中外学校系统的发生发展具有不同的路线，并且在官学和私学、重文和重实的发展和取舍上也有十分显著的差异。这一研究将比较的立意置于中外古代学校系统的历史发展脉络之中，在中外学校系统的动态发展

中，我们可以十分清晰地看到，特定的时空环境、政治、文化等对学校系统发展的深刻影响。

纵向比较研究同样适用于对学生个体的微观研究。例如，要了解一个学生的学习发展情况，就可以比较他在不同学期的学习成绩，通过比较，我们可以看到，同一个学生，随着主观或客观条件发生变化，其学习状况也会随之发生变化。

2．横向比较研究

横向比较研究是研究者对同时存在的教育现象进行比较，在事物相对静止的状态下研究事物之间的异同，把握事物本质和规律的一种比较研究的类型。它不仅适用于国与国之间、省与省之间、地区与地区之间、单位与单位之间的比较，而且适用于个人与个人之间的比较。横向比较有利于将人们的思维从狭窄、封闭的状态中解放出来，开阔视野，增强思维的广阔性。比如，通过不同地区中等教育结构和高等教育结构的比较，可以找出教育结构与产业结构的关系；通过中国、日本、美国儿童适应能力的跨文化比较、数学认知能力的比较、中学理科教育水平比较等，可以掌握东、西方教育模式的不同特点。又如，我国当前的基础教育课程改革，在课程改革启动之前，有关部门就组织相关人员对美国、欧洲各国、日本等许多教育相对领先的国家的课程标准、课程理念、课程目标等进行了广泛的比较研究，归纳了这些国家在课程改革方面的成功之处和特点。正是在比较和借鉴这些国家课程改革经验教训的基础上，相关部门提出了我国课程改革的基本理念和改革的思路。

在研究教育问题时，为了对其有更加透彻的认识和理解，往往需要将纵向研究和横向研究结合使用，这样，对研究对象的历史发展脉络和当前状况就会有更加整体的认识。

（二）同类比较研究和异类比较研究

依据研究对象之间存在差异性还是同一性可分为同类比较研究和异类比较研究。

1. 同类比较研究

任何事物的存在都会显示出一些固有的属性特征，具有某些共同属性特征的事物就形成了“类”。对两种或两种以上同类事物进行比较以揭示其异同点的比较研究，即为同类比较研究。在同类比较研究中，同类相同点的比较，有利于找到事物发生发展的共同规律；同类相异点的比较，有利于认识事物发生发展的特殊性。正是对同类事物的共同规律和特殊性的全面把握，人们才更深刻而全面地认识这类事物，并有效指导实践。如对我国社会经济发展水平不同的农村地区基础教育发展的比较研究、对孔子和苏格拉底教育思想所做的比较研究等，都属于同类比较的范畴。

【案例 14.1】

四套新课标思想品德教材的比较研究

本研究使用问卷调查的方式，选取国内影响较大的四套新课标思想品德教材，分别从教材的设计理念、教材的结构与思路、教材的呈现方式、教材的材料选择、教材中的活动设计及综合探究活动设计、教材的内容观点和语言规范、教学内容的针对性等方面进行了比较研究，辨析其特点和优劣，探寻了各版本教材编写的依据和规律，为教材的建设和发展提出了建设性意见。

2. 异类比较研究

所谓异类比较研究，即比较两种或两种以上性质相反的事物或一个事物的正反两方面，通过比较表面相异的两类对象以发现异中之同，找出其中的共同规律。这类比较研究的对象反差大，结论鲜明，往往能发现新问题、揭示新规律。如我国学者对国内十个省份的在校青少年的理想、动机和兴趣开展了调查研究，在研究中，调查者对男生和女生进行了比较，结果表明：在对不同学科的兴趣方面，男生对理科的兴趣稍大于女生，女生对文科的兴趣稍大于男生。这一研究就属于异类比较研究。

正是通过"同中求异"和"异中求同"的分析比较，事物的多样性和统一性才能较为清晰地展现。

（三）定性比较研究和定量比较研究

任何事物都是质与量的统一体。在比较研究中，依据比较偏重于质还是量，可将其分为定性比较研究和定量比较研究。

1. 定性比较研究

定性比较研究是指通过对事物间本质属性的比较来鉴别事物的特点、性质、归属及其发展趋势的比较研究的类型。如沈永辉和郭秀晶所做的研究"'危机'学生专门教育的合理性与争议性——基于美、英、澳三国替代性教育的实践反思"①，替代性教育作为一种针对"危机"学生的专门教育，在美国已经在法治化的规范下形成了相对完善

---

① 沈永辉，郭秀晶."危机"学生专门教育的合理性与争议性：基于美、英、澳三国替代性教育的实践反思［J］.比较教育研究，2020，42（11）：96－104.

的专门教育体系，在英国主要以普通教育的服务项目而存在，在澳大利亚则是以多样化的教育支持计划来实施。从理论上看，替代性教育为“危机”学生提供教育选择的机会，在社会控制和人力资本发展方面发挥作用。然而，围绕替代性教育能否给“危机”学生优质的教育体验以及其是否能够实现社会正义，现有的研究还存在争议。此研究中，将美国、英国、澳大利亚三国替代性教育这一定性资料作为比较分析的对象，属于典型的定性比较研究。由于教育研究中涉及很多诸如此类的定性研究对象，对其进行深入的研究，也是教育研究不可或缺的。同时，对定性资料的比较研究，也有助于人们更加深入地理解定性资料之间的异同，为深入理解教育问题提供帮助。

2. 定量比较研究

在教育研究中，数量的变化常常能有力地解释和说明事物的性质。定量比较研究就是对两种或两种以上的事物进行数量上的分析，从而把握事物的特点、判断事物的变化、预测事物发展趋势的一种比较教育研究的类型。由于定量研究能够较好地实现科学化、精确化，因此定量研究被广泛地应用于教育研究之中。在比较教育研究中，对事物进行数量上的分析，会使研究较好地实现科学化和精确化。如在《不同刺激方式对小学几何教学影响的探讨》一文中，实验者对“教师演示”和“学生操作”两种不同教学方式下对教学“长、正方形表面积”的效果进行定量比较分析，对实验前后学生的成绩数据进行统计、分析、检验，从而揭示了两种不同教学方式的效果优劣。[①] 这就是一项较好的定量比较研究。

---

① 钟海青. 教育研究方法概论 [M]. 桂林：广西师范大学出版社，2011：186.

由于定性比较研究和定量比较研究各有优势，但又都存在一些不足，因此在比较教育研究中应该努力实现二者的有机结合。

二、比较教育研究的过程

作为一种特定的教育研究方法，比较教育研究有着自己独特的研究过程。符合逻辑程序的比较，有利于新教师作为研究者沿着思维的有序发展推进研究的进行，取得高质量的研究成果。因此，有必要清晰地把握比较教育研究的过程。

（一）明确比较主题

进行比较教育研究首先需要明确比较什么，这是进行研究的前提和基础。如果没有明确的比较主题，就会增加比较的难度，使比较研究失去方向，甚至偏离所需比较的轨道，使教育研究事倍功半。

在此环节，首先需要确定比较主题。主题的确定为研究的进行确立了方向，要保证研究的质量，一定要注意两方面的问题：一是要对所确定的主题进行深入的分析，切实保证它是一个“真”问题。所谓“真”问题，主要体现在科学性和价值性上，即确定的主题应该是科学的、有价值的。二是需要确定比较的范围。要明确是班内比较、校内比较还是跨校甚至是跨国比较等。

（二）确定比较标准

没有标准就无法进行比较，比较标准的确定对于比较研究不可或缺。所谓标准，即衡量事物的准则。因此，比较标准就是事物间进行比较所应遵循的准则。确定比较研究的比较标准，实际上就是确定比较研究从哪几个方面和角度进行，找准比较的点或面，从而确保比较研究有序进行，最终获得合理和令人信服的结论。

确定比较标准，可以通过为比较主题建立指标体系的方式实现，这可以明确回答“如何比较”。比如，在设计“优秀生与后进生学习机会的比较研究”时，可以将核心概念“学习机会”按照“机会的给予者”分解为“教师提供的机会”“家长提供的机会”“同伴提供的机会”和“自己争取的机会”这样四个二级指标。在具体研究中，就以这四个二级指标为标准，展开对优秀生和后进生在学习机会上的差异比较，进而获得可靠的结果。

当然，比较标准的确定不是唯一的，换个角度，又会出现另一种比较标准的设计。比较标准的确定对于比较的有序进行、比较结论的质量保证都是非常重要的，因此，一定要保证标准确定的质量。在确定比较标准时，要注意标准的确定必须在一个维度下展开，否则将会导致比较的混乱和操作困难。假设在开展“优秀生与后进生学习机会的比较研究”时，确定优秀生与后进生学习机会的比较标准，将学习机会划分为“被教师提问的机会”“参与教育活动的机会”“家长提供的机会”“同伴交往的机会”和“参加各种竞赛的机会”五方面，然后进行比较，而这五方面并不是在一个维度下提出的，彼此间存在交叉点，就极易引起思维和操作上的混乱。这样的比较标准就是不恰当的，需要重新确定。另外，还需注意比较标准既要有可比性，又要有稳定性，还应具备可操作性。

（三）搜集和整理资料

资料是比较教育研究顺利进行的保障，如果没有充足的资料做支撑，比较教育研究就无法进行下去。因此，资料的搜集至关重要。

资料的搜集是研究者的基本功。在比较教育研究中，研究者可以通过查阅文献、调查、实验等多种方法，尽可能客观、全面地搜集所要研究的教育现象或问题的相关资料，为比较教育研究的顺利进行准备充足的资料。另外，需要明确的是，方法是为内容和目的服务的，需要对研究内容和研究目的进行合理分析后确定适合的资料搜集方法。

对搜集到的资料进行鉴别也是十分重要的，经过鉴别,可以达到去伪存真、去粗取精的目的,保证资料的权威性和客观性。然后就需要对这些资料按比较标准进行归类整理,为下一步的分析环节做好准备。

（四）比较分析

比较分析是比较研究中最重要的一个环节。这一环节要对前期经过搜集和整理的资料，按照已经确定的比较标准进行比较，从初步分析到深入分析，分析其产生差异的原因，而且要尽可能地对其进行评价。比较分析时应以客观事实为基础，注意事物间的因果关系，对所有的材料进行全面的、客观的分析，并用历史的、辩证的、联系的观点对其成因进行剖析。

（五）得出结论

比较教育研究不是为了比较而比较，其最终目的在于探索教育规律并得出符合客观实际的结论。在此环节，研究者在对材料做深入分析的基础上，要总结和揭示研究对象的本质规律，最后通过理论与实践论证得出比较研究的结论。这对研究者的总结概括能力、理论提升能力都有较高的要求。

以上是比较教育研究的一般步骤，这些步骤相互联系、环环相扣。明确比较的主题是比较教育研究的前提，制定比较标准是比较教育研究的依据，资料的搜集和整理是比较教育研究的基础，比较分析是比较教育研究的重心，得出结论是比较教育研究的目的。

【案例 14.2】

比较教育研究案例

本研究将“西南民族学校与普通学校教育发展”确定为比较主题，以教育管理体制、课程设置、教学、师资队伍为比较的维度和标准，基于对以上各维度资料的搜集、分析、比较，发现二者既存在着共性，也各有其独特性。因此，民族学校的教学检查、教学评价、教学管理、课程设置、师资培训、教学环境等诸方面工作，都应该根据民族学校的实际情况来实施。针对分析结果，提出有效推进西南民族学校教育改革与发展的建议：（1）加大政府投入，改善办学条件；（2）设置多元文化课程；（3）重视民族学校教育特点，调整教学内容与形式；（4）提高民族学校教师的素质。

三、比较教育研究的重要文献

（一）重要论著

比较教育研究在中国已经走过几十年，由此产生了诸多重要论著。由人民教育出版社出版的“比较教育文库”丛书，涵盖了《当代比较教育方法论研究》《日本学习借鉴外国教育之研究》《当代西方教育新思潮研究》《教师教育伙伴合作模式国际比较》《教育考试评价制度比较研究》等。由华东师范大学出版社出版的联合国教科文组织国际教育局组织编辑的《国际比较教育季刊：教育展望》达30余本，也是非常重要的国际比较教育著作。2015年由山东教育出版社出版发行"中国比较教育研究50年"丛书，共分为12册，汇集了比较教育研究领域50年来发表的5000多篇文章的精华，是我国比较教育学科发展的一次总结。高等教育出版社出版的"中国比较教育学科建设论丛"，包括《二十世纪中国比较教育学史》和《知识的境遇：中国比较教育学的学术生态》两册。由王正青著于2020年由北京师范大学出版社出版的《共和国教育学70年·比较教育学卷》对中国比较教育学进行了较为系统、全面的总结，对比较教育学发展成就进行了梳理，对学科未来做出了展望。

（二）重要学术期刊

国外重要的比较教育研究期刊包括《比较教育评论》（*Comparative Education Review*，美国比较与国际教育学会会刊），在英国出版的《比较教育学》（*Comparative Education*），《比较》（*Compare*，英国国际与比较教育协会官方会刊），以及联合国教科文组织主办的三份期刊《国际教育发展杂志》（*International Journal of Education Development*），《教育国际评论》（*International Review of Education*），《展望：教育评论季刊》（*Prospect*：*Quarterly Review of Education*）。国内主要的比较教育研究期刊包括《比较教育研究》（中国教育学会比较教育分会会刊）、《全球教育展望》和《外国教育研究》。

本章总结

本章分两节对比较教育研究进行了阐述。第一节介绍了比较教育研究的含义、目的、意义以及主要方法；第二节介绍了比较教育研究的类型，阐明了运用比较教育进行研究的过程，即明确比较主题—确定比较标准—搜集和整理资料—比较分析—得出结论,列举了比较教育研究相关的重要论著及学术期刊。

推荐阅读材料

1. 艾伦·雷普克，里克·斯佐斯塔克：《如何进行跨学科研究》，北京大学出版社，傅存良译，2016 年。

2. 侯定凯：《国际高等教育研究主题的流变》，《复旦教育论坛》，2009 年第 4 期。

3. 李文英等：《比较教育学家思想研究》，人民教育出版社，2012 年。

4. 陆根书，刘萍，陈晨等：《中外教育研究方法比较——基于国内外九种教育研究期刊的实证分析》，《高等教育研究》，2016 年第 10 期。

5．马健生等:《比较教育研究》，福建教育出版社，2021 年。

6．王正青等：《共和国教育学 70 年（比较教育学卷）》，北京师范大学出版社，2020 年。

7．王雪：《比较教育研究主题的新进展及其发展特征》，《比较教育研究》，2014 年第 4 期。

四巳屏